高等教育财经类核心课程系列教材
高等院校应用型精品系列教材

统 计 学

主 编 吴振荣

参 编 曹 静 宋丽婷

北京理工大学出版社
BEIJING INSTITUTE OF TECHNOLOGY PRESS

内 容 简 介

本课程作为经济学类、财会类本科学生的核心课程之一，紧密围绕统计学理论和实践，以服务于各专业学生应用统计学方法分析各类统计数据的理念为核心，结合专业发展要求，明确学习目标，能够培养学生解决问题、分析问题的能力。本书知识体系完整，逻辑结构合理，条理清晰，便于学生理解及应用统计学课程理论。全书包括绪论、统计设计、统计调查、统计整理、统计资料的描述分析、统计资料的推断分析——参数估计、统计资料的推断分析——假设检验、相关与回归分析、动态数列和统计指数共 10 章内容，系统科学地阐述了统计学的基本概念、内容、研究方法和应用技能。

本书依据财会类专业人才培养方案设计并结合财会类专业课程设置体系，每章通过导入案例、实训案例引导学生分析实际经济活动并应用统计学的方法分析相关数据，力争内容简练、易懂、好学、实用。

图书在版编目（CIP）数据

统计学／吴振荣主编. —北京：北京理工大学出版社，2020.7（2025.8 重印）
ISBN 978-7-5682-8640-4

Ⅰ. ①统… Ⅱ. ①吴… Ⅲ. ①统计学-高等学校-教材 Ⅳ. ①C8

中国版本图书馆 CIP 数据核字（2020）第 112844 号

出版发行／北京理工大学出版社有限责任公司
社　　　址／北京市海淀区中关村南大街 5 号
邮　　　编／100081
电　　　话／（010）68914775（总编室）
　　　　　　（010）82562903（教材售后服务热线）
　　　　　　（010）68948351（其他图书服务热线）
网　　　址／http：//www.bitpress.com.cn
经　　　销／全国各地新华书店
印　　　刷／涿州市新华印刷有限公司
开　　　本／787 毫米×1092 毫米　1/16
印　　　张／16.25　　　　　　　　　　　　　　　　　　责任编辑／孟祥雪
字　　　数／407 千字　　　　　　　　　　　　　　　　文案编辑／孟祥雪
版　　　次／2020 年 7 月第 1 版　2025 年 8 月第 3 次印刷　　责任校对／刘亚男
定　　　价／48.50 元　　　　　　　　　　　　　　　　责任印制／李志强

高等教育财经类核心课程系列教材

编写委员会

前　言

本教材是在应用型本科财经管理类专业的教学实践的基础上归纳编写的。该书立足于培养应用型财经管理类人才的目标，服务于财经管理类专业的培养方向，能够满足财经管理类专业课程建设的需求。本教材编写注重基础性和实用性，力求培养学生依据实例分析问题和解决问题的能力，让学生养成统计思维，认识统计学是研究数据收集、整理和分析的方法论科学，其目的是探索数据内在的数量规律性，以达到对客观事物的科学认识。统计学的应用范围遍及所有实质性科学，其基本的认识方法是：在大量观察的基础上，总结、归纳事物的一般数量特征，包括统计设计、统计调查、统计整理、统计分析等基本内容。

我们以系统、实用、简明为宗旨编写了本教材，注重教材内容的实用性和教材定位的针对性，编写方法上主次分明、重点突出，便于学生学习和掌握，每章都编排了课前案例导入和课后案例实训来提高学生的学习兴趣。本教材由长期在教学一线的具有丰富教学和实践经验的专业教师编写，由西安培华学院吴振荣任主编，曹静、宋丽婷参编。其中，吴振荣编写第五章、第六章、第七章、第八章、第九章；宋丽婷编写第一章、第二章；曹静编写第三章、第四章、第十章。

本书最大的特点是教材内容的实用性和教学内容的可操作性。本书以通俗的语言叙述了统计学的基本原理和主要统计分析方法，并配以统计学案例库与习题集，帮助学生对书本内容进行理解和掌握。本书可作为普通高等院校财经类专业的教材，也可作为远程、函授、自考及从事统计和管理工作的在职人员的参考用书。

由于时间仓促及编者水平有限，书中难免存在疏漏和错误，恳请广大读者批评指正。

编　者

目 录

第一章

绪　论

- 了解统计学的产生与发展。
- 理解统计的含义、统计学的研究对象。
- 理解统计学中的几个基本概念。
- 掌握统计的任务、统计工作过程和基本职能。

★知识导览

　　统计学是为适应国家管理的需要和社会经济的发展而建立和发展起来的一门学科，是认识社会的有力武器。统计学以大量社会经济现象总体的数量为研究目标，反映社会现象发展变化的规律性在具体时间、地点和条件下的数量表现，揭示事物的本质、相互联系、变动规律和发展趋势。

　　本章重点：统计学的产生和发展、统计的含义、统计学的研究对象、统计学的基本内容、统计学中的基本概念、统计工作过程、统计的职能及统计学的分科。

　　本章难点：统计学中的基本概念及其相互关系，如统计总体与总体单位、指标与标志、变异与变量等。

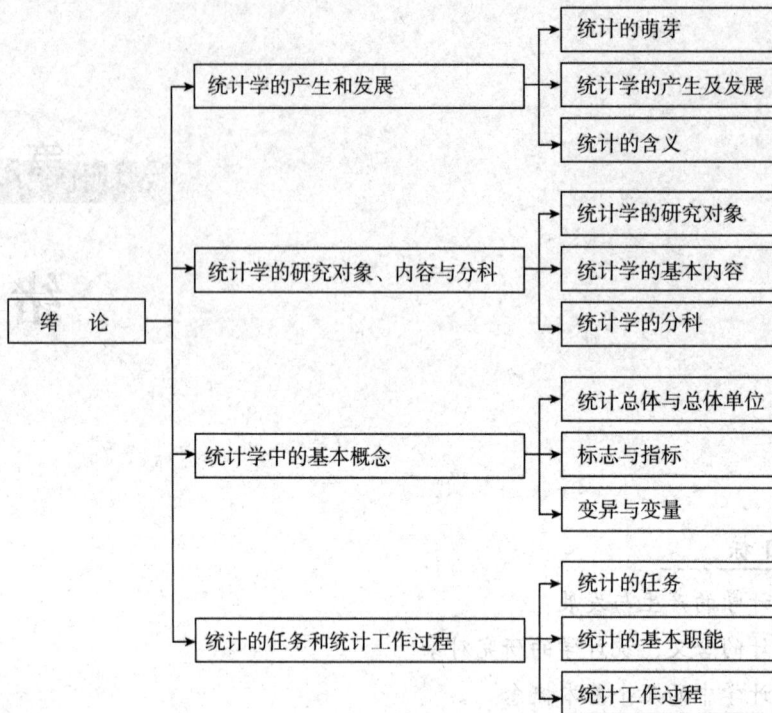

```
                                            ┌─ 统计的萌芽
                          统计学的产生和发展 ─┼─ 统计学的产生及发展
                                            └─ 统计的含义

                                            ┌─ 统计学的研究对象
                    统计学的研究对象、内容与分科 ─┼─ 统计学的基本内容
      绪　论 ─────┤                           └─ 统计学的分科

                                            ┌─ 统计总体与总体单位
                          统计学中的基本概念 ─┼─ 标志与指标
                                            └─ 变异与变量

                                            ┌─ 统计的任务
                       统计的任务和统计工作过程 ─┼─ 统计的基本职能
                                            └─ 统计工作过程
```

★引导案例

2018 上半年中国经济数据解读

2018 年上半年，国民经济延续总体平稳、稳中向好的发展态势，结构调整深入推进，新旧动能接续转换，质量效益稳步提升，经济迈向高质量发展。

经初步核算，2018 年上半年国内生产总值为 418 961 亿元，按可比价格计算，同比增长 6.8%。分季度看，一季度同比增长 6.8%，二季度增长 6.7%，连续 12 个季度保持在 6.7%~6.9% 的区间。分产业看，第一产业增加值为 22 087 亿元，同比增长 3.2%；第二产业增加值为 169 299 亿元，同比增长 6.1%；第三产业增加值为 227 576 亿元，同比增长 7.6%。

2018 年上半年，全国居民人均可支配收入为 14 063 元，同比名义增长 8.7%，扣除价格因素实际增长 6.6%。按常住地分，城镇居民人均可支配收入为 19 770 元，同比名义增长 7.9%，扣除价格因素实际增长 5.8%；农村居民人均可支配收入为 7 142 元，同比名义增长 8.8%，扣除价格因素实际增长 6.8%。城乡居民人均收入倍差为 2.77，比上年同期缩小 2%。全国居民人均可支配收入中位数为 12 186 元，同比名义增长 8.4%。6 月份，全国城镇调查失业率为 4.8%，与上月持平，比上年同月下降 0.1%；全国居民消费价格同比上涨 2%，涨幅比一季度回落 0.1%。

（资料来源：国家统计局，上半年国民经济总体平稳、稳中求好，2018-7-16）

案例启示

统计数据是统计工作的结果，而如何用统计方法来认识世界、发现总体的内部规律是统计学要解决的核心问题。统计学是如何产生与发展的？统计的作用是什么？统计工作过程又包括了哪些环节？统计学的含义与基本概念有哪些？这些是本章要学习的主要内容。

第一节 统计学的产生和发展

统计产生于人们的生产活动，又服务于生产活动，是人们几千年生产劳动经验和智慧的结晶。统计最早是反映人们生产活动和国家基本情况的简单计数和数据的搜集整理工作，没有一定的完整性、系统性和规律性。随着生产力的发展和人们生产活动的丰富，人们开始对统计活动进行总结，逐渐形成了统计学这门学科。

一、统计学的产生和发展

（一）统计的萌芽

最早的统计是原始社会人们对很少的剩余产品的记录，记录方式有刻木记事、划线记事、结绳记事等。但随着生产力水平的提高，生产工具的进步，以及剩余产品的增加，统计逐渐发展为从氏族成员中分离出一部分人对剩余产品进行的记录和分配。后来我国进入奴隶社会。奴隶制国家为了加强国家统治而争夺奴隶，经常发生战争，他们对全国的人口、土地等进行计数和丈量，取得了一定的数据资料。如我国第一部典章制度通史《通典》记载："禹平水土，还为九州，今禹贡是也。是以其家九州之地，凡二千四百三十八万八千二十四顷，定垦者九百三十万六千二十四顷，不定垦者千五百万二千顷。民口千三百五十五万三千九百二十三人。"再如春秋时代的管仲曾说过："不明于计数，而欲举大事，犹如无舟楫而欲径于水，险也。"战国时期商鞅也曾说过："强国知十三数；境内仓、口之数，壮男壮女之数，老、弱之数，官、士之数，以言说取食者之数，利民之数，马、牛、刍藁之数。"商鞅明确地指出了治理国家应当掌握关于人口、粮食、劳力以至牲畜等的基本数字资料。这些对人口、土地、财产等的记录、计量均可看作统计的萌芽。与此同时，西方国家也有了有关人口、土地、居民财产等的记录，如古埃及、希腊、罗马等。

随后，发展到封建社会，由于生产力水平的进一步发展，生产工具的改进，特别是铁铜器、畜力在生产中的普遍使用，社会产品越来越丰富。封建地主为了加强对农民的剥削，对全国人口、土地的登记和丈量更加频繁和准确。为了让农民给他们服兵役和徭役，他们对全国的人口按性别和年龄进行了分组，同时将贡赋的标准定为上、中、下三个等级，这些现象都说明当时分组的概念已经形成。尽管统计资料的搜集源远流长，但由于我国奴隶制和封建制社会的生产力水平发展缓慢，以及长期的封建割据，致使统计工作长期停留在满足当时统计者对国家管理的简单要求上，因此发展极其缓慢。

（二）统计学的产生及发展

统计学的大发展开始于资本主义社会，主要表现为涌现出很多专业统计，如在工业、农业、商业、贸易、银行、保险、交通、邮电、海关等领域，都有其相对独立的统计工作和方法。随着统计实践活动的发展,人们开始对统计实践工作的经验进行归纳和总结,逐渐使其系统化,形成了统计科学。统计科学在其发展过程中形成了许多的统计学派,如政治算术学派、国势学派、数理统计学派和社会统计学派等。

1. 政治算术学派

政治算术学派的创始人是英国人威廉·配第(1623—1687年),其代表作是《政治算术》一书,该书于1690年在伦敦出版。《政治算术》第一次用数字、尺度、重量等统计指标对社会经济现象进行分析和描述,如用大量的数字资料描述了英国的国情、国力,又用大量的数据资料对当时荷兰、法国、英国三国的国力进行了对比分析,指出了英国今后的发展方向和道路。威廉·配第用统计分组法、图表法、综合指标法、推算法等统计分析方法,代替了以往的文字论证方法,这在社会科学研究方法上是一个重要的创新。威廉·配第还提出了劳动决定价值的理论,为政治经济学的发展做出了重要贡献。马克思曾给予威廉·配第很高的评价,他说:"威廉·配第——政治经济学之父,在某种程度上也可以说是统计学的创始人。"

政治算术学派另一个创始人是约翰·格朗特(1620—1674年)。他曾是一位商人,担任过英国议会议员,因撰写《关于死亡率公报的自然和政治观察》而一举成名。在他所处的时期,英国伦敦流行着一种疫病,人口的死亡问题较为严重,英国伦敦当局定期将人口死亡的情况对外公报。约翰·格朗特在书中收录了1603年以来的人口资料,用数字对比分析,计算出人口出生、死亡的自然变动与非自然变动的规律,指出英国伦敦的人口并没有大幅减少,而是缓慢增加,消除了伦敦市民对当时疫病流行的恐慌。他还在书中推算出参军男子的具体数目,新出生男、女婴儿的性别比例。这本著作用大量数字对比的方法对人口规律进行论述,被认为是政治算术学派的又一部力作。由于《关于死亡率公报的自然和政治观察》比威廉·配第的《政治算术》一书早发表28年,因此也有学者认为约翰·格朗特是政治算术学派的创始人。

政治算术学派用数量对比分析的方法研究社会经济现象的现状及其发展变化的规律,认为政治算术学是研究社会经济现象的一门实质性的社会科学,将社会经济现象作为研究对象。但政治算术学派始终没有用统计学这个词,所以人们认为政治算术学派是有统计学之实,而无统计学之名的统计学派。

2. 国势学派

国势学派的创始人是德国的海尔曼·康令(1606—1681年),他在西尔姆斯特大学开设了一门课程叫国势学,其主要内容是通过对国家重要事项的研究,说明各国的状态,研究状态形成的原因。他认为,国势学是一门政治家必备的治国学问。

国势学派的主要继承者有高特费瑞德·阿亨华尔(1719—1772年),他从1748年起在德国哥廷根大学讲授国势学,他根据拉丁语 ratis status(状态的记录)及意大利语 ragione di stato(国家事项的记录),为国势学起了一个德国名词 statistik(统计学)。他认为,统计学是研究一国或多国显著事项的学问,具体研究各国的领土、人口、物产、贸易、社会阶级及政治制度等，并以社会经济现象为研究对象，采用记述的方法，用文字描述各国状况，并用文字对各国的社会经济情况进行分析比较。因此，阿亨华尔所代表的该学派又被称为记述学派。尽管阿亨华尔提出了统计学这个新名词，但他讲述的国势学与后来的统计学截然不同。

国势学是用文字而不是用数字描述客观现象。虽然国势学派把社会经济现象作为自己的研究对象，认为国势学是具体阐述一个国家国情国力的社会科学，但他们既不研究社会经济现象的内在联系和发展规律，也不把数量对比分析的方法作为立论的基础，因此人们认为国势学派是徒有统计学之名，而无统计学之实的统计学派。

3. 数理统计学派

数理统计学派产生于 19 世纪中叶，创始人是比利时的生物学家、数学家和统计学家阿道夫·凯特勒（1796—1874 年）。他是比利时国家统计工作的领导人，也是国际统计学术会议的倡导者和组织者。他关于社会学和统计学的著作较多，为统计学的发展做出了巨大贡献，对后世产生了重大影响。他的主要著作有：《论人和人的能力之发展或社会物理学的经验》（1835）、《统计学的研究》（1844）、《关于概率论的书信》（1846）和《社会物理学》（1869）等。《社会物理学》是他的代表作，书中指出，对社会现象进行观察计算的方法是概率论。他在书中还提出"平均人"的理论，指出"我在这里所观察的人，在社会中，犹如物体的重心一样是一个平均数，各个社会成员都围绕着他摇摆不定。"他对统计理论的最大贡献是将概率论引入了统计学，使统计学的研究对象、研究方法、学科性质发生了质的飞跃和根本性的变化。统计学从原来仅研究社会经济现象发展规律的实质性学科转变为既研究社会经济现象，又研究自然现象的通用方法论的边缘科学。

凯特勒虽然为统计学的发展开创了新局面，但他生前并未建立起概率统计的完整学科体系，其学科体系是在凯特勒之后，通过许多学者的共同努力而逐步形成的。其中，著名的学者有：高尔登、皮尔逊、戈塞特、费雪尔等。德国数学家韦特斯坦在 1867 年给这门既是数学又是统计学的独立新学科起名为数理统计学，并被世人接受。

数理统计学派认为：统计学就是数理统计学，是现代应用数学的一个重要分支，是用来研究自然现象和社会现象的方法体系。数理统计学派否认"政治算术"是具有现代意义的统计学，否认社会统计学的存在。他们称凯特勒是"伟大的天才"，是"现代统计学之父"。

概率论与统计学的结合，极大地推动了生物学和经济学的发展，开创了统计学发展的新局面。凯特勒为统计学的发展做出了巨大贡献，但在理论上也有严重的错误：一是混淆了自然现象与社会现象之间的本质区别；二是夸大了概率论的作用。

4. 社会统计学派

社会统计学派在某种意义上是政治算术学派的继承和发展。社会统计学派认为统计学的研究对象是社会现象，目的在于明确社会现象内部的联系和相互关系。统计方法应当包括社会调查中的资料搜集、资料整理及对统计资料的分析研究。这一学派认为，在社会统计中，全面调查（包括人口普查和工农业普查）居于重要地位，而以概率论为根据的抽样调查在一定范围内具有实际的意义和作用。社会统计学派坚持统计学是一门社会科学，而数理统计学则是一门应用数学。在社会实践活动中，数理统计在自然科学的研究中得到了广泛应用，并飞速发展，而社会统计学在社会实践中的应用则相形见绌。

统计学在其发展过程中形成了众多学派，这些学派长期争论，各抒己见，充分表达自己的观点，对促进统计学的发展起到了积极的作用。

我国的统计学理论，先受到了日本社会统计学派的影响，后又受到了欧美数理统计学派的影响。中华人民共和国成立后，受苏联社会经济统计学的影响，全盘接受了苏联1954年统计科学大会决议的观点。苏联模式的社会经济统计学专业，完全是按计划经济模式设置的课程，一个部门甚至一个行业就开设一门统计课程，如工业统计、农业统计、建筑业统计、交通运输统计、商业统计、投资统计、物价统计等，每门课程绝大部分内容都是一些指标的解释，细之又细。

直到1978年党的十一届三中全会以后，我国统计学才摆脱过去长期形成的沉闷、僵化、停滞不前的局面，理论研究获得新的生机和活力。几十年的理论争鸣，社会经济统计学方法论的学科性质趋于认同，对如何借鉴数理统计学的有用成果，丰富并发展社会经济统计学的内容，取得了比较一致的意见，对社会经济统计学和数理统计学不同的研究对象、内容、方法及两门学科的合理分工，进行了充分讨论。2011年2月，国务院学位委员会第28次会议通过了《学位授予和人才培养学科目录（2011年）》，统计学上升为一级学科，设在理学门类中。这样，统计学就完全从数学和经济学中独立出来，成了名副其实的一级学科，极大地推动了我国统计学的快速发展。

二、统计的含义

统计作为一种社会实践活动，它的产生和发展已有四五千年的历史。统计一词的含义包括：统计实践活动（即统计工作），统计资料，统计学三个方面。

随着生产力的发展和社会分工的扩大，统计成为某些人专门从事的一项工作，是对社会经济现象的一种调查研究活动，也是对社会经济现象的一种认识活动。作为一个完整的统计工作过程，需要先确定统计研究的目的和要求，根据这个目的和要求进行统计设计，然后经过统计调查、统计整理、统计分析几个环节来完成统计工作的全过程。

统计资料是统计实践活动过程中所取得的各项数字资料的总称，它是统计工作的成果，是集中、全面、综合、系统地反映国民经济和社会发展状况和过程的数字资料。

统计学是研究数据收集、整理和分析的方法论科学，其目的是探索数据内在的数量规律，以达到对客观事物的科学认识。统计学的产生和发展已有300多年的历史。

统计的上述三层含义之间的关系是：统计资料是统计工作的成果；统计科学来源于统计实践活动，反过来又指导统计实践活动，二者是理论与实践的关系。

第二节 统计学的研究对象、内容与分科

一、统计学的研究对象

统计学理论的产生与发展是一个历史过程。就统计学的发展历史和意义而言，我们认为统计学可以分为广义统计学和狭义统计学两种。广义统计学以社会现象、自然现象、经济现象的数量关系为研究对象，以通用的统计理论和方法为主要研究内容。通用的统计理论和方法包括在长期统计实践中形成并得到广泛应用的大量调查、统计分组、比较分析等理论和方法，还包括以概率论和抽样技术为基础，在近代科学技术的不断发展推动下形成的数理统计理论和方法。因此，从学科性质上讲，广义统计学既不归属于社会科学，也不归属于自然科学，它是一门跨学科的独立的通用的方法论科学。狭义统计学根据研究对象可以有多种不同理解，包括数理统计学、社会经济统计学，以及由数理统计学派生的应用统计学和由社会经济统计学派生的专业统计学或部门统计学等。尽管各种统计学研究领域、研究特点和论述的侧重点不同，但作为统计学的方法论特性却存在于各门统计学之中。

二、统计学的基本内容

一般来说，统计学包括如下四部分内容。

第一部分，总论。总论主要是阐述统计活动及统计学理论的产生和发展，对统计学研究的对象、方法和统计学的基本概念做概括性介绍。

第二部分，统计调查和统计资料整理。统计调查和统计资料整理主要阐述统计数据的收集、分组、汇总、描述等数据处理的基本方法。

第三部分，统计分析。统计分析主要介绍总量指标、相对指标、平均指标、标志变异指标、动态指标和指数等传统的统计指标的计算方法及应用原则和分析、预测的方法。

第四部分，统计推断。统计推断主要介绍抽样及抽样调查的基本原理、基本方法、相关分析与回归分析的应用方法。

三、统计学的分科

随着统计实践活动的丰富和发展，以及统计科学的进步，统计学在研究社会经济领域和自然领域时，由于研究对象都各有其特点，从而形成了一门多学科的科学。

1. 描述统计学和推断统计学

描述统计学是研究如何取得反映客观现象的数据，通过图表或数学方法，对数据资料进行加工整理、分析，并对数据的分布状态、数字特征和随机变量之间的关系进行估计和描述，进而综合反映现象的规律性和数量特征的学科。

推断统计学则是以概率论为基础，用随机样本的数量特征来推断总体的数量特征，做出具有一定可靠性保证的估计或检验。

描述统计是基础，只有通过描述统计的方法收集、整理和显示真实可靠的统计数据，并提供有效、系统的样本信息，推断统计才能有序进行。从描述统计学到推断统计学是统计学发展的巨大成就。

2. 理论统计学和应用统计学

理论统计学和应用统计学是统计学的数学原理，主要研究统计学的一般理论和统计方法。

应用统计学是研究如何应用统计方法去解决实际问题，即把统计的一般理论和方法应用到自然科学领域和社会科学领域的科学，如国民经济统计学、管理统计学、金融统计学、心理统计学、医学统计学等。可见，统计方法几乎应用到所有的学科研究。

第三节 统计学中的基本概念

论述统计理论和方法要运用统计学的专门概念，这里阐述几个统计学中最基本，也是最常用的概念。

一、统计总体与总体单位

（一）统计总体

统计总体是指客观存在并在同一性质基础上结合起来的许多个别事物的整体，简称总体。例如，某地区全部工业企业是由客观存在的许多工业企业组成的，每个工业企业因为具有工业生产经营活动这一共同的经济职能而结合为一个整体，即总体。总体具有大量性、同质性和差异性的特点。

1. 大量性

大量性是指构成总体的个别事物的数量要足够多，也就是说单个的或几个个别事物不可能构成总体。如全国的工业企业构成一个总体，即每一个工业企业就是个别事物，总体则由全国的工业企业所组成，数量很多。

2. 同质性

同质性是指构成总体的个别事物必须具有相同的性质。如全国的工业企业构成一个总体，每一个工业企业就是一个个别事物，它们之所以能构成一个总体，是因为这些工业企业都有一个共同的特点，即都是进行生产经营活动的。同质性是许多个别事物构成总体的前提条件。

3. 差异性

差异性是指构成总体的个别事物除了在某一方面具有相同的性质外，在其他方面具有各不相同的性质。如全国的工业企业构成总体，其同质性是每个工业企业都是进行工业生产经营活动的，差异性是各工业企业在职工人数、工业总产值、工业增加值、销售额、利润等方面各不相同。

（二）总体单位

总体单位是指构成总体的个别事物，如某市所有的商业企业构成一个总体，则每一个商业企业就是一个总体单位。总体单位的范围可大可小，可以是人，也可以是物。为了说明总体的某个特征，需要通过对每个总体单位进行调查以取得所需的资料，然后将各个总体单位的资料进行汇总，才能得出该总体的特征。

总体和总体单位之间并不是一成不变的，它们会随着统计研究目的的变换而相应地发生变化，即随着统计研究目的的变化，统计总体可变换成总体单位，总体单位也可变换成总体。

二、标志与指标

（一）标志

标志是表明总体单位特征的名称。例如，人有男、女之别，我们给这个特征取个名称叫"性别"；人又有 16 岁、17 岁、18 岁……之别，我们给这个特征取个名称叫"年龄"。这里的"性别""年龄"就是标志，它们是总体单位的特征。

在统计学中，标志可以分为品质标志和数量标志。

品质标志是表明事物属性方面的特征，其具体表现不能用数值表示。例如，性别、民族、工种、职称、职务等，这些品质标志的具体表现是男、女；回、汉；电工、钳工、铸工、水工、木工；会计师、教授；科长、处长等。

数量标志是表明事物数量方面的特征，其具体表现是以数值表示。例如，年龄、工资、产量、产值、身高等。如年龄为 18 岁、工资为 1 000 元等都是数量标志的具体表现。

从以上的论述可以看出，品质标志和数量标志的一个显著区别是看其是否能用数值表示。能用数值表示的就是数量标志，不能用数值表示的就是品质标志。

（二）指标

指标是用来表明总体特征的名称和数值。例如，2010 年某地区粮食产量为 1 000 万千克，2010 年全国高校应届毕业生 630 万人。一个统计总体的某项指标数值是由该总体中相应的各个总体单位的数量标志值登记汇总而来的。如 2010 年全国高校应届毕业生 630 万人，是通过对全国每一个高校的应届毕业生登记汇总而得到的。

可见，统计指标是客观存在的，是表明社会经济现象总体特征的名称和具体数值。它由指标名称和指标数值两个基本部分构成，基本作用是从总体上说明客观经济现象的具体数量特征。

一个完整的统计指标一般包括六个要素：指标名称、计算方法、计量单位、时间限制、空间范围、指标数值。

例如：我国 2010 年高校应届毕业生人数 630 万人。

（1）指标名称：应届毕业生人数。

（2）计算方法：全国各高校应届毕业生之和。

（3）计量单位：万人。

（4）时间限制：2010 年。

（5）空间范围：全国（不含台湾、香港、澳门地区）。

（6）指标数值：630。

这六个要素的集合，构成了一个完整的统计指标。在运用统计指标反映社会经济现象总体数量特征时，需要正确把握各个要素的含义，否则就可能出现差错。

三、变异与变量

（一）变异

客观现象千差万别，不存在两个完全相同的个体和集体。而统计中的标志是总体单位的特征，因而它们之间必然是互有差异的。标志这种经常变换自身状态的现象叫变异。变异是普遍存在的，是统计的前提条件，有变异才有统计。假若所有总体单位都完全相同，也就不需要统计了。

变异分为品质变异和数量变异两种情况。品质变异是指品质上的不同，如性别分男、女，民族分汉、回等，统计上把它们称为品质变异（差异）；数量变异是指数量上的不同，如年龄有 16 岁、17 岁、18 岁等，统计上把它们称为数量变异。

（二）变量

变量是指可变的数量标志，其具体取值叫变量值。例如，工人人数、年龄、工资等，都是变量。它们的取值如 500、600、700 等是人数这个变量的变量值；而 60、80、100 等则是工资这个变量的变量值。需要特别指出的是，"变量"是数量标志的名称，而变量值则是该数量标志的具体数值。

变量可以分为连续型变量和离散型变量。

连续型变量是指变量值是连续不断的，两个相邻的整数之间可用无数的小数连续起来。如年龄就是连续型变量，我们平时所说的 18 岁、20 岁等，都是以年为整数的近似说法。实际上，一个人从出生起到死亡止，它的计算可以精确到几年几月几天几小时，甚至几分几秒。这样，可以精确到以年为整数的无限多位小数。可见，年龄这个变量的变量值是连续型的变量。同时，身高、体重、产值、利润、工资等都是连续型变量。

离散型变量也称为非连续型变量。离散型变量的变量值之间都是以整数位断开的，整数位之间不能进行分割。例如，5 个人、10 张桌子、12 头猪、10 个工厂等。这里的人数、桌子数、牲畜数、工厂数都称作离散型变量。

连续型变量和离散型变量的一个重要区别就是看其能否用小数表示。能用小数表示的就是连续型变量，不能用小数表示的就是离散型变量。

第四节 统计的任务和统计工作过程

一、统计的任务

《中华人民共和国统计法》规定：统计的基本任务是对国民经济和社会发展情况进行统计调查、统计分析，提供统计资料和统计咨询意见，实施统计监督。具体来说，包括以下四个方面。

（1）准确、及时、全面、系统地反映经济和社会的发展情况，为党和国家制定方针、政策、计划以及指导经济活动和社会活动提供依据。

（2）对政策和计划的执行情况进行统计检查和监督。

（3）为各地区、各部门、各单位提供它们所需要的各种统计资料。

（4）为科学研究和宣传教育工作提供所需资料。

二、统计的基本职能

统计的职能是统计在认识社会、管理社会中所具有的功能。统计部门是获取国民经济和社会发展各种信息的主体单位，是国家重要的咨询和监督机构。在建设和发展社会主义市场经济中，统计部门要充分发挥统计所具有的信息、咨询、监督三大服务职能，这是统计认识作用、管理作用在社会主义现代化建设中的具体体现。

（一）统计的信息职能

统计信息是各种社会经济信息来源的重要组成部分。统计资料并不等于统计信息，通过统计工作取得的数据资料都可称为统计资料，而统计信息则是指在统计资料中经反复筛选提炼出来的具有价值的，信息接受者尚未掌握的数字情报资料。统计的信息职能涉及以下三个方面。

第一，统计信息为国家政府执行宏观管理、进行宏观决策服务。正在发展中的社会主义市场经济，既有资金配置、促使人们按价值规律办事的积极作用，也有自发、盲目、滞后的消极作用。企业和广大人民群众希望政府用经济杠杆、法律手段和符合经济规律的必要行政手段干预市场，实行宏观控制。这就迫切需要统计部门提供数量更多、价值更高的统计信息，帮助各级政府准确地把握市场运行规律，科学地剖析宏观经济中各种错综复杂的关系，引导市场健康发展。

第二，企业转换经营机制，希望统计提供更多更有用的统计信息。随着经营机制的转换和市场体系的发育，企业生产经营活动主要取决于市场的需求。谁能及时准确地掌握市场需求信息，了解市场走向和变化趋势，并科学组织生产经营活动，谁就能在市场竞争中立于不败之地。然而，市场是变化万千的，单靠企业自身的力量难以掌握和驾驭。统计部门则能利用任何其他机构和组织都不可替代的自身优势，展开统计调查，广泛收集商品市场、资金市场、人才市场、技术市场、信息市场的有用信息，为企业经营决策提供优质的统计信息。

第三，统计信息职能还表现为统计部门在保守国家机密的前提下，利用多种形式、多种渠道，将统计信息公布于众，使之成为全民共享的财富。定期的经济形势新闻发布会，定期发表的统计公报，公开出版的统计年鉴及具有统计性质的报刊都已成为教学、科研机构进行教学与科学研究，以及人民群众了解国家经济形势的重要渠道。

（二）统计的咨询职能

统计的咨询职能不同于一般的统计信息发布，它将统计的有偿服务和无偿服务相结合，将统计信息推向市场的重要渠道。统计信息以商品形式推向市场，不仅有利于建立统计工作的良性循环，而且能提高统计信息质量，使其在更大范围内经受考验，迎接信息市场中其他信息咨询部门的挑战。

统计咨询水平的高低是全面衡量统计工作水平的重要标志。统计咨询不能仅局限于提供若干条有用的信息，还应致力于撰写出咨询委托人所急需的量化水平较高，时效性、针对性较强，对策建议比较符合实际的统计分析报告。

当前，各级统计部门参与高层领导研究经济的工作会议，定期向人民代表大会汇报经济形势，参与制定国民经济和社会发展规划，已成为国家重要的咨询机构之一。今后，统计咨询要更多地发挥为企业经营决策服务的职能，扩展统计信息国际化的渠道，开展国际间的统计咨询服务。

（三）统计的监督职能

统计监督是更高层次上的一种社会服务，它服务于党的基本路线和社会主义建设的基本方针，起到保证国民经济和社会发展不偏离正常轨道的监督职能的作用。执行社会保障的监督手段有很多，如财政税收监督、银行监督、工商行政监督，以及党的纪检部门、人民代表大会、工人联合会、司法机构的监督等。在这些监督手段中，统计监督具有特殊的意义。作为观察社会、经济、科技发展的"仪表"，统计用数字语言全面、准确、及时地反映社会主义市场经济建设的过程和改革开放的成果，灵敏地跟踪各项政策的执行情况，关注与广大人民群众切身利益相关的社会分配制度、住房制度、社会就业与社会保障制度的改革过程，以及不同阶层群众反映的问题，揭示政策执行或决策过程中偏离党的基本方针政策、侵犯或违背广大群众利益等问题，促使各级党政机关重视这些问题并采取积极措施加以调控和纠正。

统计监督要以党性原则和广大人民群众的利益为出发点，以先进的电子技术、宏观经济监测体系、预警指标体系为手段，以真实可靠的统计数据为依据，要敢于讲真话，统计分析要能切中时弊。因此，保持统计的独立性，并使其不受"长官意志"的干扰，是统计监督的必要保证。

统计的信息职能、咨询职能、监督职能统称为统计服务。

三、统计工作过程

任何一项统计实践活动，都有完整的工作过程。例如，为了解全国工业产值、利润、收入等资料，如何向分布在全国各地的数十万个工业企业进行此项统计调查研究工作呢？这是一个很复杂的问题。通常情况下，首先，由国家统计局根据统计研究的目的，设计制定出统一的调查方案；其次，通过各级、各部门的统计机构对每一个工业企业进行调查；然后，对调查搜集到的原始资料进行整理汇总，并计算出工业产值、利润、收入等指标；再次，在数据计算整理的基础上进行数量分析，才能使人们对全国工业企业总体的生产规模水平、结构比例和发展变化的规律获得比较全面、深刻的认识。由此可以看出，一项完整的统计工作过程一般可归纳为以下四个阶段。

（一）统计设计阶段

统计设计是指根据统计研究的目的，对整个统计工作的各个环节做出全面安排，如制定统计指标与指标体系，设计调查方案、综合整理方案及分析提纲等。

（二）统计调查阶段

统计调查是根据统计设计阶段制定的调查方案，向调查总体中的每一个总体单位搜集所需要的原始资料的过程。

（三）统计整理阶段

统计整理就是对统计调查阶段所搜集到的大量的原始资料进行审核，在审核无误的基础上，对其进行加工整理，汇总出说明总体数量特征的总量指标，编制出统计报表。

（四）统计分析阶段

在统计整理得出总量指标的基础上，计算各种指标，进行综合数量分析，从而认识社会经济现象的本质特征和发展变化的规律，并写出统计分析报告。

统计工作的四个阶段，虽然先后有序，内容不同，但它们之间是紧密联系的。统计设计是整个统计工作的准备阶段；统计调查是统计整理和统计分析的基础；统计整理是统计调查的继续和发展，也是统计分析的前提，在整个统计工作中起着承上启下的作用；而统计分析是得出最终成果的阶段。任何一个阶段工作的好坏，都会直接影响整个统计工作质量的好坏。

本章小结

本章从总体上对统计学进行了基本认识，包括统计的产生和发展，统计的含义，统计学的研究对象和方法，统计的任务，统计工作过程和基本职能等。总体、总体单位、标志、指标、变异、变量是统计学中几个重要的基本概念，是理解和学好统计学的基础，必须牢固掌握，并分清它们之间的关系。

统计、统计学、统计学派、社会经济统计学、统计工作过程、总体、总体单位、标志、指标、变异和变量。

拓展案例

2018 年国民经济运行总体平稳、稳中有进

2019 年 2 月 28 日，中华人民共和国国家统计局初步核算，全年国内生产总值为 900 309 亿元，比上年增长 6.6%。其中，第一产业增加值为 64 734 亿元，增长 3.5%；第二产业增加值为 366 001 亿元，增长 5.8%；第三产业增加值为 469 575 亿元，增长 7.6%。第一产业增加值占国内生产总值的比重为 7.2%，第二产业增加值的比重为 40.7%，第三产业增加值的比重为 52.2%。人均国内生产总值为 64 644 元，比上年增长 6.1%。国民总收入为 896 915 亿元，比上年增长 6.5%。全国万元国内生产总值能耗比上年下降 3.1%。全员劳动生产率为 107 327 元/人，比上年提高 6.6%。

一、农业生产略有下降

全年粮食产量为 65 789 万吨，比上年减少 371 万吨，减产 0.6%。其中，夏粮产量为 13 878 万吨，减产 2.1%；早稻产量为 2 859 万吨，减产 4.3%；秋粮产量为 49 052 万吨，增产 0.1%。全年谷物产量为 61 019 万吨，比上年减产 0.8%。其中，稻谷产量为 21 213 万吨，减产 0.3%；小麦产量为 13 143 万吨，减产 2.2%；玉米产量为 25 733 万吨，减产 0.7%。全年猪、牛、羊、禽肉产量共为 8 517 万吨，比上年下降 0.3%。其中，猪肉产量为 5 404 万吨，下降 0.9%；牛肉产量为 644 万吨，增长 1.5%；羊肉产量为 475 万吨，增长 0.8%；禽肉产量为 1 994 万吨，增长 0.6%。禽蛋产量为 3 128 万吨，增长 1.0%。牛奶产量为 3 075 万吨，增长 1.2%。

二、工业升级态势明显

全年全部工业增加值为 305 160 亿元，比上年增长 6.1%。规模以上工业增加值增长 6.2%。在规模以上工业中，按经济类型划分，国有控股企业增加值增长 6.2%；股份制企业增加值增长 6.6%，外商及港澳台商投资企业增加值增长 4.8%；私营企业增长 6.2%。按类别划分，采矿业增长 2.3%，制造业增长 6.5%，电力、热力、燃气及水生产和供应业增长 9.9%。

全年规模以上的工业企业利润为 66 351 亿元，比上年增长 10.3%。按经济类型划分，国有控股企业利润为 18 583 亿元，比上年增长 12.6%；股份制企业利润为 46 975 亿元，增长 14.4%，外商及港澳台商投资企业利润为 16 776 亿元，增长 1.9%；私营企业利润为 17 137 亿元，增长 11.9%。按类别划分，采矿业利润为 5 246 亿元，比上年增长 40.1%；制造业利润为 56 964 亿元，增长 8.7%；电力、热力、燃气及水生产和供应业利润为 4 141 亿元，增长 4.3%。全年规模以上工业企业的主营业务收入利润率为 6.49%，比上年提高 0.11%。

三、固定资产投资增速回落

全年全社会固定资产投资为 645 675 亿元，比上年增长 5.9%。其中固定资产投资（不

含农户）为 635 636 亿元，增长 5.9%。按区域划分，东部地区投资比上年增长 5.7%，中部地区投资增长 10.0%，西部地区投资增长 4.7%，东北地区投资增长 1.0%。

在固定资产投资（不含农户）中，第一产业投资为 22 413 亿元，比上年增长 12.9%；第二产业投资为 237 899 亿元，增长 6.2%；第三产业投资为 375 324 亿元，增长 5.5%。民间固定资产投资为 394 051 亿元，增长 8.7%，占固定资产投资（不含农户）的比重为 62.0%。基础设施投资增长 3.8%。六大高耗能行业投资增长 1.4%。

全年房地产开发投资为 120 264 亿元，比上年增长 9.5%。其中住宅投资为 85 192 亿元，增长 13.4%；办公楼投资为 5 996 亿元，下降 11.3%；商业营业用房投资为 14 177 亿元，下降 9.4%。

四、市场销售较快增长

全年社会消费品零售总额为 380 987 亿元，比上年增长 9.0%。按经营地统计，城镇消费品零售额为 325 637 亿元，增长 8.8%；乡村消费品零售额为 55 350 亿元，增长 10.1%。按消费类型统计，商品零售额为 338 271 亿元，增长 8.9%；餐饮收入额为 42 716 亿元，增长 9.5%。

在限额以上单位商品零售额中，粮油、食品类零售额比上年增长 10.2%，饮料类增长 9.0%，烟酒类增长 7.4%，服装、鞋帽、针纺织品类增长 8.0%，化妆品类增长 9.6%，金银珠宝类增长 7.4%，日用品类增长 13.7%，家用电器和音像器材类增长 8.9%，中西药品类增长 9.4%，文化办公用品类增长 3.0%，家具类增长 10.1%，通信器材类增长 7.1%，建筑及装潢材料类增长 8.1%，石油及制品类增长 13.3%，汽车类下降 2.4%。

全年实物商品网上零售额为 70 198 亿元，比上年增长 25.4%，占社会消费品零售总额的比重为 18.4%，比上年提高 3.4%。

五、进出口同比增长

全年货物进出口总额为 305 050 亿元，比上年增长 9.7%。其中，出口总额为 164 177 亿元，增长 7.1%；进口总额为 140 874 亿元，增长 12.9%。货物进出口顺差为 23 303 亿元，比上年减少了 5 217 亿元。对"一带一路"沿线国家进出口总额为 83 657 亿元，比上年增长 13.3%。其中，出口总额为 46 478 亿元，增长 7.9%；进口总额为 37 179 亿元，增长 20.9%。

六、居民消费价格同比上涨

全年全国居民人均消费支出为 19 853 元，比上年增长 8.4%，扣除价格因素，实际增长 6.2%。按常住地划分，城镇居民人均消费支出为 26 112 元，增长 6.8%，扣除价格因素，实际增长 4.6%；农村居民人均消费支出为 12 124 元，增长 10.7%，扣除价格因素，实际增长 8.4%。全国居民恩格尔系数为 28.4%，比上年下降 0.9%，其中城镇为 27.7%，农村为 30.1%。

七、居民收入稳定增长

全年全国居民人均可支配收入为 28 228 元，比上年增长 8.7%，扣除价格因素，实际增长 6.5%。全国居民人均可支配收入的中位数为 24 336 元，增长 8.6%。按常住地划分，城镇居民人均可支配收入为 39 251 元，比上年增长 7.8%，扣除价格因素，实际增长 5.6%。城镇居民人均可支配收入的中位数为 36 413 元，增长 7.6%。农村居民人均可支配收入为 14 617 元，比上年增长 8.8%，扣除价格因素，实际增长 6.6%。农村居民人均可支配收入的中位数为 13 066 元，增长 9.2%。将全国居民收入等分为五组，低收入组人均可支配收入为 6 440 元，中间偏下收入组人均可支配收入为 14 361 元，中间收入组人均可支配收入为 23 189 元，中间偏上收入组人均可支配收入为 36 471 元，高收入组人均可支配收入为 70 640 元。全国农民工人均月收入为 3 721 元，比上年增长 6.8%。

八、经济结构优化升级

供给侧结构性改革深入推进，全年全国工业产能利用率为 76.5%。全年规模以上工业企业每百元主营业务收入中的成本为 83.88 元，比上年下降 0.20 元。全年生态保护和环境治理业、农业固定资产投资（不含农户）分别比上年增长 43.0% 和 15.4%。

新动能持续发展壮大。在全年规模以上工业中，战略性新兴产业增加值比上年增长 8.9%。高技术制造业增加值增长 11.7%，占规模以上工业增加值的比重为 13.9%。装备制造业增加值增长 8.1%，占规模以上工业增加值的比重为 32.9%。全年规模以上服务业中，战略性新兴服务业营业收入比上年增长 14.6%。全年高技术产业投资比上年增长 14.9%，工业技术改造投资增长 12.8%。全年新能源汽车产量为 115 万辆，比上年增长 66.2%；智能电视产量为 11 376 万台，增长 17.7%。全年网上零售额为 90 065 亿元，比上年增长 23.9%。

九、货币信贷平稳增长

12 月末，广义货币供应量（M_2）余额为 182.7 万亿元，比上年年末增长 8.1%；狭义货币供应量（M_1）余额为 55.2 万亿元，增长 1.5%；流通中货币（M_0）余额为 7.3 万亿元，增长 3.6%。年末全部金融机构本外币各项存款余额为 182.5 万亿元，比年初增加 13.2 万亿元，其中人民币各项存款余额为 177.5 万亿元，增加 13.4 万亿元。全部金融机构本外币各项贷款余额为 141.8 万亿元，增加 16.2 万亿元，其中人民币各项贷款余额为 136.3 万亿元，增加 16.2 万亿元。

十、人口就业总体稳定

年末全国（除港、澳、台地区外）总人口为 139 538 万人，比上年年末增加 530 万人，其中城镇常住人口为 83 137 万人，占总人口比重（常住人口城镇化率）为 59.58%，比上年年末提高 1.06%。户籍人口城镇化率为 43.37%，比上年年末提高 1.02%。全年出生人口 1 523 万人，出生率为 10.94‰；死亡人口 993 万人，死亡率为 7.13‰；自然增长率为 3.81‰。全国人户分离的人口为 2.86 亿人，其中流动人口为 2.41 亿人。

年末全国就业人员为 77 586 万人，其中城镇就业人员为 43 419 万人。全年城镇新增就业 1 361 万人，比上年增加 10 万人。年末全国城镇调查失业率为 4.9%，比上年年末下降 0.1%；城镇登记失业率为 3.8%，比上年年末下降 0.1%。全国农民工总量为 28 836 万人，比上年增长 0.6%。其中，外出农民工为 17 266 万人，增长 0.5%；本地农民工为 11 570 万人，增长 0.9%。

总的来看，2018 年国民经济仍运行在合理区间，经济结构进一步优化，转型升级进一步加快，新兴动力进一步积聚，人民生活进一步改善。但也要看到，国际环境仍然错综复杂，国内结构调整转型升级正处在爬坡过坎的关键阶段，全面深化改革依然任务艰巨。

（资料来源：国家统计局，2018 年国民经济和社会发展统计公报，2019-2-28）

案例讨论

1. 如何用统计数据来描述和认识我国的经济表现？
2. 如何理解统计工作在经济管理中的作用？

统 计 实 训 ⸺⸺⸺⸺⸺⸺⸺⸺⸺⸺○

课 后 练 习 ⸺⸺⸺⸺⸺⸺⸺⸺⸺⸺○

第二章

统计设计

学习目标

- 理解统计设计的概念。
- 掌握统计设计的主要内容。
- 掌握统计指标和指标体系的设计内容及原则。
- 熟悉统计表的设计要求。
- 学会问卷设计。

★知识导览

一项完整的统计工作过程，一般可归纳为统计设计、统计调查、统计整理和统计分析四个阶段。统计设计是统计工作的第一个阶段，是对统计工作各个方面、各个环节的通盘考虑和安排，贯穿于统计工作的整个过程。

本章重点：统计设计的种类和内容，统计指标的定义、种类和特点，统计指标体系的概念和设计原则，统计表的构成、分类和设计原则，问卷设计。

本章难点：统计指标和指标体系的设计、统计表的设计、问卷的设计。

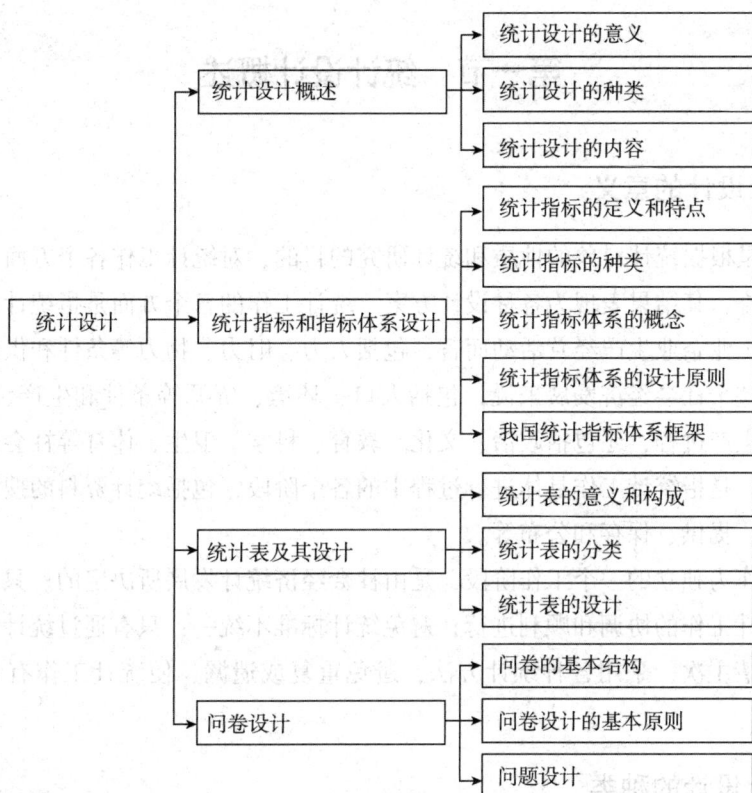

```
                              ┌──────────────────┐
                  ┌───────────┤  统计设计的意义    │
                  │           ├──────────────────┤
          ┌───────┴──┐        │  统计设计的种类    │
          │ 统计设计概述├────────┤                  │
          │          │        ├──────────────────┤
          └──────────┘        │  统计设计的内容    │
                              └──────────────────┘
```

┌──────────────┐
│ 统计指标的定义和特点 │
├──────────────┤
│ 统计指标的种类 │
├──────────────┤
│ 统计指标体系的概念 │
├──────────────┤
│ 统计指标体系的设计原则 │
├──────────────┤
│ 我国统计指标体系框架 │
└──────────────┘

统计设计 → 统计指标和指标体系设计

统计表及其设计：
- 统计表的意义和构成
- 统计表的分类
- 统计表的设计

问卷设计：
- 问卷的基本结构
- 问卷设计的基本原则
- 问题设计

★引导案例

绿色 GDP

传统意义上的 GDP 核算未能反映自然资源耗减和环境污染所付出的代价，而资源与环境对于实现经济社会的可持续发展是至关重要的。因此，我国现行的 GDP 核算方法必须修正，要在借鉴国际经验的基础上，建立包括自然资源耗减和环境污染核算的绿色 GDP 核算指标体系。

绿色 GDP，指用以衡量各国扣除自然资产损失后，新创造的真实国民财富的总量核算指标。简单来讲，就是从现行统计的 GDP 中，扣除由于环境污染、自然资源退化、教育低下、人口数量失控、管理不善等因素引起的经济损失成本，从而得出真实的国民财富总量。

绿色 GDP 这个指标，实质上代表了国民经济增长的净正效应。绿色 GDP 占 GDP 的比重越高，表明国民经济增长的正面效应越高，负面效应越低。

（资料来源：解三明. 绿色 GDP 的内涵和统计方法 [M]. 北京：中国计划出版社，2005.）

案例启示

建立绿色 GDP 指标，可以引导中国经济向绿色、环保、可持续的方向发展。统计指标的设计是统计设计的主要内容，除了统计指标设计外，统计设计作为统计工作的第一个环节，是对统计工作的全盘考虑和安排。

第一节 统计设计概述

一、统计设计的意义

统计设计是根据统计对象的性质和统计研究的目的，对统计工作各个方面、各个环节的通盘考虑和安排，其结果表现为各种设计方案。统计工作的各个方面是指统计研究对象的各组成部分，就工业企业生产经营活动而言，包括人力、财力、物力等条件和供应、生产和销售等环节；就整个社会经济发展来说，包括人口、环境、资源等条件和生产、分配、流通、消费等扩大再生产过程，还包括政治、文化、教育、科学、卫生、体育等社会活动。统计工作的各个环节，是指统计工作具体进行过程中的各个阶段，包括统计资料的搜集、汇总与整理、分析研究、提供、保存和公布等。

统计设计作为独立的一个工作阶段，是由社会经济统计发展所决定的。只有通过统计设计才能保证统计工作的协调和顺利进行，避免统计标准不统一；只有通过统计设计才能按需要与可能，分清主次，采用各种统计方法，避免重复或遗漏，使统计工作有计划、按步骤进行。

二、统计设计的种类

统计设计可按不同标准划分为若干个种类。

（一）整体设计和专项设计

按研究对象的范围，统计设计分为整体设计和专项设计两种。整体设计是以研究对象为整体，对整个统计工作所进行的全面设计。就微观而言，可以是一个企业、事业、基层单位的统计工作的全面设计；就宏观而论，可以是整个国民经济范围内的统计工作的全面设计等。

专项设计是对研究对象的某一部分的统计设计，如一个企业的有关人力、物资、资金、生产、供应、销售等部分的统计设计。就全国而言，工业、农业、商业等统计设计也是专项设计。

整体设计是主要的，专项设计是次要的。两者的划分是相对的，如统计总体和总体单位因研究目的的不同而相互转换后，整体设计和专项设计也相应地发生转换。

（二）全过程设计和单阶段设计

按工作阶段，统计设计分为全过程设计和单阶段设计两种。全过程设计是对从确定统计任务、内容、指标体系到分析研究的全过程的通盘安排。

单阶段设计是就统计工作过程中的某一阶段所进行的设计，如统计调查的设计、统计分析的设计等。

全过程设计和单阶段设计各有分工，各有侧重。全过程设计偏重于安排各阶段的联系，单阶段设计侧重于安排工作进度和方法。二者比较，全过程设计是主要的，单阶段设计则是在全过程设计的基础上进行的。

（三）长期设计、短期设计和中期设计

按包括的时期，统计设计分为长期设计、短期设计和中期设计。一般来讲，长期设计是指 5 年以上的统计设计；短期设计是指 1 年或年度内的统计设计；中期设计则是指 2 ~ 3 年的统计设计。

三、统计设计的内容

由于统计设计包括的范围非常广泛，并且有较多的种类，因此统计设计的内容也各不相同。

（一）明确规定统计研究的目的和任务

统计设计的首要环节是明确规定统计研究的目的和任务，这是确定统计内容和方法的出发点。如果目的不明、任务不清，就无法确定研究什么和怎样研究，其结果可能并不是当前迫切需要的，而当前迫切需要的却得不到充分反映。所以，明确规定统计研究的目的和任务是统计设计的首要问题。

明确规定统计研究的目的和任务要考虑以下四个方面的需要和要求。

（1）根据党的方针、政策和当前政治经济任务的需要，抓住现实生活中最重要、最迫切的问题。

（2）从统计工作的整体出发，满足整个国民经济综合平衡研究的需要。

（3）依据有关计划的制订和检查的需要。

（4）从统计研究对象的客观实际出发，通盘考虑，科学制定。

（二）确定统计指标和统计指标体系

统计指标和指标体系是认识客观事物的工具，所以，它是统计设计的中心内容。无论是整体设计或专项设计，也不论全过程设计或单阶段设计，都要解决统计指标和指标体系的设计问题。

（三）确定统计分类和分组

确定统计分类和分组也是统计设计的重要内容。统计分类和分组指的是社会经济现象本身的分类和分组。例如，生产资料所有制的分类、国民经济部门分类、城市分类、人口的职业分类、人口按年龄的分组、家庭按人均收入分组等。

统计分类是一项很重要的工作，需要统计设计人员具有广博的理论知识和实践经验。统计分类实际上是一种定性的认识活动，要做好统计分类工作，常常需要聘请有关方面的专家、学者及实际工作者共同研究讨论，制定出统一的分类目录，制定出对各种复杂情况的处理方法。

（四）研究设计统计表

在第三节统计表及其设计讲述。

（五）确定统计分析研究的内容

在整个统计工作过程中，统计分析研究一般是在统计资料整理之后进行的。但在统计设计过程中，对统计分析研究内容的考虑，通常放在明确统计目的、任务并确定统计指标、指标体系及分类、分组体系之后。统计分析研究内容的确定，可以进一步对既定的统计指标和指标体系起到核查校对作用。而制定的统计指标及其体系如不能满足统计分析研究的要求，也可以进行修改和充实。

统计分析研究内容的设计，关键是科学地选定分析研究的题目。确定了题目之后，还要考虑合适的分析研究方法。

统计分析的设计还要考虑分析结果的表达形式。它可以是比较系统的书面分析报告，也可以是简明扼要的文字说明，还可以是鲜明生动的图表，需要根据统计指标的性质和服务对象加以确定。

（六）制定统计调查方案

为了在调查过程中统一认识，必须制定一个统一的统计调查方案，这是统计设计的重要内容。

（七）制定统计整理方案

制定统计整理方案是统计设计的重要内容之一。统计整理是指根据统计研究的目的，将统计调查所得的原始资料（也称初级资料）进行科学分类和汇总，即将综合资料条理化、系统化，这是一项汇总性的工作。制定统计整理方案，实际上也是制定统计汇总方案。一般来说，统计整理方案的基本内容在统计调查开展之前就要确定下来，要根据统计分析的需要设计统计汇总的具体内容，对整个汇总过程做出统一的安排。

（八）规定各个阶段的工作进度和时间安排

由于统计工作过程有若干大阶段和许多细小环节，为了更好地完成统计任务，在统计设计中要明确规定统计的工作进度和时间安排，使统计工作按质按时完成。

（九）考虑各部门和各阶段的配合和协调

由于各部门对统计指标的口径、分类粗细等要求不同，因此要制定了统一的指标体系，并进行统计分类、分组，同时为了满足各方面的要求，还必须考虑如何协调各部门的不同需求。

在统计工作过程中，统计调查、统计整理和统计分析是相互联系的。不同的指标有不同搜集资料的方法，有不同的时间要求，从而就有不同的整理方法，而这些又取决于统计分析研究的目的和内容。因此，整体设计虽然不能完全代替单阶段设计，但是需要考虑到各个阶段之间的联系。

（十）统计力量的组织与安排

统计力量的组织和安排是保证统计工作顺利进行的一项重要内容。

从广义角度来说，统计力量的组织与安排包括专业统计机构的组织，统计机构与领导机关和其他业务机构的关系，以及非统计机构中统计活动和各种业务资料的使用。

从狭义角度来说，统计力量的安排是指专业统计机构组织的统计力量安排，即如何组织专业统计机构，各项工作如何分工，安排多少人，各负什么责任，怎样既有分工又有合作，是否有必要定期轮换等。

第二节　统计指标和指标体系设计

统计分析研究社会经济现象总体的数量，是通过统计指标和指标体系设计来进行的。因此，统计指标和指标体系的设计是统计设计的中心内容。

一、统计指标的定义和特点

（一）统计指标的定义

统计指标在统计理论与实践中一般有两种理解。一种理解是认为统计指标反映一定社会经济现象总体的某种数量特征。例如，国民生产总值这个指标是指一个国家或一个地区的物质生产部门和非物质生产部门在一定时期内提供的社会最终使用的产品和劳务的价值，不包括中间消耗的产品和劳务的价值。它作为一个数量特征，综合反映了社会经济活动的总成果。这是统计理论和统计设计上所使用的统计指标的含义。在具体确定时，包括指标名称、计量单位和计算方法三个要素。另一种理解是认为统计指标反映总体现象的数量特征及其具体数值。例如，某年我国国内生产总值为 57 733 亿元。这是统计工作中经常使用的统计指标含义。依此理解，它除了包括上述三个构成要素外，还包括时间限制、空间限制和指标数值三个组成部分。

统计指标是社会经济现象真实属性的科学概括，是客观实际发生过程的反映。一般认为，统计指标的以上两种理解都是成立的、合理的，它们分别在不同的场合使用。在进行统计理论研究和统计设计时，只能研究设计统计指标的名称、内容、口径、计量单位和计算方法，这是不包括数值的统计指标；而在得到统计指标的具体数值后，运用统计指标说明总体现象的实际情况时，便从不包括数值的统计指标过渡到包括数值的统计指标，这正反映了统计工作的过程。

（二）统计指标的特点

统计指标具有客观性、综合性和具体性的特点。

1. 客观性

统计指标是表示客观存在的、已经实现了的数字资料。它不同于计划指标，计划指标是对未来做出的科学预想，一般作为具体的奋斗目标；也不同于统计预测指标，统计预测指标是根据已有的事实资料对未来的一种估计、推算。

2. 综合性

统计指标是统计总体特征的数量表现。总体是由许多相同性质的个别事物构成的，总体的数量是对其所包括的每个单位标志值进行综合之后计算的，具有综合性。例如，工资总额是每个职工的工资额汇总计算的。

3. 具体性

统计指标不是抽象的，而是对一定的具体社会经济现象的量的反映，即统计指标的具体性是指在一定时间、地点的条件下对客观事物及其量的反映。

二、统计指标的种类

（一）数量指标和质量指标

统计指标按其说明的总体现象的内容可以分为数量指标和质量指标。数量指标是反映总体现象的规模大小或数量多少的统计指标，一般表现为绝对数，如人口数、企业数、商品销售额等。质量指标是说明总体性质和数量关系，表明总体内部构成、比例、发展变化速度和一般水平的指标，一般表现为相对指标和平均指标，其数值表现为相对数和平均数。例如，人口的性别构成、出生率、死亡率、人口密度、职工平均工资、粮食平均产量等。

（二）总量指标、相对指标和平均指标

统计指标按其表现形式分为总量指标、相对指标和平均指标。总量指标是反映社会经济现象总规模、总水平的统计指标，其数值表现为绝对数。相对指标是表明两个有联系的统计指标数值之比，反映数量关系的指标，其数值表现为相对数。平均指标是同质总体内标志总量和总体单位数相除的结果，表明总体各单位标志值一般水平的指标。

（三）考核指标和非考核指标

统计指标按其在管理工作中所起作用可以分为考核指标和非考核指标。考核指标是指用于定期或不定期评比、考核用的指标。非考核指标是指不作考核用，主要用于了解情况或用于一般分析研究的指标。

三、统计指标体系的概念

任何一个统计指标只能说明社会经济现象某一方面的问题，而客观存在的社会经济现象是一个多方面相互联系的复杂总体。要想全面地反映一个总体，就要将一系列相互联系的多个统计指标结合起来使用，也就是使用群体指标。一系列相互联系的统计指标构成的整体称为统计指标体系。通过统计指标体系可以反映总体的全貌，完整地把握客观事物发展变化的全过程，说明社会经济现象的依存关系、因果关系和平衡关系等。

根据客观情况和工作需要，统计指标体系可繁可简。例如，为了说明居民生活状况，可以用居民户的人口数、平均收入、居住面积、储蓄金额等一系列指标；而要说明一个工业企业或一个商业企业的生产经营情况，就要选用比较多的指标组成指标体系；如果要说明一个地区甚至整个国家的社会经济情况，就要选用更多的指标组成指标体系。

四、统计指标体系的设计原则

设计统计指标体系是一个科学性很强的工作。设计时要通盘考虑需设置哪些指标，其名

称、含义、内容如何界定，计算时间、空间及计算方法和计量单位如何确定等。统计指标体系的设计必须遵循以下五个原则。

（一）科学性原则

统计指标体系的设计既要有科学理论的指导，又要符合客观实际。要以马克思列宁主义理论为指导，同时从中国实际出发，设计出具有中国特色的统计指标体系。

（二）目的性原则

统计指标体系既要能够反映社会经济现象和过程的各个方面、各个环节，又要能提供分析研究经济中各种基本平衡和比例关系的数据，适应客观管理的需要。此外，还要满足国际统计对比的需要。

（三）联系性原则

统计指标的设计要从整体上全面考虑指标之间的联系，即要从口径、时间、空间、方法等方面，通盘考虑系统、分体系、子体系。

（四）统一性原则

统计指标和指标体系的设计要力求和会计核算相统一，既要考虑会计核算的需要，又要保证从原始台账的记录就开始统一，使统计指标体系设计的计算口径、计算方法统一，研究范围、经济内容统一，以及起止时间统一。

（五）可比性原则

设计统计指标体系要考虑各地区、各部门、各时期和国际间统计对比的要求。统计指标体系要保持相对的稳定性，重要指标的更换要采用逐渐替代的方法，不宜断然变更，要注意与原有资料的衔接。

上述原则是设计统计指标体系的一般原则，在设计统计指标时，还要充分考虑实际情况的复杂性。需说明的是，即使不是重新设计指标体系，而是对原有指标体系进行改进，也必须遵守上述原则。

五、我国统计指标体系框架

我国统计指标体系框架包括国民经济统计指标体系、科技指标体系和社会统计指标体系。

（一）国民经济统计指标体系

国民经济统计指标体系包括社会再生产基本条件指标、反映社会产品和劳动资源的生产与使用状况的指标、反映消费和积累方面的指标，以及反映国际收支状况的指标等。

（二）科技指标体系

科技指标体系包括科研活动和技术开发的条件、科技投入产出等指标。

（三）社会统计指标体系

社会统计指标体系包括人口、教育、文化、艺术、新闻、出版、卫生、体育、环境保护、社会保障等社会事业，社会条件、社会结构、社会关系，以及人们的物质文化生活、家庭生活、社会活动参与、思想意识倾向等指标。

第三节　统计表及其设计

统计表是统计活动的工具，是表现统计资料的一种形式，是统计设计的重要内容。

一、统计表的意义和构成

（一）统计表的意义

统计表是用纵横交叉的线条所绘制的表格来表示统计资料的一种形式。广义的统计表包括统计活动各个阶段所用的一切表格，在搜集、整理、积累和分析资料时都要用到。

统计表是表现统计资料最常见的形式，其优点是：①能使统计资料的排列条理化、标准化；②能科学地、合理地组织统计资料，便于阅读和对照比较。

（二）统计表的构成

从统计表的形式上看，统计表主要由总标题、横行标题、纵栏标题和指标数值四部分组成。如表2-1所示，最上端中央为总标题，左边为横行标题，表格上端为纵栏标题，表格中间为指标数值。总标题用来概括说明统计表所反映的统计资料的内容；横行标题是指横行的名称，用来表明统计资料反映的总体及各组的名称；纵栏标题，用来表明统计指标的名称；指标数值位于横行和纵栏的交叉处，具体反映其数字状况。此外，有些统计表还增列补充资料、注解、资料来源、填表时间、填表单位等表脚。

表2-1　某年某地区的GDP资料　←　总标题

产业类别	绝对数/亿元	比重/%
第一产业	11 365	19.68
第二产业	28 274	48.92
第三产业	18 094	31.34
合　计	58 360	100.00

从统计表的内容看，统计表由主词栏和宾词栏两部分组成。主词栏反映统计表所要说明的单位、总体及其分组，相当于汉语的主语；宾词栏是说明主词栏的统计指标，相当于汉语的宾语。一般说来，统计表的主词栏列在横行标题的位置，宾词栏列在纵栏标题的位置，但有时为了合理安排或阅读方便，主词栏和宾词栏也可互换位置。

二、统计表的分类

统计表可按用途、统计数列的性质和分组情况进行划分。

（一）按用途分

按用途，统计表可分为调查表、汇总表或整理表、分析表。

1. 调查表

调查表是指在统计调查中用来登记、搜集原始统计资料的表格，表2-2所示为某塑料制品厂某年某月某日全厂的生产日报表。

表2-2 某塑料制品厂某年某月某日全厂的生产日报表

编制单位：××塑料制品厂　　　　　　　　　　　　　　××年×月×日

产品	单位	计划产量			实际产量					备注
		本月	本日	累计	本月	本日	累计	累计完成月计划/%	不变价计算的产量	

调查表只记录调查单位的特征，不能综合反映统计总体的数量特征。

2. 汇总表或整理表

汇总表或整理表是在统计汇总或整理过程中用于表现统计汇总或整理结果的表格。它由两部分组成：一部分是统计分组表，另一部分是用来说明各组综合特征的统计指标。这类表格能够综合说明统计总体的数量特征，是提供资料的基本表式，如各种汇总表，统计台账、手册、年鉴等。例如，某企业产品产量台账如表2-3所示。

表2-3 某企业产品产量台账

编制单位：××企业

项目	单位	年度	第一季度			第二季度			第三季度			第四季度		
			1月	2月	3月	4月	5月	6月	7月	8月	9月	10月	11月	12月

3. 分析表

分析表是在统计分析中用于对整理所得的统计资料进行定量分析的表格，通常是整理表的延续，可更加深刻地揭示社会经济现象的本质和规律。表2-4所示为反映某地区四个机械厂劳动生产率的比较。

表2-4 某地区四个机械厂劳动生产率的比较

工厂名称	全员劳动生产率/ （元·人$^{-1}$）(a)	比较相对数/% (b)	差距/% (c) = (b) -100%
纺织机械厂	12 500	100.0	—
医疗机械厂	8 600	68.8	-31.2
重型机械厂	7 500	60.0	-40.0
农业机械厂	6 800	54.4	-45.6

通过表2-4可知，纺织机械厂的劳动生产率最高，农业机械厂最低；差距最大为45.6%，医疗机械厂、重型机械厂居中，差距分别是31.2%和40.0%。

（二）按统计数列的性质划分

按所反映的统计数列的性质，统计表可分为时间数列表、空间数列表和时空数列表。

1. 时间数列表

时间数列表是用来反映在同一空间条件下，不同时间的统计数列的表格，可用来说明在空间范围相同的条件下，社会经济现象在不同时间上的数量变动，表2-5所示为某高等学校毕业生人数。

表2-5 某高等学校毕业生人数

年份	毕业生人数/人
2005	2 900
2006	3 200
2007	3 600
2008	3 800
2009	4 010
2010	4 218

2. 空间数列表

空间数列表是反映在同一时间条件下，不同空间范围内的统计数列的表格，用以说明在同一时间不同空间条件下社会经济现象的数量分布，又称静态表，表2-6所示为我国四个经济特区工业总产值和利税额。

表2-6 我国四个经济特区工业总产值和利税额

××年

特区名称	工业总产值/亿元	利税总额/亿元
深圳	119.64	5.07
珠海	33.01	1.15
汕头	93.73	2.60
厦门	56.54	5.28

3. 时空数列表

时空数列表是同时反映时间、空间两方面内容的统计表。它既能够说明社会经济现象在不同空间的数量分布，又能够说明社会经济现象在不同时间上的数量变动，表2-7所示为某地区社会总产值部门构成（以社会总产值为100）。

表2-7 某地区社会总产值部门构成

部门	年 份				
	2006	2007	2008	2009	2010
农 业	20.30	19.68	18.93	20.14	18.64
工 业	59.97	61.54	63.78	62.90	62.49
建筑业	10.55	9.95	8.21	8.00	8.45
运输业	3.05	2.41	2.87	4.04	3.80
商 业	6.13	6.42	6.21	4.92	6.62

（三）按分组情况分

按分组情况，统计表可分为简单表、简单分组表和复合分组表。

1. 简单表

简单表是指对统计总体未进行任何分组而编制的统计表，也叫一览表，表2-8所示为某班学生会计学原理考试成绩。

表2-8　某班学生会计学原理考试成绩

××学年　　　　　任课教师：

姓名	学号	分数
王静	001	84
李颖	002	74
…	…	…

2. 简单分组表

简单分组表是指对统计总体仅仅只按一个标志分组所形成的统计表，表2-9所示为某班学生英语考试成绩。

表2-9　某班学生英语考试成绩

考试成绩	学生人数/人
60分以下	3
60~70分	18
70~80分	25
80~90分	12
90分以上	2
合计	60

3. 复合分组表

复合分组表是指对同一统计总体同时采用两个或两个以上的标志层叠起来进行分组而形成的统计表，表2-10所示为某年年末某地区人口数。

表2-10　某年年末某地区人口数

城乡和性别		人口数/万人	比重/%
全地区总人口		3 826	100.0
城镇	男性	1 419	37.1
	女性	1 364	35.6
	合计	2 783	72.7
农村	男性	532	13.9
	女性	511	13.4
	合计	1 043	27.3

三、统计表的设计

广义的统计表包括统计调查表、统计整理表和统计分析表，统计表的设计也包括这三类。但狭义的统计表设计多指资料整理后的表格设计。在此，我们侧重于资料整理后的统计表的设计，同时也阐述一般调查表的设计。

（一）统计表设计的一般原则和要求

统计表在设计时，一般应遵循科学实用、简明美观的原则，力求做到以下六点：

（1）总标题和纵、横标题要能准确、简明扼要地反映统计资料的内容，要求文字简练，有一定的概括性。

（2）纵栏和横行的排列内容要对应，尽量反映它们的逻辑关系、自然和时间顺序等。

（3）根据统计表中的内容，全面考虑统计表的布局，合理安排主词栏和宾词栏，避免出现统计表过长、过短、过宽、过窄的现象，使表大小适度、比例恰当、醒目美观。

（4）统计表中的指标数值写在横行标题和纵栏标题的交叉处；横行的计量单位不同时，在横行标题后列计量单位栏；纵栏的计量单位不同时，将其标在纵栏标题下方或右方。

（5）统计表的横线要清晰，顶线和底线要用粗线，各部分的界线宜粗些，其他线条要细些，表的左右侧可封口也可不画封口线。

（6）当统计表的栏数较多时，要统一编序号，一般是主词栏部分用甲、乙、丙等文字，宾词栏用（1）、（2）、（3）等数字编号。

（二）统计调查表的设计

为了保证调查资料的科学性和统一性，在设计调查表时，必须附以必要的填写说明，其内容包括调查表中有关项目的含义、所属范围、计算方法及填表时应该注意的事项等。填表说明要简明、清楚、易于理解。

（三）整理表的设计

整理表的设计主要是依据整理方案，根据分析研究的要求，以统计调查表的内容为基础，进行系统、全面的设计。

（四）分析表的设计

分析表的设计主要是根据分析研究的要求，使表的逻辑清晰、内容明确、分析方法科学合理，便于读者从中剖析事物的本质，揭示事物的矛盾性和规律性。

设计统计表极为重要，但编制填写统计数字也不容忽视，它贯穿于统计的各个阶段。填写统计数字和文字时，书写要工整、清晰，数字对齐，同时要规范运用有关符号。在我国统计实践中，一般用"—"表示该项下无统计指标数据；用"…"表示数据不是该表规定的最小单位数；用符号"×"表示免填的统计数据；用空格表示该项指标数据不详。

第四节　问卷设计

问卷调查是统计调查中应用最广泛的方法之一，它可以通过测量人们的行为、态度和社会特征，获得有关社会现象和社会行为的各种资料。

一、问卷的基本结构

一份完整的调查问卷在结构上应具有标题、封面信、指导语、问题及答案、编码和作业证明记载这六项内容。

（一）标题

一个明确的题目可以使调查对象迅速了解调查者的意图，理解填答问卷的意义，在激发他们填答兴趣的同时也能够唤起他们的责任感。

（二）封面信

封面信是一封致被调查者的短信，其作用在于向被调查者介绍和说明调查者的身份、调查的大致内容、调查的目的、调查对象的选取方法和对调查结果保密的措施等。封面信的语言要简明、中肯，篇幅宜小不宜大，简短，两三百字最好。封面信在问卷调查过程中有着特殊的作用，它的质量好坏决定着被调查者能否接受调查。封面信的结尾处，一定要真诚地感谢被调查者的合作与帮助。

（三）指导语

指导语是用来指导被调查者填答问卷的各种解释和说明。有些问卷的填答方法比较简单，可以在封面信中用一两句话说明，比如，"请根据自己的实际情况在合适的答案号码上打圈或者在空白处直接填写"；有些问卷填答的方法较为复杂，可以将指导语放在封面信之后集中说明，并标上"填表说明"的标题，其作用是对填表的方法、要求、注意事项等作一个总的说明。另外，有些指导语分散在某些较复杂的调查问题后，对填答要求、方式和方法进行详细说明。

（四）问题及答案

问题及答案是问卷的主体，也是问卷设计的主要内容。问卷中的问题从形式上可以分为开放式与封闭式两大类。

开放式问题只提出问题，不提供答案，由被调查者根据自己的情况自由填答，如你最喜欢看哪类电视节目。开放式问题允许被调查者充分自由地发表自己的意见，因而可以得到较为丰富的资料。但开放式问题的资料难以编码和统计分析，并且对回答者的知识水平和文字表达能力有一定要求。

封闭式问题是在提出问题的同时，给出若干个备选答案，要求被调查者根据实际情况进行选择。例如，请选择你最喜欢看的电视节目类型，同时提供新闻节目、体育节目、文艺节目、其他节目等选项。封闭式问题填答方便，省时省力，资料易于做统计分析，但封闭式问题的答案有限，其表达形式是被限定的。

通常来说，探索性调查中常常用由开放式问题构成的问卷；而在大规模的正式调查中，则主要采用由封闭式问题构成的问卷。

（五）编码

编码是指赋予每一个问题及其答案一个数字作为它的代码，以便将被调查者的回答转换成数字，输入计算机进行处理和定量分析。编码既可以采取预编码，即在问卷设计的同时就完成编码；也可以采取后编码，即等调查完成后再进行编码。在实际调查中，研究者大多采用预编码。因此，预编码也就成了问卷中的一个部分。编码一般放在问卷每一页的最右边，有时还可用一条竖线将它与问题及答案部分分开。

下面就是编码的一个例子。

①您的年龄：_____岁 　　　　$x_1 \sim x_2$　_____

②您的性别：①男□ 　　　　　　x_3　_____

　　　　　　②女□

对于第一个问题，通常人们的年龄在 100 岁以内，故编码中给出两栏，序号为 1～2（对于极个别大于 99 岁的人可记为 99 岁）；第二个问题都只能选择一个答案，且答案数目小于 10，所以只给一栏。

（六）作业证明记载

有些问卷还需要印上访问员姓名、访问日期、审核员姓名和被调查者居住地等有关资料。

二、问卷设计的基本原则

设计一份科学的问卷是调查的关键，因此，在问卷设计中需要遵循以下原则。

（一）目的性原则

问卷设计必须紧紧围绕所研究的问题和所要测量的变量，使问卷内容既不遗漏必需的资料，也不包含无关的信息。

（二）简明性原则

问卷设计必须注意问卷的简单明了，以便被调查者能够在较短的时间内完成问卷。如果问卷过于繁杂、冗长，不仅会给被调查者带来麻烦，而且会影响到调查的质量。

（三）适合性原则

问卷的设计要能够适应被调查者在心理上和思想上的要求。一般来说，问卷涉及敏感性问题，被调查者容易产生顾虑，担心如实填写会给自己带来不利的影响。因此，问卷的设计要避免给调查者造成心理上和思想上的压力，尽量设计出适应被调查者心理和思想要求的问卷。

三、问题设计

(一) 问题的形式

1. 填空式

填空式是指在问题后画一短横线，让被调查者直接在横线上填写。填空式问题一般只用于那些对被调查者来说既容易回答又容易填写的问题。

例如：请问您家有几口人？　　_____口

2. 是否式

是否式是指问题的答案只有是和不是（或其他肯定形式和否定形式）两种，被调查者根据自己的情况选择其一。这一问题形式特点是答案简单明确，弱点是不能了解和分析被调查者中存在的不同态度的层次。

例如：您是志愿者吗？　　（　　）　　①是　②不是

3. 多项单选式

多项单选式是指给出至少两个以上的答案，被调查者根据自己的情况选择其一，这是各种调查问卷中采用得最多的一种问题形式。

例如：您的文化程度是　　（　　）。

①小学及以下　②初中　③高中或中专　④大专及以上

4. 多项限选式

多项限选式是指在列举的多个答案中，被调查者根据自己的情况选择其中的几项。

例如：您最喜欢看哪类电视节目？　　（　　）（至少选两项）

①新闻节目　②电视剧　③体育节目　④广告节目　⑤其他（请写明）

5. 多项排序式

多项排序式是指问题答案涉及一定顺序或轻重缓急，要求被调查者对所列举的答案进行排序。

例如：您认为您所居住的城市目前存在哪些问题（请按照严重程度进行排序，将序号填写在横线上）　_____。

①交通拥挤　②空气污染　③治安较差　④规划管理落后　⑤居民素质不高

6. 矩阵式

矩阵式是指将同一类型的若干个问题集中在一起构成问题的表达方式。

例如：你觉得下列现象在你们学校是否严重？（请在每一行适当的方框内打√）

	很严重	比较严重	严重	不太严重	不知道
① 迟到	□	□	□	□	□
② 早退	□	□	□	□	□
② 请假	□	□	□	□	□
④ 旷课	□	□	□	□	□

（二）问题的数目和顺序

一份调查问卷到底应包含多少个问题？问卷的长短如何确定？这两项没有统一的标准。通常来说，问卷的长短与问题的多少要根据研究的目的，研究的内容，样本的性质，分析的方法，以及拥有的人力、财力、时间等多个因素而定。根据大多数研究人员的实践经验，一份问卷中所包含的问题数目，以 20 分钟以内能顺利完成为宜。

在问卷设计中，问题之间的相互次序，不仅会影响到问卷填答质量，还可能影响到问卷的回收率。因此，问卷中各种问题的先后顺序安排，一般应遵照如下三个原则。

（1）先较易回答的问题，后较难回答的问题；先事实方面的问题，后观念、态度方面的问题；先闭合式问题，后开放式问题。

（2）同类性质的问题应排列在一起，以利于被调查者思考。

（3）可以互相检验的问题必须分隔开，不能连在一起，否则就起不到互相检验和互相印证的作用。

本章小结

统计设计是根据统计对象的性质和统计研究的目的，对统计工作各个方面、各个环节的通盘考虑和安排。统计设计的结果表现为各种设计方案。

统计设计的内容包括：明确规定统计研究的目的和任务、确定统计指标和统计指标体系、确定统计分类和分组、研究设计统计表、确定统计分析研究的内容、制定统计调查方案、制定统计整理方案、规定各个阶段的工作进度和时间安排、考虑各部门和各阶段的配合和协调、统计力量的组织与安排。其中，统计指标和指标体系的设计是统计设计的中心内容，统计表的设计是统计设计的重要内容。

一份完整的问卷包括标题、封面信、指导语、问题及答案、编码及作业证明记载等内容，问卷的设计要突出目的性、简明性和适应性原则。问卷中的问题设计是问卷设计的主要内容。

关键术语

统计设计、整体设计、专项设计、全过程设计、单阶段设计、统计指标、统计指标体系、统计表和问卷设计。

拓展案例

国家统计局出台反映提质增效转型升级统计指标体系

2014 年 9 月 9 日，历时一年多、数易其稿的《基于需求的反映提质增效转型升级统计指标体系》（以下简称《指标体系》）正式印发。这是国家统计局认真贯彻落实中央有关要求的重要举措，是新形势下我国统计工作中的一件大事，也是政府统计从长期偏重反映经济总量及增速，转向更加注重反映经济发展质量和效益迈出的具有质的变化的一步。《指标体系》的正式出台，对健全统计指标体系和引导科学发展转型升级，具有重要意义。

《指标体系》从经济稳定、经济安全、结构优化、产业升级、质量效益、创新驱动、资源环境、民生改善这八个方面，综合考虑数据的可获得性和数据质量，选取了国内生产总值（GDP）增长率、债务余额占财政总收入比重、服务业增加值占 GDP 比重、居民消费率、城镇化率、R&D 经费与 GDP 之比、每万名就业人员 R&D 人员全时当量、单位 GDP 能源消耗降低率、主要污染物排放总量削减率、居民人均可支配收入与人均 GDP 之比等40多个核心综合指标。基于需求的反映提质增效转型升级统计指标体系如表2-11所示。

表 2-11　基于需求的反映提质增效转型升级统计指标体系

一级指标	二级指标	计量单位
经济稳定	1. 国内生产总值（GDP）增长率	%
	2. 城镇调查失业率	%
	3. 居民消费价格指数（CPI）	%
	4. 经常项目顺差占 GDP 比重	%
经济安全	5. 债务余额占财政总收入比重	%
	6. 新增不良贷款增长率	%
	7. 进口食品占国内粮食消费总量比重	%
	8. 原油对外依存度	%
结构优化	9. 服务业增加值占 GDP 比重	%
	10. 居民消费率	%
	11. 城镇化率	%
	12. 高技术产品出口额占货物出口额比重	%
	13. 居民可支配收入占国民收入可支配总收入比重	%
产业升级	14. 主要规模经济行业产业集中度	%
	15. 现代农业产值占农业总产值比重	%
	16. 新型工业化进程指数	%
	17. 生产性服务业增加值占服务业增加值比重	%
	18. 电子渠道业务量占银行业务量比重	%
	19. 网上零售额占社会消费品零售总额比重	%
质量效益	20. 全社会劳动生产率	元/人
	21. 土地产出率	元/亩
	22. 企业总资产贡献率	%
	23. 工业综合产能利用率	%
	24. 税收占 GDP 之比	%
	25. GDP 与固定资产投资之比	%

续表

一级指标	二级指标	计量单位
创新驱动	26. R&D 经费与 GDP 之比	%
	27. 每万名就业人员 R&D 人员全时当量	人年/万人
	28. R&D 经费与主营业务收入之比	%
	29. 发明专利申请授权量与 R&D 经费之比	件/万元
	30. 人均技术市场成交额	元/万人
	31. 新产品销售收入占主营业务收入比重	%
资源环境	32. 资源产出率	元/吨
	33. 单位 GDP 能源消耗降低率	%
	34. 单位工业增加值用水量降低率	%
	35. 单位 GDP 建设用地面积	公顷/万元
	36. 环境空气质量达标天数比例	%
	37. 地标用水达标率	%
	38. 主要污染物排放总量削减率	%
	39. 森林覆盖率	%
民生改善	40. 城镇新增就业人数累计增长率	%
	41. 居民人均可支配收入与人均 GDP 之比	%
	42. 基本社会保障覆盖率	%
	43. 中低收入家庭人均住房面积	m²
	44. 高中阶段毛入学率	%
	45. 平均预期寿命	岁
	46. 基尼系数	—

注：1 亩 = 666.6 m²；1 公顷 = 10 000 m²。

（资料来源：1. 国家统计局，国家统计局出台反映提质增效转型升级统计指标体系，2014-9-12；2. 反映提质增效转型升级46 项统计指标体系出台 [J]. 管理观察，2014 (36)：6-7.）

案例讨论

1. 《基于需求的反映提质增效转型升级统计指标体系》是如何构建的？
2. 统计表的结构包括几个方面？

统计实训⋯⋯⋯⋯⋯⋯⋯⋯⋯⋯⋯⋯⋯⋯○

课后练习⋯⋯⋯⋯⋯⋯⋯⋯⋯⋯⋯⋯⋯⋯○

第三章

统计调查

- 了解统计调查方案的基本内容。
- 理解统计调查的含义、原则、概念。
- 理解并掌握统计调查的组织形式。
- 掌握统计调查的种类和方法。

★知识导览

统计调查是根据社会统计研究的目的和任务，运用科学的调查方法，有组织、有计划地搜集有关社会现象统计资料的工作过程。统计调查是统计工作的一个环节，是整个统计认识活动的基础，也是统计整理和统计分析的前提，并且它还决定着统计认识过程及其结果的成败。

本章重点：统计调查的种类、统计调查误差及其防范、统计调查提纲、统计调查的几种组织形式，统计报表制度、普查、重点调查、典型调查和抽样调查的含义、特点和应用场合。

本章难点：调查对象和调查单位的区别，调查单位与报告单位的区别，统计报表与普查的区别，抽样调查、重点调查与典型调查的区别和应用。

```
                                    ┌─ 统计调查的意义和基本要求
                    ┌─ 统计调查的意义和种类 ─┼─ 统计调查的种类
                    │                       └─ 调查误差及其防范
                    │
                    │                       ┌─ 确定统计调查的目的
                    │                       ├─ 确定统计调查的对象和单位
                    │                       ├─ 拟定调查提纲
       统计调查 ─────┼─ 统计调查方案 ─────────┼─ 设计调查表和问卷
                    │                       ├─ 规定调查时间
                    │                       └─ 调查工作的组织实施
                    │
                    │                       ┌─ 统计报表制度
                    │                       ├─ 普查
                    └─ 统计调查的组织方式 ────┼─ 重点调查
                                            ├─ 典型调查
                                            └─ 抽样调查
```

★引导案例

《文学文摘》杂志的民意调查失败

针对选民的民意调查（以下简称民调）在 20 世纪 30 年代十分流行，其代表就是《文学文摘》杂志。从 1916 到 1932 年，该杂志连续五年准确地预测了美国总统大选的结果，因而受到人们的普遍信任和赞誉。可以说，《文学文摘》在当时就是民调的象征。1932 年 10 月，《文学文摘》再次成功预测了总统大选的结果。民主党主席詹姆斯·法利就此评论说："大众民意包含在《文学文摘》的模拟投票中。我把这种结论性的证据视为人民改变全国政府的希望。这种调查是公平的、诚实的。"

然而"公平诚实的"民调亦有出错的时候。1936 年大选前夕，多家民意调查机构都预测罗斯福将轻松获胜，唯独《文学文摘》杂志认为阿尔弗雷德·兰登将获得 531 张选票中的 370 张，从而击败罗斯福当选总统。但实际的结果却是罗斯福拿下了 46 个州合计 523 张的选票，并获得 60.8% 的普选得票率，而兰登只获得 8 张选票。

选举结果公布之后，《文学文摘》声誉扫地，不仅再也没有做民意调查，甚至在几个月后就宣告倒闭。发人深思的是，《文学文摘》一共发放了 1 000 万份问卷，回收了 230 万份，如此庞大的样本量，为何仍预测失败？问题就出在样本的选择上。

《文学文摘》相信，样本量越大，结果就越可靠。由其组织的民意调查，样本量能达到数百万之巨（现在的样本量不过一两千）。但是，在《文学文摘》杂志的读者当中，共和党人所占比例远比美国总人口中的共和党支持者比例要高，仅此一项系统误差就足以使民意调查失败。此次民意调查完全依赖于受调查者的自愿参与，产生了"无反应误差"。事实上，愿意寄还调查问卷的读者往往是罗斯福的反对者，而非其支持者。两项偏差导致最后的调查结果与实际的选举结果大相径庭。

（资料来源：澎湃新闻，美国大选民意调查真的能反映民意吗，2016-3-21）

案例启示

案例中的民调属于抽样调查，存在因样本代表性不足而产生的代表性误差。除了抽样调查以外，还可以采取普查、重点调查、统计报表等调查组织方式。不同调查组织方式的特点和应用场合将是本章学习的重要内容。

第一节 统计调查的意义和种类

一、统计调查的意义和基本要求

统计调查是根据统计研究的目的和要求，采用科学的方法，对调查对象中各调查单位的有关标志的具体表现，进行有计划、有组织的登记，取得真实可靠统计资料的活动过程，即具体的搜集统计资料的工作过程。统计调查在统计工作的整个过程中担负着提供基础资料的任务，是决定整个统计工作质量的基本环节。如果统计调查搞得不好，搜集到的资料不实和数字不准确或残缺不全，那么根据这种资料与数据进行整理和分析的结果，就不能如实反映客观事物的真相，甚至还会得出相反的结论。只有搞好统计调查，才能保证达到认识客观现象的规律性、预测未来的目的。

历史经验证明，凡是正确地制定与执行政策，工作做得好的部门和单位，都极为重视统计调查工作。因为人的认识是由社会存在决定的，一旦离开社会实践，离开对社会情况的调查，人的认识也就成了无源之水，无本之木，绝不会得出正确的结论。因此，统计调查必须满足准确性、及时性和完整性三项基本要求。

（一）准确性

统计调查所搜集到的资料，首先要符合客观实际情况，确保数据真实可靠。统计工作是离不开数字的，因而统计工作的质量好坏，在极大程度上取决于所搜集的资料是否如实反映了客观实际。

在实际工作中，造成现实情况与数据不符的原因主要有主观和客观两种，具体处理时应区别对待。

（二）及时性

统计指标是综合指标，一项统计任务的完成需要很多单位共同努力，任何一个单位的懈怠，都将影响统计的整体工作，影响大局。统计调查在时间上要求达到快速，以保证统计资料最大限度发挥其使用价值，否则其使用价值会大大降低，甚至全然无用，削弱统计的作用。

（三）完整性

保证统计资料的完整性，对于对研究对象进行全面的科学分析是至关重要的，以此取得的结论不会产生偏颇，具有很强的科学性。如果搜集的统计资料残缺不全，则会对进一步整理和分析带来困难，甚至破坏全局。

二、统计调查的种类

由于社会经济现象的复杂性和统计研究任务的多样性，在组织统计调查时，应根据不同的调查对象和调查目的，灵活采用调查方式。根据不同情况，统计调查可分为不同的类别。

（一）按搜集资料的组织方式分

按搜集资料的组织方式，统计调查可分为统计报表和专门调查。专门调查是为了研究某一个专门问题而进行的统计调查，具体包括普查、典型调查、重点调查和抽样调查。统计报表见本章第三节。

（二）按调查对象范围分

按调查对象范围，统计调查可分为全面调查和非全面调查。全面调查是指对构成调查对象的所有单位，无一例外地都进行观察登记的调查方式。这种调查方式能掌握所有调查单位的全面情况，但它需要耗费较多的人力、物力和财力，同时可能出现的登记误差也较大，因而只适用于有限总体，调查内容应限于反映国情国力的最重要的统计指标，如普查就是全面调查。非全面调查是指只对调查对象中的一部分单位进行登记观察的调查方式。这种调查方式，调查单位少，可以用较少的人力、物力、财力和时间调查较多的内容，搜集到较深入细致的情况和资料。但它未包括所有资料，因此常常需要和其他调查方式结合起来使用。

（三）按调查登记的时间是否连续分

按调查登记的时间是否连续，统计调查可分为经常性调查和一次性调查。经常性调查就是对社会经济现象连续不断的变化情况，进行连续不断的登记观察，以反映事物在一定时期内的全部发展过程，如对产品质量的检验等。一次性调查，就是对被研究的社会经济现象在某一时刻（或时点）的状况进行一次性登记，以反映事物在一定时点的状态发展水平。

（四）按搜集资料的方法分

按搜集资料的方法，统计调查可分为直接观察法、报告法、采访法。

1. 直接观察法

直接观察法是指调查人员直接到现场对调查单位的调查内容直接清点或计量的一种统计调查方法。例如，对农产品产量进行抽样调查时，调查人员亲自参加抽选样本、实割实测脱粒、晾干、保管、过秤计量等。直接观察法取得的资料具有较高的准确性，但需要大量人力、物力和时间。因此，它的应用受到了很大的限制。

2. 报告法

报告法是指报告单位根据一定的原始记录和统计台账，按照统计报表的格式和要求，向有关部门提供统计资料的一种统计调查方法。我国现在各企业、机关向上级填报的统计报表，一般都采用报告法。报告法的特点是有统一项目、统一表式、统一要求和统一上报程序，其资料来源于原始记录，可以同时进行大量的调查。如果报告系统健全，原始记录和核算工作完整，那么采用报告法可以取得比较精确的资料。

3. 采访法

采访法是根据被询问者的回答来搜集所需资料的一种统计调查方法，可分为个别采访法和开会调查法两种。典型调查中搜集统计资料多采用此种方法。

上述各种调查方法在实际运用时，应根据调查对象的特点结合具体情况选择，根据需要，有时还可以结合运用。

三、调查误差及其防范

调查误差是指调查结果所得的统计数字与调查总体实际数量的差别。调查误差包括登记性误差和代表性误差两种。登记性误差，即在调查过程中由于主观原因而造成的计量、记录、计算、抄录或汇总的差错，或被调查者所报不实，以及调查方案的规定不明确而造成的误差等。代表性误差，是指在抽样调查中，由于样本单位的分布结构不足以代表总体分布而产生的样本指标与总体指标之间的误差。

为了获得准确的调查资料，必须采取有效的措施防止可能发生的调查误差。应正确制定调查方案，详细说明调查项目和计算方法，使调查人员和被调查者不致产生误解；事先对调查人员进行培训，提高思想觉悟和业务素质；深入宣传统计工作的重要性，健全统计法规，加强对统计数字质量的检查；扎扎实实地搞好统计基础建设，建立切实可行的岗位责任制，使各个环节紧密衔接，发现错误及时纠正。在调查时，应通过多方面的研究，认真选择具有代表性的调查单位，以防止代表性误差的产生。

第二节 统计调查方案

统计调查是一项复杂而细致的工作，往往由成千上万个单位组成调查对象，参加统计调查的人员也很多。在统计调查工作过程中，必须统一认识，统一内容，统一时间和统一步调才能顺利实现统计目的。所以，在开展统计调查工作之前，要制定统计调查方案，并解决一些基本问题。

一个完整的有一定指导意义的统计调查方案，必须包括如下六个方面的内容：

一、确定统计调查的目的

无论做什么事情，都要有一个目的。确定统计调查的目的是统计调查中的根本性问题。

这个问题不明确，就会失去方向，调查工作就无从开展。目的明确才能有的放矢，即确定向谁作调查，调查什么内容，用什么方式调查，以及调查经费如何解决和调查时间如何安排等一系列问题。确定调查目的，就是明确调查要解决什么问题。因此，统计调查的目的应尽可能规定得具体一些，要抓住主要矛盾，突出中心问题，切忌轻重不分。只有这样，统计调查的质量才会有保证。

统计调查的目的要根据国家的方针、政策和社会经济管理的需要来确定。一般而言，统计调查目的的确定，需要满足以下两个要求：

(1) 从研究工作的需要出发，抓住实际生活中最为重要、迫切的问题。

(2) 从调查对象的实际出发，把需要和可能结合起来。

二、确定统计调查的对象和单位

统计调查的对象是指由需要调查的社会经济现象所构成的总体，是由性质相同的许多调查单位所组成的集合体。调查单位是指构成调查对象的个别单位，即标志的承担者。例如，调查目的是取得乡镇工业企业的工业产品产量、成本、收入、利税和从业人数等资料，那么，乡镇工业企业的全体是调查对象即总体，而每个乡镇工业企业则是调查单位。

统计调查的对象是统计指标和统计指标体系说明的对象，即统计认识的客体。说明调查对象的资料来自每个调查单位，是在每个调查单位资料的基础上进行汇总和计算取得的。调查单位的标志就是调查时所要登记的资料。

确定统计调查对象的首要问题，在于明确调查对象的界限是什么。调查对象的确定及总体、界限的规定，要求必须对有关现象进行全面的质的分析。这种分析，要多角度说明使一种对象有别于其他现象的所有的本质和特征。此外，调查对象的选择需要服从调查目的，只有明确了调查需要解决什么问题，才可能确定向谁作调查。其次，必须考虑到调查的可行性，即调查时不能妨碍被调查者的正常活动。最后，必须明确调查的范围。

统计调查常常使用填报（或报告）单位的概念。填报单位是负责报告调查资料的单位。一般情况，总体单位就是填报单位。但当总体单位是"物"的时候，填报单位就应由其所在单位的"人"来承担。明确填报单位，即可知道调查表发给谁，由谁来填报。

填报单位和调查单位是两个概念，但两者关系密切。调查单位是能取得调查资料的单位，当填报单位本身的标志就是需要调查的资料时，填报单位和调查单位一致。

三、拟定调查提纲

调查提纲也称调查纲要，是根据调查目的所确定的调查项目。它要解决的问题是，向调查单位调查什么。调查提纲必须依据调查目的，从现象之间的相互联系，以及现象的过去、现在和发展等方面出发，提出所要调查的项目。调查项目就是调查时所要登记的调查单位的标志和有关情况。

正确拟定调查提纲，应注意以下五个问题：

（1）调查提纲的项目应该与设计的统计指标和指标体系相适应。统计总体是运用统计指标作为工具进行分析研究形成认识的。统计综合指标对总体量的度量，必须建立在对个体量的了解的基础上，因此，综合指标是确定调查项目的依据。

（2）调查提纲中的项目应考虑需要与可能相结合的原则。有的项目虽然需要，但实际无法取得，调查提纲就不应包括这些项目。列入调查提纲的项目，是既需要又能够取得资料的项目。

（3）列入调查提纲中的项目，只限于调查目的所必须的项目，可有可无或备而不用的项目，应坚决舍弃。

（4）列入调查提纲的项目之间应彼此衔接，有机联系，便于互相核对、检查资料的正确性；同时，也要注意和过去同类调查项目的关系，以便进行纵向比较，观察现象的演变。

（5）项目的提法要十分明确，只能有一种理解，不能有其他的解释。大家理解一致才能保证资料的可靠性。

四、设计调查表和问卷

有了调查提纲，可根据调查提纲的要求，设计调查表和问卷。调查表是搜集原始资料的基本工具。把调查提纲中的各个调查项目，按照一定的顺序排列在一定的表格内，就构成了调查表。利用调查表，既便于登记资料，又便于日后的加工整理与汇总。按包括调查单位的多少，调查表有单一表和一览表之分。单一表只登记一个调查单位，它可以容纳较多的调查项目，取得比较详细、丰富的资料；一览表是登记几个调查单位的资料，表中调查项目不宜太多。调查项目较多时，宜采用单一表；调查项目不多时，宜采用一览表。

调查表通常由表头、表体和表脚三个部分构成。表头用来表明调查表的名称，调查单位（或填报单位）的名称、性质、隶属关系等。这些资料一般不用统计分析，但在复查和核实各调查单位时，是必须用到的。表体调查表的主要部分，包括：统计调查所要说明的现象的项目以及这些项目的具体表现；项目的栏号，利于在整理时或编制说明时引用；计算单位等。表脚包括调查者的签名和日期等，以便明确责任，若发现问题，利于及时查询。

调查问卷是一种特殊的调查，因为一般不署名，所以可以减轻被调查者的心理压力，使其回答问题自然坦诚，尽量符合客观实际状况，能了解到用调查表所难以取得的真实情况。为获得理想的效果，问卷设计要注意以下三个方面的问题：

（1）问卷形式要满足调查项目的要求，适合调查对象的特点。问卷提问形式多种多样，有填空式、是否式和选择式等。针对具体情况，这些形式可单独运用也可结合运用。

（2）问卷中备选的项目，必须具有互斥性，切忌模糊不清，模棱两可，否则，难以做出正确判断。

（3）问卷要公正客观，不能掺入调查者的主观意图。存在某种主观的倾向性或暗示自己观点的语句，会干扰被调查者的独立思考，导致答案失真。

五、规定调查时间

调查时间的规定有两层含义：一是规定调查资料所属的时间；二是规定调查工作的期限。

从调查资料的时间性质而言，有时期资料和时点资料。如果所要调查的是时期资料，就应明确规定所反映的调查对象从何年何月何日起到何年何月何日止；如果所要调查的是时点资料，应明确规定统一的标准调查登记时点。

调查工作期限是调查工作的时限，就是从开始搜集资料到报送资料的全部工作所需时间。规定这个工作期限，可以保证工作步调一致，及时汇总资料，及时见效。

六、调查工作的组织实施

大规模的统计调查，必须严密细致地组织，以保证统计调查工作的顺利实施。统计调查工作组织的主要内容包括：建立领导机构和确定调查人员，规定调查方式和方法，宣传教育，培训干部，编印文件，确定调查资料的报送方法和程序，确定调查经费的预算开支办法，确定提供和公布调查结果的时间，以及组织调查的试点工作等。

第三节　统计调查的组织方式

统计调查的组织方式多种多样，通常可分为全面调查和非全面调查。全面调查是对被研究对象的所有单位一一进行的调查，有统计报表制度和普查两种具体形式；非全面调查是对被研究对象的部分单位进行调查，以取得部分单位的资料和情况，用来反映和推断总体的基本情况，有抽样调查、重点调查和典型调查等具体形式。

一、统计报表制度

（一）统计报表制度的定义

统计报表制度是以原始记录为依据，按照国家统一规定的表格形式，统一的要求和内容，统一的报送时间和程序，自下而上地定期向国家报告基本统计资料的报告制度。

统计报表制度是定期取得国民经济与社会发展基本资料的一种主要的调查组织形式。它是各企业、事业单位、国家机关和业务主管部门必须履行的义务。统计报表所提供的统计资料是党和国家了解国民经济和社会发展情况，决定政策，制订和检查国民经济计划执行情况的重要依据，也是各级业务主管部门和基层企业进行业务领导和业务管理的依据。

（二）统计报表制度的特点

统计报表制度具有以下两个方面的特点：

（1）设计一整套统计报表，从而组成一整套完整的报表体系。这些统计报表是统计报表制度的具体化，统计报表制度也是通过这些报表的填报来实现的。凡经审查批准的统计报表，在其实施范围内，各地方、各单位都必须按照报表制度的规定如实填报。

（2）统计报表是建立在基层原始资料基础上的经常性调查，是在规定的范围内所进行的全面调查。

（三）统计报表的种类

统计报表从不同的角度可以区分为若干种类。

1. 按报表的内容和实施范围分

统计报表按报表的内容和实施范围分为国家统计报表、业务部门统计报表（也称专业统计报表）、地方统计报表。国家统计报表是基本统计报表，其余两种是国家统计报表的补充。

2. 按报送周期长短分

统计报表按其报送周期长短可分为日报、旬报、月报、季报、半年报和年报。除年报外，其余报表均称为定期报表。日报、旬报是基层单位指导生产和调度用的，除最主要的指标外，一般不列入国家统计报表，如工厂的全厂生产日报表，车间、班组生产日报表等。月报、季报主要是用以检查各部门月度和季度计划执行情况，掌握生产进度，及时发现问题，指导实际工作。年报是带有总结性的报表，要求内容比较完整、全面，用以反映党的路线、方针、政策和国家计划的执行情况，分析国民经济发展趋势和各种比例关系。

3. 按填报单位分

按填报单位，统计报表可分为基层报表和综合报表。基层统计报表是由基层单位根据原始记录汇总整理、填报的统计报表。综合统计报表是由各级国家统计部门和业务主管部门根据基层单位填报的基层报表加以汇总整理、编制的统计报表。

4. 按报送方式分

统计报表按报送方式分为邮寄报送和电讯报送。

（四）统计报表制度的内容

统计报表制度的内容包括报表目录、表式和填表说明三个部分。

1. 报表目录

报表目录是说明表号、报表名称、报表期别、统计范围、报送日期、收表单位、报送份数及有关事项的一览表。

2. 表式

表式是指统计报表的具体格式。表内主要包括要求填报的指标项目及表外填报的各项补充资料，同时，每张表上都要具体写明表号、表名、制发机关、报告期别、填报单位、报出日期等。

3. 填表说明

为了使各填报单位填制报表时，对所规定的要求和内容有统一的理解，在制定统计报表时应有填表说明，具体指明报表的填制方法及有关注意事项。填表说明主要包括填报范围和指标解释两部分。

（五）统计报表的资料来源

原始记录和统计台账是统计报表所需资料的重要来源。

1. 原始记录

原始记录是基层单位通过一定的表格形式，对生产经营活动、业务活动所作的最初记载，是未经过加工整理的第一手资料，是基层单位业务核算、会计核算、统计核算的基础数据。例如，产品产量记录、工时记录、原材料入库单、原材料出库单、产成品的交库单、工资汇总表等。

原始记录的种类多、范围广，必须建立日常的管理制度。原始记录是统计资料的来源，是编制统计报表的依据，直接影响到统计报表资料的质量和报送的及时性。

2. 统计台账

统计台账就是按照各种统计报表和统计核算的要求，用一定的表格形式将分散的原始记录资料按时间先后顺序集中登记在一个表册上。例如，生产进度台账，产品质量台账等。

统计台账的种类很多，没有统一的格式，各单位可根据具体情况和实际需要来设置，但要注意以下三点：

（1）建立统计台账要有明确的目的、范围和计算方法。

（2）建立统计台账必须符合统计制度的要求，有关台账的指标要衔接配套，避免重复。

（3）建立统计台账必须要与企业管理和统计分析工作密切结合，按时登记，避免积压，要有累计数字，以便随时提供有关方面所需要的统计资料。

二、普查

（一）普查的定义

普查是专门组织的一次性全面调查，用来调查属于一定时点上的社会经济现象总量。它主要搜集某些不能或不适宜用统计报表搜集的统计资料，以搞清国家基本情况，如人口普查、农业耕地普查、工业普查、钢材库存量普查、军火普查等。普查的对象通常涉及基本的国情国力，搜集到的这些全面资料能够为党和国家制定重大方针政策、编制社会经济长期规划提供重要依据。

（二）普查的组织方式

普查的组织方式有两种。一种是组织专门的普查工作机构，配备一定数量的工作人员，对被调查者直接调查登记。这种调查能取得经常性调查不易搜集到的资料，如人口普查；另一种是利用调查单位的日常核算资料和报表资料，派发一定的调查表格由调查单位填报，仍应配备一定数量的专门人员进行组织领导。另外，在调查任务紧急的情况下，为了争取时间，尽快取得资料，还可采用快速普查。这是由普查工作机构越过中间环节，直接向调查单位搜集资料的一种方式。

（三）普查的组织原则

普查对调查的内容有较高的准确性和时效性要求。普查涉及的人多、面广，所以，普查的组织工作十分关键，特别强调统一领导、统一要求和统一行动。在组织普查时，应遵循下列四个原则：

1. 要确定统一的调查时点，即标准时点

为了取得一定时点上的总量资料，统一规定资料所属的标准时点，这样可以避免因调查时点的不同而出现重复登记和遗漏。比如，我国第六次人口普查的标准时点规定为 2010 年 11 月 1 日零时。

2. 力争在较短时期内完成

在普查范围内，各调查单位或调查点要同时行动，尽可能在短时期内完成，保证资料的时效性和真实性，否则会影响资料的汇总与分析，并容易出差错。

3. 统一规定调查项目

调查项目一经确定，不能任意改变或增减，以免影响汇总和综合。同一种普查，各次的项目和指标的规定也应力求一致，便于历史的比较。

4. 按一定周期进行

在一般情况下，普查工作应尽可能按照一定的周期进行，以利于从历次普查资料的对比中，研究现象的发展变化规律和趋势。

（四）普查的特点

（1）普查是调查某种现象在一定时点上的状况。例如，人口普查。由于人口状况变动性大，每天每小时甚至每分钟都在不停地变动，有出生、死亡、迁入、迁出、流进、流出等。要搞清一个国家或一个地区的人口状况就只能调查某一时刻的人口情况，因此，人口普查就必须规定标准时点。又如，1974 年和 1978 年我国物资库存普查，就分别规定了 9 月 1 日和 12 月 1 日的零时为标准时点，调查实际库存量。因为物资状况也是变动性很大的，它的调出、调入、损坏、消耗、购置是不断发生的，所以只有规定标准时点才能搞清实际库存情况。

（2）普查是一次性全面调查。开展一次普查要花费很大的人力、物力、财力。因此，普查工作不能经常进行，只有在为了解决某项重要问题，采取重大措施或编制长期的经济与社会发展规划，须搞清国情、国力的情况下，才进行普查。例如，为了摸清工业的家底，1950 年进行了全国公营、公私合营、合作经营等工矿企业的普查；为了满足全国第一次普选和制订第一个五年计划的需要，1953 年进行了全国第一次人口普查；为了满足国家有计划地进行经济建设的需要，自 1954 年起进行了几次物资库存普查；为了统筹安排市场及为促进生产发展提供依据，1959 年进行了全国商业部门的库存普查；为了有计划地进行经济、文化建设和制订人口政策的需要，分别于 1953 年、1964 年、1982 年、1990 年、2000 年和 2010 年进行了六次人口普查；为了摸清工业的基本情况，1985 年进行了全国工业普查。

（3）普查是专门组织的一次性调查。普查的规模大，涉及面广。例如，1982 年的人口普查只是基层就有 400 多万普查人员参加普查工作，用了三年时间才完成。因此，普查工作必须进行专门的组织安排。

普查工作的组织安排一般包括：建立统一的领导机构；制定和颁发普查方案；组织普查队伍，进行培训；进行调查登记；汇总资料；分析资料；上报资料；总结工作。普查工作完成后，队伍解散，机构撤销。

（五）普查具体取得资料的方式

普查具体取得资料的方式有两种。一种是专门组织机构，派出一定数量的普查人员到调查单位直接进行登记取得资料（直接观察法的运用），如人口普查。另一种是利用调查单位的原始记录和各种核算资料，由调查单位填表然后逐级上报（报告法的运用），如历次的物资库存盘点。

三、重点调查

（一）重点调查的定义

重点调查是在调查对象中选择一部分重点单位进行调查，以表明总体基本情况的一种非全面调查。

这些重点单位的数量虽然在全部总体单位数量中只占较小的比重，但这些单位的标志值之和却占总体标志总量的绝大比重，因而对这些单位进行调查，就能反映总体标志总量的基本情况。例如，为了了解全国钢铁工业的基本情况，尽管钢铁企业遍布全国，厂家成百上千，但我们只要调查首钢、宝钢、鞍钢、马钢、包钢、太钢、武钢、酒钢、攀钢、重钢等十大钢铁公司就可以掌握全国钢铁生产的基本情况。又如，要了解油料、棉花、烟叶、蚕丝、茶叶等经济作物的产量，则可选择对各种作物在全国的少数几个重点产区进行调查，即可掌握各种经济作物产量的基本情况。重点调查单位的确定，应该视调查的目的和调查对象的特点加以确定。重点单位可以是一些企业、部门、地区、城市、商店等。

（二）重点调查的特点

重点调查具有以下三个方面的特点：

（1）重点调查是了解调查对象基本情况的一种非全面调查。

（2）重点调查是有意识地选择调查单位，并且调查单位必须是那些标志总量在总体总量中占绝大比重的重点单位。

（3）调查方式灵活，对重点单位可以进行一次性调查也可进行经常性调查，且调查内容也比较详细，项目数量较多。

重点调查的优点是只花费较少的人力、物力和时间，即可了解、掌握总体的基本情况。一般当调查只需掌握基本情况，不要求掌握全面的数量，而部分单位又能比较集中地反映所研究的基本内容时，采用重点调查可事半功倍。它可以在某时期专门组织一次调查，也可将重点单位纳入报表制度中，还可以对报表定期进行经常性调查。

四、典型调查

（一）典型调查的定义

典型调查是根据调查的目的和要求，在对调查对象进行初步分析的基础上，有意识地选取若干具有代表性的单位进行深入细致的调查，借以更多地认识事物特征的一种调查方法。

典型调查大体可以分为两种。一种是对个别典型单位进行的调查研究，其目的是通过个别单位的特征说明事物的一般特征和情况。这种典型调查对于分析研究事物数量和数量关系的形成原因和具体情况具有重要意义。另一种是在对总体进行分类的基础上选择一部分典型单位进行调查，并根据这些典型单位的调查结果从数量上对现象总体进行推断分析，成为直接搜集资料的一种非全面调查方法。这种方法突出了类型之间的差异，提高了典型单位的代表性，并可对总体指标进行推断。

（二）典型调查的特点

典型调查具有以下三个方面的特点：

（1）典型调查的调查单位是根据调查的任务，在对现象总体进行全面分析的基础上选择的具有代表性的少数单位，这种选择是有意识的选择。显然，典型调查单位的确定与其他非全面调查相比，更多地取决于调查者的主观判断与决策。

（2）典型调查的方法主要是"解剖麻雀"式。通过深入细致的调查研究，可以深入地掌握个别单位的具体情况，能对事物发展变化的全过程有一个较透彻的了解，这样就可以发现问题，分析问题，并提出解决问题的途径或建议。

（3）可以从数量上推断总体。在对总体数量精度要求不太高的情况下可以采用这种方法，推断的结果只是一个近似值。典型调查搜集的数据更多地着眼于"深入"，而不是着眼于"普遍"。

（三）典型调查搜集资料的方法

典型调查搜集资料的方法一般有个别访问法、蹲点调查法、开会调查法、直接观察法等。

五、抽样调查

（一）抽样调查的定义

抽样调查是按照随机原则从被研究的总体中抽取出一定数量的总体单位进行调查，用这部分单位的指标数值推算总体指标数值的一种非全面调查。例如，在工业产品质量检查中，可以在全部产品中随机抽取若干个产品进行检验，计算产品合格率，然后以此来推断全部产品的合格率。再如，为了调查某村的小麦产量，可以从全村随机抽选若干个田块进行实割实测，算出每个抽取田块的平均亩产量，以此来推断全村小麦亩产量及总产量。

（二）抽样调查的特点

抽样调查具有以下三个方面的特点：

（1）按随机原则抽选调查单位。所谓随机原则，就是使每个总体单位都有同等的机会被抽中，每个单位被抽中完全是偶然的，不受调查人员任何主观愿望的影响。

（2）由部分推断总体。抽样调查是要对被抽中的单位进行实际调查，并计算有关的综合指标，但这不是抽样调查的目的。抽样调查的目的是，通过这部分单位的综合指标去推断总体的综合指标。

（3）可以计算和控制抽样误差。抽样调查由部分推断总体，可以计算和控制抽样误差。

（三）抽样调查的应用

抽样调查在社会经济工作中主要用于以下五个方面：

（1）需要了解全面资料，但实际上不可能进行全面调查的情况。比如说对产品的质量检验中带有破坏性的质量检验，如日光灯使用寿命的检验、炮弹杀伤力的检验、棉纱耐拉力的检验等。

（2）需要了解全面资料，理论上可以进行全面调查，但在实际上不可能或经济上不合算，如城市职工家庭调查、物价调查、水库养鱼调查等。

（3）需要了解全面资料，但时间紧迫，无法完成，如收获季节前进行的农产品产量预计调查等。

（4）对普查和其他全面调查的结果，运用抽样调查进行检查和修正。

（5）运用抽样原理对产品生产进行质量控制。

以上五种调查方法，各具特点。在统计调查实践中，应根据调查研究的目的和要求及被调查对象的特点，选择适当的方法，发挥各自的长处，把多种多样的调查方法结合起来灵活运用，会取得更好的效果。

本章小结

统计调查是统计研究工作的一个重要阶段，是统计整理和统计分析的前提。根据搜集资料的方式和方法的不同，统计调查分为统计报表和专门调查；根据调查对象范围，统计调查可分为全面调查和非全面调查；根据调查登记的时间是否连续，统计调查可分为经常性调查和一次性调查；根据搜集资料的方法，统计调查可分为直接观察法和询问法等。

统计调查方案是关于统计调查具体实施的全面规划和策略措施，内容包括确定调查目的、调查对象和调查单位，拟定调查提纲，设计调查表和问卷，确定调查时间，以及调查工作的组织实施。

统计报表制度是我国搜集全面反映国民经济和社会发展基本情况重要数据资料的政府统计方式。

普查是重要的全面调查方式，用于收集现象在一定时点上的数据资料。

抽样调查、典型调查和重点调查是重要的非全面调查方式，其中，抽样调查的应用范围最为广泛。

关键术语

统计调查、统计报表制度、专门调查、统计调查的对象、统计调查的单位、调查表、普查、重点调查、抽样调查和典型调查。

拓展案例

2015 年全国 1％人口抽样调查方案

根据《国务院办公厅关于开展 2015 年全国 1％人口抽样调查的通知》（国办发〔2014〕33 号）和《全国人口普查条例》（中华人民共和国国务院令第 576 号），制定 2015 年全国 1％人口抽样调查方案。

一、调查目的和组织实施

（一）2015 年全国 1％人口抽样调查的目的是了解 2010 年以来我国人口在数量、素质、结构、分布及居住等方面的变化情况，为制定国民经济和社会发展规划提供科学准确的统计信息支持。

（二）调查工作按照"统一领导、分工协作、分级负责、共同参与"的原则组织实施。

国家和县以上地方各级人民政府成立 2015 年全国 1％人口抽样调查工作领导机构及其办公室，被抽中的乡、镇和街道办事处成立 1％人口抽样调查办公室，领导和组织实施全国和本地区的 1％人口抽样调查工作。

2015 年全国 1％人口抽样调查领导机构各成员单位要按照各自职能分工，认真做好相关工作。

（三）2015 年全国 1％人口抽样调查所需经费，按照分级负担原则，由中央和地方各级人民政府共同负担，并列入相应年度的财政预算，按时拨付、确保到位。

（四）各级调查机构及其工作人员要坚持依法调查。严格执行《中华人民共和国统计法》和《全国人口普查条例》的有关规定。调查取得的数据，严格限定用于调查目的，不得作为任何部门和单位对各级行政管理工作实施考核、奖惩的依据，不得作为对调查对象实施处罚的依据。

（五）各级宣传部门和调查机构应采取多种方式，积极做好 1％人口抽样调查的宣传工作，为 1％人口抽样调查工作的开展营造良好的社会氛围。

（六）各级 1％人口抽样调查领导机构对本行政区域的调查数据质量负责，确保调查数据真实、准确、完整、及时。

二、调查标准时点、对象、内容和方式

（一）调查的标准时点为 2015 年 11 月 1 日零时。

（二）调查对象为抽中调查小区内的全部人口（调查对象不包括港澳台居民和外籍人士）。

应在抽中调查小区内登记的人包括：2015 年 10 月 31 日晚居住在本调查小区的人；户口在本调查小区，2015 年 10 月 31 日晚未居住在本调查小区的人。

中国人民解放军现役军人由军队领导机关统一进行调查。

（三）调查内容主要包括姓名、性别、年龄、民族、受教育程度、行业、职业、迁移流动、社会保障、婚姻、生育、死亡、住房情况等。

（四）调查以户为单位进行登记，户分为家庭户和集体户。

（五）调查采用调查员手持电子终端设备（PDA）入户登记与互联网自主填报相结合的方式。

住户可以选择由调查员手持电子终端设备（PDA）入户登记的方式，也可以选择在互联网上填写调查表直接上报的方式。

（六）调查表分为"2015年全国1%人口抽样调查表"和"2015年全国1%人口抽样调查死亡人口调查表"。

三、抽样方法、调查小区划分和绘图

（一）全国调查的样本量约占全国总人口的1%。调查以全国为总体，各地级市为子总体，采取分层、二阶段、概率比例、整群抽样方法，其中群即最终样本单位为调查小区。

（二）二阶段抽样的方法为：第一阶段抽取村级单位，第二阶段抽取调查小区。在第一阶段抽样时，抽取方法为分层、概率比例抽样。

样本的抽取由全国1%人口抽样调查办公室负责实施。

（三）调查小区的划分、编码和绘图。2015年全国1%人口抽样调查小区规模划分原则为80个住房单元，常住人口大约250人。在划分调查小区的同时，绘制抽中村级单位内调查小区分布图，并给调查小区升序编码，绘制抽中调查小区内所有建筑物的分布图。

四、调查的宣传、试点和物资准备

（一）各级宣传部门和调查机构要组织协调新闻媒体，通过报刊、广播、电视、互联网、新媒体和户外广告等多种渠道，宣传调查的重大意义、政策规定和工作要求，积极营造良好的调查氛围。

（二）全国1%人口抽样调查办公室负责组织国家级试点。省级1%人口抽样调查办公室负责组织本地区的试点。

（三）调查所需的物资由各级1%人口抽样调查办公室根据所承担的工作任务负责准备。

五、调查指导员和调查员的借调、招聘和培训

（一）每个调查小区至少配备一名调查员，每个被抽中的乡、镇、街道至少配备一名调查指导员。

（二）调查指导员和调查员应当由具有初中以上文化水平、身体健康、经培训能够使用手持电子终端设备（PDA），工作认真负责、能够胜任调查工作的人员担任。

（三）调查指导员和调查员的借调、招聘工作由县级1%人口抽样调查领导机构负责。

（四）调查指导员和调查员可以从党政机关、社会团体、企业事业单位借调，也可以从村民委员会、居民委员会或者社会招聘。

（五）培训工作分级进行。全国1%人口抽样调查办公室负责对省级1%人口抽样调查

办公室的业务骨干进行培训；省级1%人口抽样调查办公室负责对市、县级1%人口抽样调查办公室的业务骨干进行培训；市、县级1%人口抽样调查办公室共同负责培训调查指导员和调查员。

培训工作应于2015年10月15日前完成。

六、调查摸底、登记

（一）调查登记以前，调查员和调查指导员要对调查小区的人口状况进行摸底工作，明确调查登记的范围、绘制调查小区图、编制调查小区户主姓名底册。

摸底工作应于2015年10月31日前完成。

（二）现场登记工作从2015年11月1日开始，采用调查员手持PDA入户询问、现场填报，或由住户通过互联网自主填报的方式进行。

对完成PDA登记的住户，调查指导员应及时组织调查员进行复查，经核实无误后上报。

选择互联网填报的住户应于2015年11月7日前完成调查表的填写和提交。对在规定时间内没有完成的住户，调查员将再次入户使用PDA进行登记。

全部登记工作应于11月15日前完成。

七、事后质量抽查

（一）登记工作完成后进行事后质量抽查。全国1%人口抽样调查办公室负责事后质量抽查样本的抽取，省级1%人口抽样调查办公室负责事后质量抽查工作的组织实施。

（二）事后质量抽查工作应于2015年11月25日以前完成。

（三）事后质量抽查结果只作为评价全国调查数据质量的依据。

八、调查数据的汇总、发布和管理

（一）登记工作结束后，县级1%人口抽样调查办公室负责组织调查表的行业和职业编码。编码前应对编码人员进行严格培训。

编码工作应于2015年11月20日以前完成。

（二）调查数据的处理工作由1%人口抽样调查办公室负责。汇总程序由全国1%人口抽样调查办公室统一下发。

（三）国家统计局和全国1%人口抽样调查办公室对数据进行审核后发布主要数据公报。各省、自治区、直辖市的主要数据应于国家公报发布之后发布。

（四）调查的原始数据由全国和省级1%人口抽样调查办公室负责管理。

九、其他

（一）调查工作全部结束后，各级1%人口抽样调查办公室要对这次调查工作进行全面的总结，并报同级人民政府和上级调查领导机构。

（二）交通极为不便的地区，需采用其他登记时间和方法的，须报请全国1%人口抽样调查工作协调小组批准。

（三）全国1%人口抽样调查办公室根据本方案制定各项工作实施细则和有关技术文件。

（四）本方案由全国1%人口抽样调查办公室负责解释。

（资料来源：国家统计局，2015年全国1%人口抽样调查方案）

案例讨论

1. 统计调查方案应包括哪些内容？
2. 各种调查组织方式的特点有哪些？这些方式分别适用于哪些场合？

统 计 实 训 --○

课 后 练 习 --○

第四章

统计整理

◢◤◣ 学习目标 ----

- 了解统计整理的步骤。
- 了解常用的统计汇总技术。
- 掌握统计分组的方法，在分组的基础上进行变量数列的编制。

■★知识导览◣

　　统计调查搜集到的各种数据资料是大量的、零乱的，只能反映问题的表面现象，不能全面深刻地揭示事物的本质，更不能反映现象发展变化的数量规律和数量关系。因此，必须对统计调查得来的数据资料进行加工处理，即进行数据资料的整理。统计整理是根据统计研究的目的和任务的要求，采用科学的方法对调查所得的大量原始资料进行加工汇总，提炼出数据中的有用信息，使调查资料系统化、条理化、科学化，为统计分析做好准备。统计整理工作的质量，将直接影响整个统计工作的效果和质量。

　　本章重点：统计整理的步骤，统计分组的定义、作用及分组标志的选择和界限划分，组距数列中的基本概念，分配数列的编制，统计汇总的组织、审核和常用技术。

　　本章难点：统计分组的种类、编制变量数列时应注意的几个问题，如组距和组数的确定、组限的确定及各组分布次数的划分问题。

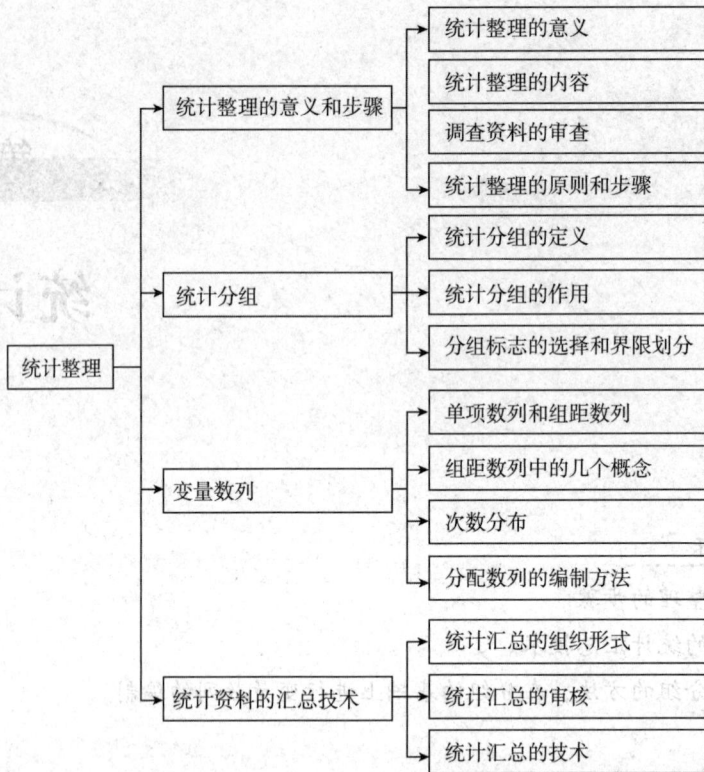

```
                                          ┌──────────────────┐
                                       ┌─▶│  统计整理的意义   │
                                       │  └──────────────────┘
                      ┌──────────────┐ │  ┌──────────────────┐
                   ┌─▶│ 统计整理的意 │─┼─▶│  统计整理的内容   │
                   │  │   义和步骤   │ │  └──────────────────┘
                   │  └──────────────┘ │  ┌──────────────────┐
                   │                   ├─▶│  调查资料的审查   │
                   │                   │  └──────────────────┘
                   │                   │  ┌──────────────────┐
                   │                   └─▶│ 统计整理的原则和步骤│
                   │                      └──────────────────┘
                   │                      ┌──────────────────┐
                   │                   ┌─▶│  统计分组的定义   │
                   │  ┌──────────────┐ │  └──────────────────┘
                   ├─▶│   统计分组   │─┼─▶│  统计分组的作用   │
                   │  └──────────────┘ │  └──────────────────┘
                   │                   └─▶│分组标志的选择和界限划分│
┌──────────┐       │                      └──────────────────┘
│ 统计整理 │───────┤                      ┌──────────────────┐
└──────────┘       │                   ┌─▶│ 单项数列和组距数列 │
                   │  ┌──────────────┐ │  └──────────────────┘
                   ├─▶│   变量数列   │─┼─▶│ 组距数列中的几个概念│
                   │  └──────────────┘ │  └──────────────────┘
                   │                   ├─▶│    次数分布       │
                   │                   │  └──────────────────┘
                   │                   └─▶│ 分配数列的编制方法 │
                   │                      └──────────────────┘
                   │                      ┌──────────────────┐
                   │  ┌──────────────┐ ┌─▶│ 统计汇总的组织形式 │
                   └─▶│ 统计资料的汇 │─┤  └──────────────────┘
                      │   总技术     │ ├─▶│  统计汇总的审核   │
                      └──────────────┘ │  └──────────────────┘
                                       └─▶│  统计汇总的技术   │
                                          └──────────────────┘
```

★引导案例

中国历届奥运会所获奖牌数量

以下是中国奥运代表团参加历届奥运会获得的奖牌数量。

1984 年	美国洛杉矶	第 23 届奥运会	15（金）8（银）9（铜）
1988 年	韩国汉城	第 24 届奥运会	5（金）11（银）12（铜）
1992 年	西班牙巴塞罗那	第 25 届奥运会	16（金）22（银）16（铜）
1996 年	美国亚特兰大	第 26 届奥运会	16（金）22（银）12（铜）
2000 年	澳大利亚悉尼	第 27 届奥运会	28（金）16（银）15（铜）
2004 年	希腊雅典	第 28 届奥运会	32（金）17（银）14（铜）
2008 年	中国北京	第 29 届奥运会	51（金）21（银）28（铜）
2012 年	英国伦敦	第 30 届奥运会	38（金）27（银）23（铜）
2016 年	巴西里约热内卢	第 31 届奥运会	26（金）18（银）26（铜）

案例启示

为了使数据更简明，如何用统计方法对数据进行整理？

第一节　统计整理的意义和步骤

一、统计整理的意义

统计整理也称为统计资料整理，是统计工作的第三个阶段。经过统计调查之后，统计工作得到的资料主要反映总体单位的特征，这些资料以原始资料为主，比较分散、零碎，也不系统，仅仅反映了事物的表面现象，不能深刻细致地反映事物的本质，揭示事物发展规律。因此，需要对这些资料进行加工和整理。统计整理，就是根据统计研究的目的，把统计调查所搜集到的原始资料进行科学加工，使之系统化、条理化、科学化，从而得出能够反映事物总体特征的资料，为统计分析做好准备。

在整个统计工作过程中，统计整理是统计调查的继续和发展，也是统计分析的前提，因此它在整个统计工作过程中起着承前启后的作用。统计整理的结果能否如实反映客观情况，决定了统计资料科学价值的高低，也直接影响统计分析的准确性和真实性。

广义的统计整理还包括对已加工过的综合资料进行再加工。

二、统计整理的内容

统计资料的整理工作，一般包括四个方面的内容：

（1）对调查资料进行审查。

（2）按照整理要求确定整理的指标并进行统计分组。

（3）对各项指标进行汇总。

（4）将汇总结果填制成统计表。

三、调查资料的审查

调查资料的审查有两层含义：一是指在汇总前的审查，审查调查资料是否准确、完整、及时，发现问题要及时纠正；二是指对整理好的资料进行审核，更正在汇总过程中所发生的各种差错。

（一）准确性审查

准确性审查包括两方面。一是逻辑审查，即审查调查表中所列的资料数字及答案是否具有逻辑性，各个项目之间是否有矛盾，根据推理来判断资料的正误。例如，在人口普查登记的资料中，一个人的年龄为 2 岁，文化程度是大学，这里肯定是有错误的。二是计算审查，即根据方法、制度规定及栏次之间的关系等进行检查。例如，各栏相加是否等于合计，以及计算方法是否正确等。

（二）完整性审查

完整性审查包括两个方面：一方面是审查调查中应包括的调查单位是否齐全，是否有遗漏或重复；另一方面是审查调查表所应填写的项目是否齐全。

四、统计整理的原则和步骤

统计整理的目的是通过对事物个性的研究认识事物的共性，揭示事物发展的规律。事物的数量方面不是单一的，而是多方面的，彼此之间有着密切的联系。对统计资料进行整理，就是要研究事物的全貌，描绘事物的整个发展过程，揭示事物的总体特征和规律性。因此，在统计整理工作中应该首先对所研究的社会经济现象进行深刻的政治经济分析，在此基础上运用最基本的、最能说明问题本质特征的统计分组和统计指标对统计资料进行加工整理。

统计整理工作是一项细致的、科学性很强的工作，需要有组织、有计划地进行。统计整理的基本步骤如下：

（一）设计和编制统计资料的整理方案

在进行统计整理之前，应当首先根据统计整理的目的，确定统计管理的资料内容。同时还要确定统计分组的方式，采用的汇总指标及统计资料的表现形式等。这些整理方案的内容体现在一系列的整理表或综合表中。

正确地制定统计整理方案，是保证资料有计划、有组织地进行的首要步骤，是统计设计在统计整理阶段的具体化。

（二）审核原始资料

在进行统计整理之前，必须对调查取得的原始资料进行审核，以保证统计整理的质量，这是一项不可或缺的准备工作。对原始资料的审核主要包括资料的准确性、及时性和完整性三个方面的内容。

（1）资料的准确性是审核的重点，通过逻辑检查和计算检查两个方面进行。逻辑检查是审核原始资料的内容是否合理、有无相互矛盾或不符合实际的地方。计算检查是通过计算复核表中的各项数据有无差错、各项指标的计算方法是否恰当、计算单位是否正确、有关指标间的平衡关系是否得以保持等。

（2）审核资料的及时性，是要检查资料是否符合调查规定的时间、资料报表的报送是否及时等。

（3）审核资料的完整性，是要检查报送单位是否有不报、漏报等现象，被调查单位提供的资料是否齐全等。

对于通过审核发现的问题和错误，应及时予以查询和纠正。

（三）对原始资料进行统计分组和统计汇总

按照一定的组织形式和方法，对原始资料进行统计分组和统计汇总，计算出各组的单位数和合计数，计算出各组指标和综合指标的数值。

（四）审核整理过的资料

审核整理过的资料，即纠正在资料整理过程中出现的差错。

（五）编制统计报表

将整理结果编制成统计报表，简明扼要地表达社会经济现象之间的数量关系。

第二节 统计分组

一、统计分组的定义

统计分组是根据统计研究的目的，将总体中的各单位按照某种标志分为若干个性质不同的部分的一种统计方法。

统计分组的基本要求是：同一组内的各单位性质相同，不同组所包含的单位性质相异。也就是说，凡是性质相同的单位都能分在同一组，没有一个单位既可放入这一组又可放入另一组，所有组要能包含总体中的全部单位。这里所说的"同"和"异"是指在一个总体内，统计分组还可以分为两层含义：对"总体"而言是"分"，把总体内所有单位划分为若干个不同的部分或组，突出组和组之间的差异性；对"总体单位"而言是"合"，把总体内所有性质相近的单位分在同一组内，突出组内的同质性；因此统计分组是在统计总体内进行的一种分类，是把总体划分成为一个个性质不同的、范围更小的总体。例如，按所有制性质的不同将商贸委所属的商贸企业分为全民所有制和集体所有制企业；属于全民所有制企业这一组的每个商贸企业的性质相同，即必须是全民所有制企业；属于集体所有制企业这一组中的每个企业性质相同，即必须是集体所有制企业。虽然这两组之间企业的性质不同，但这种相异又从属于总体的同质性，即都同属于商贸委这一大前提。

统计分组既可以表明现象之间质的差别，也可以表明现象在空间上和数量上的差别。统计分组是统计整理的中心问题，它的正确与否是决定整个统计研究成败的关键。

二、统计分组的作用

统计分组具有如下三个方面的作用：

（一）便于认识现象本质

将总体中的总体单位区分为性质不同的组成部分，划分为不同的类型，是统计分组的首要作用，有利于人们认识现象的本质。

社会经济现象有多种类型，不同类型的现象有着本质的差别。在划分各种类型的现象时，以产权关系为标准是最基本的，它揭示了社会经济现象的本质差别。表4-1所示是某地区工业企业按所有制性质分组的资料。

从表4-1可以看出，2010年该地区工业企业单位数比1957年增长1.3倍。从不同所有制分析，全民所有制企业增长73.4%，而集体所有制企业增长了1.5倍，大大快于全民所有制企业。究其原因，主要是乡办工业的迅速增长，2010年该地区乡办工业已有18.59万个，反映了农村经济的迅速发展。

表4-1 某地区工业企业所有制构成

工业企业	企业数/万个	
所有制	1957 年	2010 年
全民所有制	4.96	8.60
集体所有制	11.99	30.19
其中：乡办工业	—	18.59
合 计	16.95	38.79

（二）能反映总体内部结构及其特征

总体结构是指总体内部的组成状况，或是总体单位的分布状况。表4-2所示为某年各国国内总产值结构。

表4-2 某年各国国内总产值结构 单位:%

国别	行 业			
	农业	工业	服务业	合计
美国	3	34	63	100
日本	5	42	53	100
德国	2	49	49	100
俄罗斯	16	62	22	100
中国	31	47	22	100
印度	38	27	35	100

从表4-2中所列资料可以看出，美国、日本、德国等国家的农业在国内生产总值中所占比重很小，而工业和服务业，特别是服务业所占比重却比较大。而俄罗斯、中国、印度等国家则与此相反，农业所占的比重较大，而服务业所占比重较小。

总体的内部结构反映了总体的特征，总体内部结构的变化反映了总体性质的变化，从变化中可以反映出事物的发展变化趋势，为经济和社会发展的长远决策提供重要依据。

（三）可以揭示现象之间的依存关系

社会经济现象之间都是相互联系的，有些社会经济现象之间存在着相互依存的关系。如机械化、自动化和劳动生产率之间的依存关系；产品质量、原材料消耗与产品成本之间的依存关系；每亩施肥量与每亩产量之间的依存关系等。（1 亩 = 666.67 平方米）表4-3所示为某农作物施肥量与亩产量的关系。

表4-3 某农作物施肥量与亩产量的关系

施肥量/(千克·亩⁻¹)	耕地面积/亩	总产量/千克	单位面积产量/(千克·亩⁻¹)
100 以下	30	4 500	150
100 ~ 200	40	7 000	175

施肥量/（千克·亩⁻¹）	耕地面积/亩	总产量/千克	单位面积产量/（千克·亩⁻¹）
200～300	80	16 000	200
300～400	200	50 000	250
400～500	200	55 000	275
500 以上	100	31 500	315

从表4-3中数字我们可以看出，随着每亩施肥量的增加，单位面积的产量也在增长（施肥量过多或过少都会引起减产），二者之间的关系在图4-1中表现得更明显。

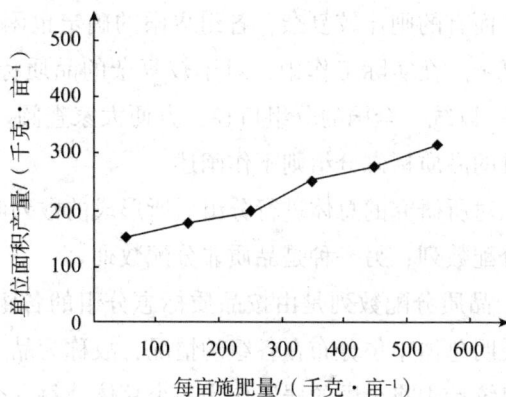

图4-1 每亩施肥量与亩产量的关系

三、分组标志的选择和界限划分

统计分组的关键在于分组标志的选择和各组界限的划分。

（一）分组标志的选择

统计总体由若干个总体单位组成，每个总体单位又有若干个标志。究竟选择什么样的标志对总体单位进行分组呢？分组标志选择正确与否是分组能否正确反映客观实际的关键，在选择分组标志时一般需考虑以下三点：

（1）选择分组标志需从统计研究的目的出发。例如，为了说明工业企业对国家的贡献，可以选择创造的产值、利润和税金及出口创汇能力等标志，如果选择工人数、资金占有额等标志就不符合研究的目的。

（2）要选择最能反映事物本质特征的主要标志，即从众多标志中选择最重要的、最能反映现象本质特征的主要标志。

（3）要充分考虑被研究对象所处的时间、地点、条件。例如，要研究工业企业的生产规模，可以选择的标志有许多，如厂房大小、占地面积、职工人数、设备数量、固定资金、生产能力、产值、利润、税金、成本等。其中，职工人数、固定资金、生产能力、产值等标志在说明生产规模时具有本质性，但具体选用哪个标志作为分组标志，还需考虑当时的时间、地点、条件。如果处于工业生产发展的初期，技术比较落后，则选用职工人数作为分组标志比较合适；而在技术迅猛发展的今天，则应选择以设备为基础的工业产品生产能力或固定资产原值等作为分组标志。

（二）划分各组界限

分组标志确定之后，必须解决分组界限问题，即按选定的分组标志将所研究的总体划分为若干组，确定各组之间的界限。根据分组标志的特征，统计总体可按品质标志和数量标志分组。

1. 按品质标志分组和分组数列

按品质标志分组就是选择反映事物属性的品质标志作为分组标志进行统计分组。例如，人口按性别分组，企业按所有制分组等。按品质标志分组，有的界限明确，划分也比较容易，如人口按性别分组；而有的则比较复杂，各组界限的确定也困难，如国民经济按部门、职业、商品等分类都很复杂。在实际工作中，对于较复杂的品质标志分组（习惯上叫作分类），有专门的分类目录，以统一全国的分组口径，方便大家查阅。此处仅介绍较容易的分组，至于较复杂、较困难的品质标志分组则不作阐述。

按照选定的品质标志对所研究的总体进行分组后所形成的数列叫分组数列。这种数列可分为两种：一种是品质分配数列；另一种是品质非分配数列。

（1）品质分配数列。品质分配数列是由按品质标志分组的各组名称和各组的总体单位数组成的数列。它可以说明总体单位分布在各组的情况，故称为品质分配数列，也称为属性分布数列。例如，在人口统计中将全国的居民作为一个总体，每一个居民便是总体单位，如果按性别这个品质标志进行分组，再将各组中的数列表示出来，便是品质分配数列。表4-4所示为2017年我国大陆人口的性别分布。

表4-4 我国大陆人口的性别分布

（2017年7月1日零时）

性别	人口数/万人
男 性	71 137
女 性	67 871
合 计	139 008

（2）品质非分配数列。品质非分配数列是由按品质标志分组的各级名称和总体单位以外的其他指标数值所组成的统计数列。例如，对全国工业企业进行调查时将全国的工业企业作为一个总体，每一个工业企业作为一个总体单位。若将调查的资料按轻工业、重工业分组，就不用企业数量说明各组的分布情况，而是用总体单位数以外的其他指标数值来说明，如工业企业总产值指标。表4-5所示为按1990年不变价格计算的某地2015年轻、重工业总产值。

表4-5 某地2015年轻、重工业总产值

（按1990年不变价格计算）

工业企业按部门分组	总产值/亿元
轻工业	4.014

续表

工业企业按部门分组	总产值/亿元
重工业	4.181
合　计	8.195

2. 按数量标志分组和变量数列

在对调查资料进行整理时，可选择数量标志分组。由按数量标志划分的各组和说明各组的指标数值形成一个统计数列，这个统计数列称为变量数列。变量数列有两种形式：一种是变量分配数列，另一种是变量非分配数列。

（1）变量分配数列。变量分配数列也称为变量分布数列，是按数量标志分组形成各组，并反映总体单位数在各组的分布状况。例如，表4-6所示为某班学生某科期中考试分数统计资料。

表4-6　某班学生某科期中考试分数

考试分数/分	人数/人
50～60	2
60～70	8
70～80	16
80～90	10
90～100	4
合计	40

（2）变量非分配数列。变量非分配数列是指按变量数列分组，但说明各组的指标数值不是总体单位数，而是其他指标数值。例如，为研究某地区乡镇工业企业职工人数与劳动效率的情况，将该地区的乡镇工业企业作为总体，每一个乡镇工业企业就是一个总体单位。选择职工人数作为分组标志进行分组，分组后不是用企业数说明各组的分布情况，而是用劳动生产率去说明，如表4-7所示。

表4-7　某地区乡镇企业职工人数与劳动生产率

职工人数/人	月劳动生产率/(元·人$^{-1}$)
100以下	3 056
101～200	3 892
201～300	4 364
301～400	5 107
401～500	6 228

第三节　变量数列

按数量标志对调查资料进行分组所形成的数列称为变量数列。用数量标志进行分组，再将各组的标志值汇总便形成了各级指标数值，按一定顺序排列后列入表格中形成两部分，一部分是分组栏，也称为变量数列，另一部分是次数分布栏。

一、单项数列和组距数列

按数量标志进行分组，可以是单项数列，也可以是组距数列。

（一）单项数列

单项数列是每个变量值为一组所形成的变量数列。例如，表4-8所示为某车间工人加工零件日产量，这就是一个典型的单项变量数列。

表4-8 某车间工人加工零件日产量

日砌墙量/m³	工人数/人
20	2
21	4
22	8
23	4
24	2
合计	20

由于变量有离散型变量和连续型变量，因此变量数列分为离散型变量数列和连续型变量数列。只有离散型变量数列才可以编制单项分组数列，而连续型变量数列不能编制单项分组数列。

（二）组距数列

一般来说，在总体单位数不多的条件下适宜用单项数列；如果总体单位数较多，而且标志值变动范围较大，就不宜用单项数列，而应当采用组距数列。

组距数列是指各组不是用一个特定的数值表示，而是用一定数量的变动范围（区间）来表示。组距数列中每个组标志值的变动范围（或区间）叫组距。组距可以是等距离的，也可以是不等距离的。等距离组距是指变量数列中各组的组距完全相等，例如，表4-6所示某班学生某科期中考试分数中各组组距均为10。不等距分组是每个组的组距长短不一，如将表4-6中学生的考试分数按照不及格、及格、良好、优秀分为四组，见表4-9，即为不等距分组。

表4-9 某班学生某科期中考试分数

类别	考试成绩/分	学生人数/人
不及格	60以下	2
及格	60~75	12
良好	75~85	16
优秀	85~100	10
合计		40

同一资料既可进行等距分组，又可进行不等距分组。至于什么情况下用等距分组，什么情况下进行不等距分组，应根据资料的特点和研究的目的而定。在表 4-6 中，为了反映每个分数段（10 分为一段）的人数分布情况，对学生考试成绩进行等距分组；在表 4-9 中，为了对每个学生的成绩划分等级，则进行不等距分组。不等距分组既反映了事物量变的过程，又反映了由量变引起的质变。一般来说，在不影响达到分析目的的前提下，应尽量采用等距分组的方法，这样的分组便于进行计算和分析。

二、组距数列中的几个概念

为了正确地编制组距数列，需要明确以下几个概念。

（一）全距

全距是指在被整理的总体中，最大标志值与最小标志值之间的距离，即全距=最大标志值-最小标志值，其表达式为 $R=X_{\max}-X_{\min}$。

（二）组限、组距与组数

在组距式变量数列中，各组的变动范围是以组限来表示的。组限规定每组距离的数值，即每组的起点值和终点值的数值。每组的起点值被称为下限，终点值被称为上限。组距是上限与下限的差额，即组距=上限-下限。组数是按照某个标志将总体划分为若干个组成部分的数量。例如表 4-6 中，最小的一组是 50～60，则 50 为下限，60 为上限，其余组依次类推。其中，最小组的组距=上限-下限=60-50=10。

组距的大小和组数的多少是相互联系的。总体中，在各单位的标志值变动范围一定的情况下，若扩大组距，则组数减少；若缩小组距，则组数增加。统计中，在确定组距与组数时，需保证使所确定的组距和组数能将总体中性质相同的单位分在同一组，而将性质不同的单位分在不同的组。

对于组距和组数，先确定什么，后确定什么，不能生搬硬套，通常是先确定组距。确定组距应遵循以下四个原则：

（1）根据统计研究的目的和所研究现象的特点确定组距。

（2）要能显示出总体分布的特点。

（3）要充分考虑原始材料的整体分布情况。

（4）要考虑到组距的同质性，严格、正确地把握和区别事物的质量和数量界限。

（三）组限的表示方法

连续型变量数列与离散型变量数列组限的表示方法有所不同。

按连续型变量分组时，应采取连续组限，又称同限分组。例如表 4-6 中相邻两组的上、下限相同，第一组的上限为 60，第二组的下限也是 60；第二组的上限为 70，第三组的下限也是 70 等。因此，连续型变量只适宜编制组距数列，不宜编制单项数列。若连续型变量的某一个数值正好等于组限，则一般将这个标志值划在作为下限的那一组。

离散型变量分组的相邻组的组限应断开，又称异限分组。例如，表 4-7 按职工人数分组中第一组的上限是 100，第二组的下限为 101，以后各组皆如此，即为异限分组。

（四）组中值

组中值是指该组中点位置的数值。组距式分组掩盖了同一组内各变量的真实分布情况。例如，表 4-6 中第三组 70～80 中有 16 人，但从这个分组表中无法得知这 16 人的具体分数。统计上，一般假定同一组内的各变量值是均匀分布的。在这个假定下，可以用平均的方法计算出组中值，来作为该组的代表值。组中值按如下公式计算：

$$组中值 = \frac{上限 + 下限}{2}$$

例如，表 4-6 中第三组和第一组的组中值分别为

$$\frac{80 + 70}{2} = 75（分）$$

$$\frac{60 + 50}{2} = 55（分）$$

假定第三组的 16 人都得 75 分，第一组的 2 人都得 55 分。

（五）开口组及其组中值计算

在分组中，第一组和最末一组往往会出现"××以下""××以上"等字样，这种组叫开口组。开口组组中值的计算在缺下限开口组和缺上限开口组有所不同。

$$缺下限的开口组的组中值 = 上限 - \frac{相邻组组距}{2}$$

$$缺上限的开口组的组中值 = 下限 + \frac{相邻组组距}{2}$$

例如，将粮食按产量分为以下组：200 千克以下；200～300 千克；300～400 千克；400～500 千克；500 千克以上。则

$$"200 千克以下"组的组中值 = 200 - \frac{300 - 200}{2} = 150（千克）$$

$$"500 千克以上"组的组中值 = 500 + \frac{500 - 400}{2} = 550（千克）$$

三、次数分布

次数是分布在各组中的总体单位数。例如，表 4-6 中的"人数"一栏内的数值就是各组的次数，它是经过统计汇总得到的。次数也可以用相对数形式表示，是各组次数占总次数的比率，称为频率。例如，表 4-10 所示为某班学生某科期中考试分数表中的"百分数"栏即为用相对数表示的次数。次数分布的表示方法有表示法和图示法（略）两种。

表4-10 某班学生某科期中考试分数

考试分数/分	人数/人	百分数/%	系数
50~60	2	5	0.05
60~70	8	20	0.20
70~80	16	40	0.40
80~90	10	25	0.25
90~100	4	10	0.10
合计	40	100	1.00

对于连续型变量组距数列，在分组过程中，如果某变量值恰好与组限值相同，就会产生将该变量值归属到哪一组的问题。如表4-10中，得60分的学生人数是划分在"50~60"的组，还是划分在"60~70"的组。统计中有两类指标，一类指标是数值越大越有利，另一类指标是数值越小越有利。对于这两类指标，与组限值相同的变量值的归属不同。

（1）数值越大越有利的指标，如产值、利润、主营业务收入、劳动生产率等。应采用"上组限不在内"或"不含上限"。因此，表4-10中得60分的两名同学应归入"60~70"的组中去。再如，某地区工业企业总产值统计如表4-11所示。

表4-11 某地区工业企业总产值统计

工业总产值/万元	企业数/个
80以下	5
80~100	3
100~110	4
…	…
合计	

表4-11中，将总产值为100万元的企业归入"100~110"的组中。

（2）数值越小越有利的指标，如成本、原材料消耗、能源消耗等。应采用"上组限在内"或"含上限"。

例如，某地区工业企业成本计划完成情况如表4-12所示。

表4-12 某地区工业企业成本计划完成情况

计划完成程度/%	企业数/个
90~95	9
95~100	10
100~105	16
…	…
合计	

表4-12中，将完成成本计划为100%的企业归入"95~100"的组，即"上限在组内"。

四、分配数列的编制方法

一般来说，原始的调查资料是分散零乱的，需要通过统计整理使之条理化、系统化，以便获得能够反映总体特征的综合资料，这是统计整理阶段要做的工作。

下面以某班学生某科期中考试成绩为例，说明分配数列统计整理的一般步骤。该班有40名学生，对某科期中考试成绩进行调查登记得到以下资料。

64、65、70、87、56、95、98、79、88、88

89、77、60、60、77、66、79、79、95、68

78、89、98、50、75、78、82、64、73、85

79、85、70、84、69、75、89、75、78、75

这些数据是零散的，通常按下述步骤进行整理。

（一）将调查资料按变量值的大小顺序排列

50、56、60、60、64、64、65、66、68、69

70、70、73、75、75、75、77、77、77、78

78、78、79、79、79、79、82、84、85、85

87、88、88、89、89、89、95、95、98、98

经初步整理可以看出，该组数据的最小值是50，最大值为98，变动幅度在50~98，即全距=98-50=48。

（二）确定组数和组距

1. 等距组

为便于计算和分析，对上述资料分组时，将组距定为10。则组数 $=\dfrac{全距}{组距}=\dfrac{48}{10}=4.8$，将总体分为五组，分组情况见表4-13。

表4-13　某班学生某科期中考试分数

考试分数/分	人　数/人
50~60	
60~70	
70~80	
80~90	
90~100	
合　计	

2. 不等距组

为了评价学生的学习成绩和正确填写成绩册，按优、良、及格、不及格分组，确定组距数列如表4-14所示。

表4-14 某班学生某科期中考试分数

考试分数/分	人 数/人
60 以下	
60～75	
75～85	
85～100	
合 计	

(三) 汇总各组次数

按照等距分组和不等距分组的划分方法，统计各组次数。

1. 等距分组

等距分组情况下，某班学生某科期中考试分数如表4-15所示。

表4-15 某班学生某科期中考试分数

考试分数/分	人数/人	次 数
50～60	丁	2
60～70	正下	8
70～80	正正正一	16
80～90	正正	10
90～100	下	4
合计	40	40

2. 不等距分组

不等距分组情况下，某班学生某科期中考试分数如表4-16所示。

表4-16 某班学生某科期中考试分数

考试分数/分	人 数/人	次 数
60 以下	丁	2
60～75	正正一	11
75～85	正正正	15
85～100	正正丁	12
合计	40	40

第四节 统计资料的汇总技术

统计资料经过科学分组之后，就要汇总各个指标的分组数值和总计数值，即计算各组和总体的单位总数，汇总各组和总体的标志数量。对原始资料的整理称为统计汇总，简称汇总。

一、统计汇总的组织形式

统计汇总是一项十分繁杂的工作，需要有一整套科学的组织形式，以保证统计汇总的顺利进行。统计汇总有两种基本形式，一种是逐级汇总，另一种是集中汇总。

（一）逐级汇总

逐级汇总是将调查资料自下而上一级一级地汇总本地区、本系统或本单位的组织形式。这种组织形式的优点是能满足各级单位对统计资料的需要，也便于就地审核和订正原始资料。但缺点是由于汇总层次多、环节多，比较费工费时，出现差错的可能性较大。

（二）集中汇总

集中汇总是将全部调查资料集中到一个机关或组织统计的最高机关一次进行汇总的组织形式。这种组织形式的优点是可以缩短汇总的时间，节约经费，减少汇总差错，适于用计算机进行汇总。但缺点是原始资料如有差错不能就地更正，整理结果有时不能及时满足不同地区、部门的需要。

除了上述两种汇总形式之外，在实际工作中，有时还可以将这两种汇总形式结合起来使用。如对各地区和各级部门都需要的基本资料实行逐级汇总，对全国总的数字和其他一些需要在全国范围内进行加工的资料或者本系统的全面资料实行集中汇总。这种汇总方式称为综合汇总。

二、统计汇总的审核

统计汇总的审核包括汇总前的审核和汇总后的审核两种类型。汇总前的审核是把握统计汇总质量的关键，审核的主要内容是资料的准确性、及时性和完整性。汇总后的审核是检查汇总质量的关键，审核的主要内容是汇总结果的真实性和准确性。

三、统计汇总的技术

统计资料的汇总技术主要有手工汇总、机械汇总和电子计算机汇总。

（一）手工汇总

手工汇总技术常用的方法有画记法、过录法、折叠法和卡片法。

1. 画记法

画记法是在汇总表上以画点画线作为记号的汇总方法，常用于对总体单位的汇总。汇总时，先按分组要求准备好整理表，然后看总体单位属于哪一组，就在整理表上相应组内画上一个点或一条线，最后计算各组内的点或线的数目。常用的点线符号有"正""戈""※"等。画记法的优点是手续简便；缺点是只能汇总单位数，不能汇总标志值，画线太多，容易错漏。因此，画记法一般在总体单位不多且只要求汇总单位数，不要求汇总标志值时使用。

2. 过录法

过录法是指先将调查资料过录到预先设计的整理表上，然后计数加总，得出各组和总体的单位数及标志值的合计数，最后把这些合计数过录到统计表上。过录法的优点是既可汇总单位数，又可汇总标志值，而且便于校对，便于计算；缺点是工作量较大、费时，在反复过录中也容易发生差错。因此，在总体单位不多、分组简单的情况下，一般使用过录法。

3. 折叠法

折叠法是将所有调查表中需要汇总的项目全部折叠在一条线上，然后进行加总，直接填入统计报表内。折叠法的优点是可以汇总单位数和标志值，而且简单易行，不需要另外设计整理表，省去画记和过录的手续，因此为广大统计人员所普遍采用。它的缺点是如果在汇总后发现错误，需从头返工，无法从汇总过程中查找原因。

4. 卡片法

卡片法是利用特制的摘录卡片作为分组计算的工具。在调查资料多、分组细的情况下，使用卡片法进行汇总。卡片法比画记法准确，比过录法和折叠法简便，可以保证汇总资料的质量，提高时效性。但是，如果调查资料不多，采用卡片法就不经济。

（二）机械汇总

机械汇总是指利用专门的汇总机械进行汇总的技术，是在卡片法的基础上发展起来的。在广泛应用电子计算机的今天，机械汇总技术已很少使用。

（三）电子计算机汇总

科学技术的发展和计算机语言的开发为利用电子计算机进行统计资料汇总提供了条件，在现代统计汇总工作中大量使用电子计算机对统计资料进行汇总。它的优点是速度快、精度高，可以保证统计汇总得出的资料能满足各方面需要。广泛使用电子计算机进行汇总是统计工作现代化的重要标志之一。

本章小结

统计资料整理是统计研究的一项重要工作，是统计分析的前提。

统计分组法是数据资料整理的基础，是根据统计研究的需要，将统计整体按照一定的标志区分为若干个组成部分的一种统计方法。统计分组可以划分现象的类型，揭示现象的内部结构，分析现象之间的依存关系。根据分组标志，统计总体可以按品质标志分组，也可以按数量标志分组。数量标志分组可以分为单项式分组和组距式分组。

数列可以分为分组数列和变量数列两种基本类型。变量数列又分为单项式数列和组距式数列两种，如果组距数列中每组的组距都相等，则该数列称为等距数列，否则就是不等距数列。

统计资料汇总是在统计分组的基础上，将统计资料归并到各组中去，并计算各组和总体合计数的工作过程。汇总技术主要有手工汇总、机械汇总和电子计算机汇总。

统计整理、统计分组、分组标志、变量数列、单项数列、组距数列、组限、组中值、组距和开口组。

拓展案例

统计图形的不适当使用

人们对数字似乎有一种天生的畏惧，当汉普蒂·汤普蒂（Humpty Dumpty，译者注：Humpty Dumpy 在英语俚语中是指"又矮又胖的人"）充满自信地告诉爱丽斯（Alice），他能熟练地驾驭文字时，恐怕没有多少人能将同样的自信延伸到对数字的掌握上。也许早期的数学经验对我们造成了心灵的创伤。

不管什么原因，当作者渴望自己的书有人读，广告商希望自己的广告能促进商品的销售，出版商希望自己的书或杂志畅销时，数字产生了真正的问题。很多情况下，表格中的数字是禁用的，而文字又不能达到很好的效果，这个时候解决的方法就只有一种：画图。

下面，我们将用一组图形来显示统计图形被误用的情况。

例1：德国《法汇报》在 1993 年 11 月 23 日刊登了如下一幅统计图，如图 4-2 所示，描绘了世界 16 个国家和地区读书欲的比较，用年人均用于购书的支出（美元）来衡量。

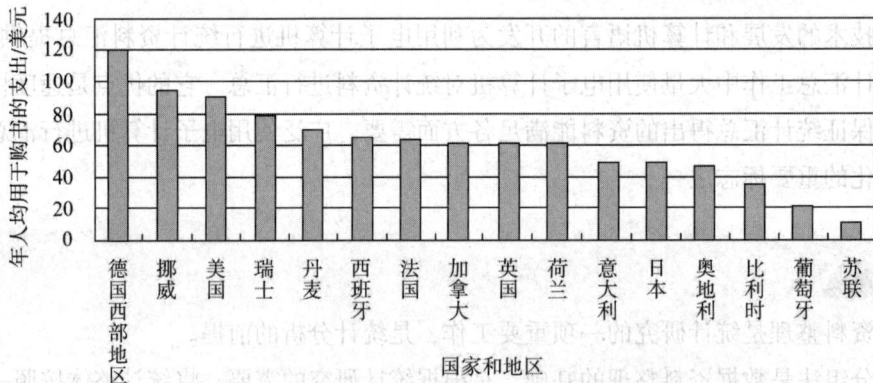

图4-2　1993年世界16个国家和地区读书欲的比较

这一幅统计图虽然是摘编自国外的报刊，但编辑却没有认真检查核对，因为原图误用"年人均购书的支出"来反映不同国家读书欲的状况。例如，苏联的图书非常便宜，当时卢布与美元的汇率很低，由苏联购书支出低推导出读书欲望低是很不科学的。如果要研究和比较读书欲，可以比较购买图书等支出占收入的百分比或者比较读书的时间等指标。

例2：某行业季度销售额数据如图 4-3 所示。

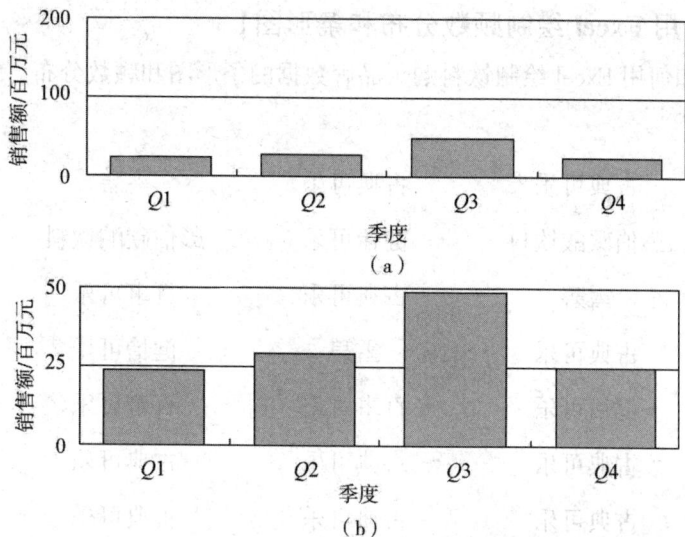

图4-3 某行业季度销售额数据

在图4-3（a）中以100（百万元）为纵轴单位，看上去四个季度的销售额差不多。实际上，如果以25（百万元）作为纵轴单位，同样的数据在图4-3（b）中就不难看出一、二、三季度的销售额不断增加，第四季度锐减。应该说，图4-3（b）正确反映了销售额的变化，而图4-3（a）的制图方法是不正确的。

（资料来源：作者搜集整理）

案例讨论

1. 统计图形有哪些作用？

2. 常用的统计图形有哪些？如何选择？

3. 统计图形应该如何正确使用？

统计实训

课后练习

【实操练习 用 Excel 绘制频数分布和条形图】

本附录说明如何用 Excel 绘制饮料购买品牌数据的条形图和频数分布，50 名顾客购买饮料的调查如下。

古典可乐	古典可乐	古典可乐	雪碧	古典可乐
健怡可乐	彭伯碳酸饮料	健怡可乐	彭伯碳酸饮料	健怡可乐
百事可乐	雪碧	古典可乐	百事可乐	百事可乐
健怡可乐	古典可乐	雪碧	健怡可乐	百事可乐
古典可乐	健怡可乐	百事可乐	百事可乐	百事可乐
古典可乐	古典可乐	古典可乐	古典可乐	百事可乐
彭伯碳酸饮料	古典可乐	古典可乐	古典可乐	古典可乐
健怡可乐	雪碧	古典可乐	古典可乐	彭伯碳酸饮料
百事可乐	古典可乐	百事可乐	百事可乐	百事可乐
百事可乐	健怡可乐	古典可乐	彭伯碳酸饮料	雪碧

首先我们在 A 列的 1 至 51 行输入购买品牌及所购买饮料的品牌名称。可以使用 Excel 的直方图工具绘制品牌数据的频数分布和条形图。品牌数据是质量数据，而直方图是为数量数据而设计的，因此，对饮料品牌数据代码如下：1——古典可乐；2——健怡可乐；3——彭伯碳酸饮料；4——百事可乐；5——雪碧。把每一品牌数据的代码都放在电子数据表格的 B 列中，如图 1 所示。

为编制频数分布图和条形图，Excel 要求用户指定分组的上限。饮料品牌组需要 5 个分类值，上限分别为 1、2、3、4、5。在绘制频数分布图和条形图时，Excel 提供小于或等于第一个分类值上限的观察值的个数计数，与上限相等的值被计入该组。Excel 要求在列和行中按升序输入分类值的上限值，我们选择在 C 列的第 3 行和第 7 行以升序输入分类值的上限值，如图 1 所示。

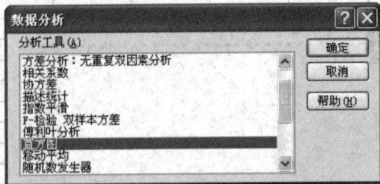

图 1　Excel 工作表中饮料品牌数据、代码及分类值

Excel 2010 绘制频数分布和条形图步骤如下：

第1步，选择"数据"下拉菜单。

第2步，选择数据分析选项（需要从"文件"→"选项"→"加载项"→"数据分析"）。

第3步，选择分析工具列表中的"直方图"。

第4步，出现"直方图"对话框，在"输入区域（I）："框中输入 B1：B51；在"接收区域（B）"框中输入 C2：C7；选择"标志（L）"框；在"输出区域（O）"框中输入C10；选择"累积百分率（M）"与"图表输出（C）"框；选择"确定"。

饮料购买品牌数据的条形图和频数分布如图 2 所示。

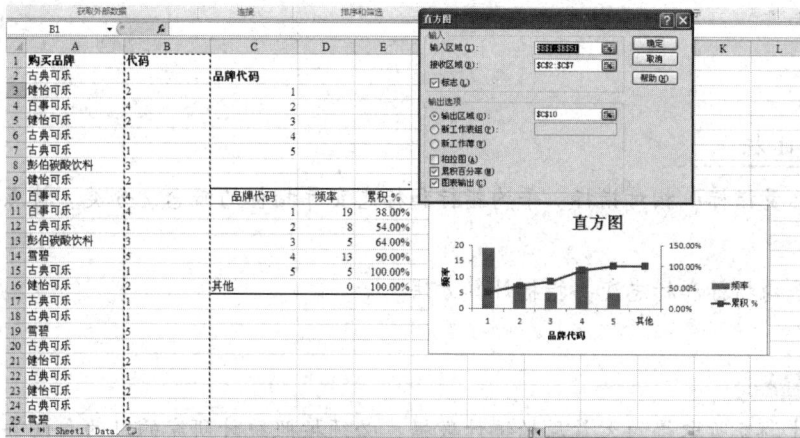

图 2　饮料购买品牌数据的条形图和频数分布

第五章

统计资料的描述分析

◢◤ 学习目标 ----

●理解总量指标、相对指标、平均指标和标志变异指标的概念、分类、特点，并掌握其应用场合。

●掌握平均指标和标志变异指标计算方法。

★知识导览

对于统计调查所取得的大量原始统计数据，必须按照统计研究的目的和任务的需要，对其进行加工处理，使数据资料系统化、条理化和科学化，并借助各种各样的描述分析指标提炼出数据中的有用信息。描述分析指标按其反映社会经济现象数量和特点的不同，可以分为总量指标、相对指标、平均指标和标志变异指标。

总量指标反映了现象总体的规模和水平，相对指标反映了有联系的现象之间的数量联系状况。但是，在同一个总体内，各单位之间在数量上是有差异的，怎样才能消除各单位的数量差异，以反映总体的一般数量水平呢？这就要用到平均指标。所谓平均指标，就是把同质总体中各单位的某一数量标志值的数量差异抽象化，用一个数值来表明这一标志在一定时间、地点、条件下的一般水平的综合指标。

平均指标无法刻画总体单位的数量差异，为了说明这种差异的大小，衡量平均数的代表性，必须使用一种新的统计指标，以说明总体各单位标志值之间的差异程度或标志值分布的差异情况，从而补充说明平均指标的不足，这就是标志变异指标。

本章重点：总量指标的概念、种类、应用，强度相对指标、计划完成程度相对指标、比较相对指标、比例相对指标、结构相对指标的定义和计算方法，数值平均数的计算及应用，位置平均数的特点与计算，标志变异指标的概念、计算及应用。

本章难点：众数、中位数的特点与计算，加权算术平均数的计算，四分差、标准差与离散系数的计算。

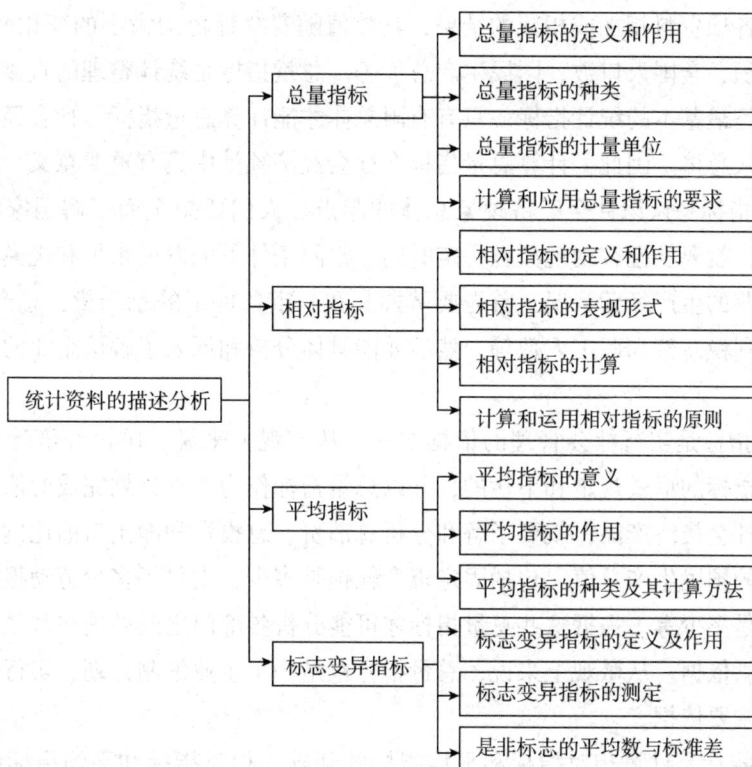

中国成为第二大经济体国家

名义 GDP，也称货币 GDP，是用生产物品和劳务的当年价格计算的全部最终产品的市场价值。中国 2010 年名义 GDP 为 5.879 万亿美元，日本 2010 年名义 GDP 为 5.474 万亿美元，比中国低 7% 左右。至此，中国全年 GDP 首次超越日本，成为第二大经济体。截至 2009 年，日本人均 GDP 为 39 738 美元，中国人均 GDP 为 3 744 美元，日本人均 GDP 约为中国的 10.6 倍；全球 213 个国家和地区，中国的人均 GDP 排名在 124 位。按照收入 1 300 元的贫困标准线，全国还有 4 000 多万人没有脱贫。

（资料来源：中国社科院发布 2011 年《经济蓝皮书》）

案例启示

这些数据是怎么得来的呢？其中，既有总量指标，又有平均指标与相对指标。这些指标在运用上有什么不同，如何应用？

第一节　总量指标

一、总量指标的定义和作用

总量指标是指反映社会经济现象总体规模和水平的一种综合指标。总量指标的基础形式为绝对数，是各项资料相加或相减的结果，其数值随着统计范围大小的变化而增加或减少。例如，耕地面积、全国人口数、国民生产总值等。总量指标是统计整理的直接成果，是统计分析的基础，是最基本的统计指标。只有有限总体才能计算总量指标，社会经济统计的调查对象主要是有限总体。因此，计算总量指标在社会经济统计中具有重要意义。

（1）总量指标是认识社会经济现象总体的起点。人们要想全面了解国家实力、经济和社会发展状况，就要掌握客观现象在一定时间、空间条件下的发展水平和规模。例如，要认识一个工业企业的生产经营状况，首先要掌握其在一定条件下的总产量、总产值、总资产、库存产品量、利税总额和职工人数等，然后才能具体分析和深入了解该企业的生产经营活动状况。

（2）总量指标是实行社会管理的依据之一。从宏观上来说，国民经济计划管理基本指标都是以总量指标的形式规定和下达的，并以总量指标作为检查计划完成的依据。例如，要有计划地安排社会最终产品，就要了解和分析总消费、总投资和净出口的比例关系，这就要掌握各个时期的国民生产总值，包括固定资产耗损是多少，支付了多少劳动报酬，生产税净额和营业盈余是多少等。根据这些总量指标才可能分析各部门之间的内在联系，为社会经济的科学管理提供依据。从微观上来说，总量指标也是一个企业编制计划、实行经营管理和加强经济核算的主要依据。

（3）总量指标是计算相对指标和平均指标的基础。相对指标和平均指标都是由两个有关系的总量指标对比计算得出的，它们是总量指标的派生指标。总量指标计算是否科学、合理，将会影响相对指标和平均指标准确性的高低。

二、总量指标的种类

总量指标可按反映内容分类，按反映的时间状况分类，也可按计量单位分类。

（一）按反映内容分

总量指标按反映内容可分为总体单位总量与总体标志总量。用来反映总体中单位数的总量指标称为总体单位总量指标，用来反映总体单位标志值总和的总量指标称为总体标志总量指标。例如，要研究某地区居民的粮食消费情况，则该地区居住的人口数便是总体单位总量指标，居民的粮食消费总数是总体标志总量指标。

总体单位总量指标和总体标志总量指标并不是固定不变的，它随研究目的的变化而变化。例如，当以地区为研究总体来观察某地区的人口数时，"人口数"指标就是总体标志总量指标；当以粮食消费量为研究总体来观察各种粮食的销售价格时，"粮食消费总量"便是总体单位总量指标。明确总体单位总量与总体标志总量之间的差别对于计算和区分相对指标与平均指标具有重要意义。

（二）按反映的时间状况分

总量指标按反映的时间状况可分为时点指标和时期指标。时点指标是反映总体在某一时刻（瞬间）状况的总量指标，如人口数、职工人数、设备台数、商品库存量、资金占用额等。时期指标是反映总体在一段时间内活动过程的总量指标，如国民生产总值、工资总额、商品销售收入、人口出生数、人口死亡数等。时期指标和时点指标有不同的特点。

（1）时期指标的数值大小与时期长短有直接关系，并且成正比，时期长，指标数值大；时期短，指标数值小。例如，年出生人口数总是大于月出生人口数。时点指标数值的大小与其时点间隔长短没有直接关系，如年末资金占用额并不一定比月末资金占用额大。

（2）时期指标的数值具有连续计数的特点，是现象在一段时间内发展过程的总量，必须把该段时间内发生的数量逐一登记进行累计。时点指标的数值只能间断计数，它的每个数据都是表示社会经济现象发展到一定时点上的水平，只是在某一时点上进行登记取得该时点的资料，不必连续进行登记。

（3）时期指标的各个数值可以直接相加，其总数说明较长时期内社会经济现象发生的总量。时点指标的各个数值不具有可加性，因为时点指标反映社会经济现象在某一时刻的水平，相加时必然出现重复计算，没有实际意义。

（三）按计量单位分

总量指标按计量单位可分为实物指标和价值指标。以实物单位计量的指标叫实物指标。实物指标能够直接反映社会经济现象的使用价值或具体内容，表明事物的规模和水平。在了解国情国力的基本情况，编制和检查国民经济计划，以及研究各生产部门之间的物质联系和比例关系时，会广泛应用实物指标。实物指标还是计算价值指标的基础。但实物指标缺乏综合性和概括能力，不能综合反映现象的总体规模和总体水平。

以货币单位计量的指标叫价值指标。价值指标能使不能直接相加的各种使用价值的数据相加，具有广泛的综合性和概括能力，便于综合反映社会经济现象的总规模和总水平；但比较抽象化，脱离了物质内容，有时不能准确反映实际情况。

实际中，我们往往把价值指标和实物指标结合起来使用。

三、总量指标的计量单位

计量是确定和计算总量指标的基础。计量的准确性直接影响总量指标所反映客观现象的准确程度。根据总量指标反映的社会经济现象的性质，计量单位有实物单位、货币单位和劳动量单位三种形式。

（一）实物单位

实物单位是根据客观事物的自然属性和物理或化学属性而采用的计量单位，一般有以下四种。

1. 自然计量单位

自然计量单位是根据被研究的客观现象的自然状况来度量其数量的一种计量单位，如人口以人为单位，汽车以辆为单位，牲畜以头为单位等。

2. 度量衡单位

度量衡单位是根据被研究的客观现象的重量、长度、体积等度量衡制度规定而计量的单位，如钢产量以吨为单位计量，粮食以千克为单位计量，布匹以米为单位计量等。采用度量衡单位主要是由于有些现象无法采用自然单位表明其数量，或者虽然可以用自然单位计量（如鸡蛋），但不如用度量衡单位计量准确。统一度量衡单位是准确反映客观事物数量的前提。

3. 复合单位

复合单位是以两种或两种以上的单位结合在一起表明某一客观事物数量的单位，如用电量以千瓦·小时计量，货物运量以吨·千米计量等。

4. 标准实物单位

标准实物单位是按照统一折算的标准来度量被研究现象数量的计量单位，如各种不同含量的化肥用折合为100%的含量计算，各种不同发热量的煤用折合为7 000焦耳/千克的标准煤计算等。

（二）货币单位

货币单位是指以货币为价值尺度来计算社会物质财富或劳动成果的价值量计量单位，如利润总额、销售收入、税收收入额等。货币单位具有广泛的概括、综合性能。

（三）劳动量单位

劳动量单位是以劳动时间来表示的计量单位，如工时、工日等。劳动量单位主要用于编制和检查企业的生产作业计划和进行成本核算。

四、计算和应用总量指标的要求

计算和应用总量指标具有以下四方面的要求：

（一）必须明确规定总量的内容、范围及与其他相关指标的界限

在统计中，每项指标都代表着相应的物质内容。由于客观事物之间彼此存在着密切联系，因此如果不明确规定统计的内容、范围及有关指标之间的界限，就不可能在数量上得到正确的统计。

（二）计算实物指标要遵守不重复、不遗漏的原则

价值指标在综合过程中会发生重复计算问题，这是社会经济现象本身的特点和计算方法引起的。如何认识和处理这种重复现象，主要应根据统计研究的目的而定。遵循实物指标不重复、不遗漏原则，是准确反映总体规模的前提。

（三）要注意总量指标的计量单位

用实物单位计量的实物指标要求注意现象的同类性，只有同类现象才能计算实物总量，不同类现象不能计算实物总量。用货币单位计算价值指标时，要注意价格的影响。按现行价格计算的价值指标可以反映产品的现有价值量，是研究国民经济现象关系和一些重要比例指标的依据，但不能反映产品实物量的增减变动情况；按不变价格计算的价值指标则消除了价格变动因素的影响，可以反映产量的变动。

（四）要注意总量指标的统一性和可比性

必须用科学的方法来确定总量指标的总体范围、计算口径、计算方法和计量单位。应注意防止由于各地区各单位的条件和习惯不同而造成统计上的错误；注意历史条件的变化及其影响，不同的历史条件往往影响总量指标所反映的内容和包括的范围，在确定和计算总量指标时，要使不同时期的总量指标具有可比性，以便于对比研究和分析历史资料。

第二节　相对指标

一、相对指标的定义和作用

（一）相对指标的定义

相对指标也称统计相对数，是指社会经济现象中两个相互联系的指标之比，说明两种社会经济现象之间在数量上的对比关系，以抽象化的数字表明这些现象和过程所固有的数量对比关系，如人口的性别比例、人口出生率、人口密度等。

（二）相对指标的作用

相对指标具有以下三个方面的作用：

（1）相对指标可以具体说明社会经济现象之间的数量对比关系，为人们判断计划完成的好坏，认识事物的构成和发展变化、普及程度或密度，以及进行空间比较分析提供依据。

（2）相对指标把社会经济现象的绝对数的具体差异抽象化，使不能直接对比的总量指标可以相互对比。

（3）相对指标是进行计划管理与经济活动分析的重要依据，国家与企事业单位在计划执行过程中，通常会运用相对指标进行动态分析、结构分析等。

二、相对指标的表现形式

相对指标的数值表现形式主要有两种：一种是无名数；另一种是有名数。

（一）无名数

无名数是一种抽象的数值，一般表现为系数、倍数、成数、百分数、千分数等。

（1）系数、倍数。系数或倍数是将对比的基数作为1而计算出来的相对数。两个数值对比，其分子与分母相差不多时，可用系数形式表示；分子数值与分母数值相差很大时，则常用倍数形式表现。

（2）成数。成数是将对比的基数定为10而计算出来的相对数，是对十分数的一种习惯叫法。

（3）百分数、千分数。百分数或千分数是将对比的基数作为100或1 000而计算出来的相对数，是相对数中最常用的一种表现形式。当相对指标中的分子数值和分母数值较为接近时，采用百分数较合适；分子与分母数值相差比较大时，多用千分数表示。

（二）有名数

有名数是将对比的分子指标和分母指标的计量单位结合使用，以表明事物的密度、普遍程度和强度等。有名数主要用来表现强度相对指标的数值。

三、相对指标的计算

相对指标包括结构相对指标、比例相对指标、比较相对指标、强度相对指标、动态相对指标和计划完成相对指标。

（一）结构相对指标

结构相对指标是利用分组法将总体划分为不同性质的或差异的各部分，以将部分数值与总体数值对比得出的比重或比率来反映总体内部组成状况。其计算公式为

$$结构相对数 = \frac{总体某一部分数值}{总体全部数值} \times 100\%$$

结构相对数一般用百分数或成数表示，其分子和分母可以是总体单位数，也可以是总体的标志数值。结构相对数是总体部分数值与全部数值之比，各部分所占比重之和必须为100%或1。结构相对数是统计分析中常用的指标，其作用表现在以下三个方面：

（1）可以反映总体内部结构的特征。例如，瑞典人口学家桑德巴根据人口的年龄构成，将人口构成分为三个类型，如表5-1所示。

表5-1　人口构成类型

年龄	增长型/%	稳定型/%	衰退型/%
0~14岁	40.0	26.5	20.0
15~49岁	50.0	50.5	50.0
50及50岁以上	10.0	23.0	30.0

通常，14岁以下人口所占比例的大小会影响今后人口出生率和自然增长率的高低，从而决定整个人口再生产的类型。人口年龄的构成状况可表明人口再生产是增长型、稳定型还是衰退型。

（2）可以反映总体内部的相互依存关系。例如，2010年国有及其他经济类型投资中，东部地区投资18 456亿元，比上年增长16.2%，增速提高了2.9%，中部地区投资7 580亿元，增长20%，提高了3.7%；西部地区投资5 672亿元，增长20.6%，提高了1.3%。这些结构相对指标说明中、西部地区投资比重有所提高。

（3）可以反映总体的质量和利用程度。例如，原材料利用率、设备利用率、产品合格率、废品率等，可以反映企业的人力、财力和物力的利用状况。

（二）比例相对指标

总体内部各个组成部分之间存在着一定的联系，并具有一定的比例关系。比例相对指标

就是反映总体中各组成部分之间数量联系程度和比例关系的综合指标。其计算公式为

$$比例相对数 = \frac{总体中某一部分数值}{总体中另一部分数值}$$

比例相对数的数值一般用系数、倍数或百分比表示，要求比值以较简单的整数表示。为了醒目，有时也用连比的形式 $1:m:n$ 表示。但统计资料一般均不能满足在经最大公约数约分后得到整数的要求，因此，只能取近似值。比例相对数一般以总量指标进行对比，根据分析的目的和资料情况，也可运用现象总体各部分的相对数或平均数进行对比。

比例相对数和结构相对数的作用是相同的，比例相对指标所反映的比例关系属于一种结构性的比例。但两者对比的侧重点有差别。例如，通过对不同时间、不同国家、不同地区的人口性别进行长期观察，我们认识到出生婴儿正常的男、女性别比例为 $105:100$，这个数字所反映的就是人口性别的有机结构比例。如果用结构相对指标的数值来表示，那就是，在出生婴儿中，男性占 51.2%，女性占 48.8%。

计算比例相对指标，对比例关系进行研究，能帮助我们认识客观事物按比例发展的要求，判断比例关系正常与否，以及分析它对社会经济发展的影响，为国家制定政策和计划提供依据。

（三）比较相对指标

比较相对指标是将某一现象的数值与同一时期不同空间的同类现象的数值进行对比，表明同类事物在不同条件下的数量对比关系。其表现形式为百分数、倍数或系数，计算公式为

$$比较相对数 = \frac{某条件下的某类指标数值}{另一条件下的同类指标数值}$$

比较相对指标可以是绝对数对比，也可以是相对数或平均数对比。由于总量指标易受生产条件的影响，因此计算比较相对指标更多是采用相对数或平均数。

在经济管理工作中，有时将各单位的技术经济指标与同类企业的先进水平及国家规定的质量标准对比，从而找出差距，为提高本单位生产水平和管理水平提供依据，这是把比较的对象典型化而计算出来的比较相对指标。

比较相对指标中的分子、分母是相对的，因而可以互换，其实质不变。

（四）强度相对指标

强度相对指标是将两个性质不同但有一定联系的总量指标相互对比，用来综合表明社会经济现象的强度、密度和普遍程度。其计算公式为

$$强度相对数 = \frac{某一总量指标数值}{另一个有联系而性质不同的总量指标数值}$$

强度相对指标以双重计量单位表示，是一种复名数。表示强度相对指标数值的形式大多由指标的分子和分母原有的单位组成，比如人口密度用"人/平方千米"表示等。但也有一些强度相对指标的数值用千分数或百分数表示，如人口自然增长率用千分数表示，流通费用率用百分数表示。

强度相对指标和其他相对数的不同之处，在于它不是同类现象指标的对比，而是有联系

的不同类社会经济现象的对比。这些不同类现象可能分别属于不同的总体，也可能是同一总体中的不同标志或指标。但是，没有一定联系的两类现象的对比是无意义的。在社会经济活动过程中，某一指标可能与两个或两个以上的指标有联系，这时，选择哪一个指标进行对比取决于统计研究的任务。

强度相对指标有如下三方面的作用：

（1）强度相对指标能够说明社会经济现象的强弱程度，在反映一个国家的经济实力时被广泛应用。常用的反映国家经济实力的强度相对指标是按人口平均的产量指标，比如人均的主要产品产量，其指标数值越大，表明一个国家经济实力越强，经济发展水平越高。

（2）强度相对指标用来反映现象的密度或普遍程度。例如，人口密度、铁路或公路网密度等。

（3）强度相对指标也可用来反映社会服务状况的程度，一般是将服务单位与人口比较，表明社会服务行业的负担情况和保证程度。如每千人拥有的服务机构数，或每个服务机构负担的人口数（千人）等。

少数强度相对数的分子和分母可以互换，它们有正逆两种形式。凡是强度相对数的数值大小与所研究现象的发展程度或密度成正比例的，称正指标；其数值大小与所研究现象的发展程度或密度成反比例的，称逆指标。一般来说，正指标越大越好，逆指标越小越好。比如

$$商业网点密度（正指标）= \frac{某地区商业网点数}{该地区人口数}$$

$$商业网点密度（逆指标）= \frac{某地区人口数}{该地区商业网点数}$$

需要特别指出的是，强度相对数具有平均数的意义，但又不同于平均数。算术平均数是同一总体中的标志总量与总体单位总量之比，是将总体中的某一数量标志的各个变量值加以平均，其分母是分子的直接承担者；而强度相对数是两个性质不同但有联系的指标数值之比，表明两类现象之间的数量对比关系，其分子和分母的数值之间没有必然的联系，即分母的变化不一定会反映到分子中去。

（五）动态相对指标

动态相对指标又称发展速度或指数，它是将不同时期的同类现象进行对比，表明同类现象在不同时间状态下的对比关系，说明现象在时间上的运动、发展和变化。其计算公式为

$$动态相对数 = \frac{报告期水平}{基期水平}$$

通常把要比较的时期称为基期，与基期对比的时期称为报告期。动态相对数一般用百分数或倍数表示。

动态相对数在统计分析中应用范围很广，将在第七章详细叙述。

（六）计划完成相对指标

计划完成相对指标是将现象在某一段时间内的实际完成数与计划任务对比，用以表明计

划完成程度的综合指标，其数值一般用百分数表示，计算公式为

$$计划完成相对数 = \frac{实际完成数}{计划任务数} \times 100\%$$

计划完成相对指标的分母是下达的计划指标，分子则是对实际情况进行统计得到的数据。因此，该指标要求分子、分母在指标含义、计算口径、计算方法、计量单位及时间长度和空间范围等方面完全一致。由于计划数总是衡量计划完成情况的标准，故分子、分母不能互换。

计划可以是短期的（日、旬、季、半年、年），也可以是长期的（5年、10年），因此对计划完成情况的检查也分为短期计划检查和长期计划检查。计划数是计算计划完成情况相对指标的基数，可以用绝对数、相对数、平均数等形式表示。由于基数的表现形式不同，故计划完成情况相对指标在形式上也各有不同。

1. 短期计划的检查

短期计划的检查分为以下三种情况：

（1）计划任务数为绝对数。它一般适合于考核社会经济现象的规模或水平及计划完成情况。

$$计划完成相对数 = \frac{实际完成数}{计划任务数} \times 100\%$$

【例5-1】2015年某企业计划增加值为200万元，实际完成220万元，则该企业计划完成程度为

$$计划完成程度 = \frac{220}{200} \times 100\% = 110\%$$

（2）计划任务数为相对数。计划任务数为相对数多用于考核各种社会经济现象的降低率和提高率的计划完成程度，如原材料消耗降低率、单位产品成本降低率、流通费用降低率及劳动生产率的提高率等。这些指标的计划数是以比上期增长或减少百分之几的形式出现的，但在计算计划完成情况相对数时，不能以实际降低率（或增长率）除以计划降低率（或增长率），而应当包括原有基数在内。

$$计划完成相对数 = \frac{实际完成百分数(\%)}{计划任务百分数(\%)} \times 100\%$$

$$= \frac{1 + 实际提高率（或 - 实际降低率）}{1 + 计划提高率（或 - 计划降低率）} \times 100\%$$

【例5-2】某企业2017年计划产品成本比上年降低5.5%，实际比上年降低6.5%，则该企业产品成本降低计划完成程度为

$$计划完成情况相对数 = \frac{1 - 6.5\%}{1 - 5.5\%} \times 100\% = \frac{93.5\%}{94.5\%} \times 100\% = 98.9\%$$

计算结果表明，该企业产品实际成本比计划成本完成程度为98.9%，实际比计划降低了1.1%，超额完成产品成本降低任务。

（3）计划数为平均数。计划数为平均数一般适合于考核以平均水平表示的技术经济指标的计划完成情况，如企业生产经营中的劳动生产率、单位产品成本、平均工资等的计划完成情况。

$$计划完成相对数 = \frac{实际平均水平}{计划平均水平} \times 100\%$$

2. 长期计划的检查

长期计划的检查主要是五年计划的完成程度检查。由于计划中所规定的指标性质不同，故五年计划的考核分为水平法和累计法两种。

（1）水平法。水平法是指在五年计划中，只规定计划期末应达到的水平，一般用于检查产量、销售额等。用水平法检查计划执行情况的公式为

$$计划执行情况 = \frac{五年计划末年实际达到水平}{五年计划规定的末年水平} \times 100\%$$

【例5-3】 某地区按计划规定某种工业产品产量2016年应达到1 000万吨，实际达到1 200万吨，则该产品产量按计划完成程度为

$$\frac{1\ 200}{1\ 000} \times 100\% = 120\%$$

结果表明，该地区超额20%完成该项计划。

按水平法检查计划完成情况时，只要有一年实际完成的水平达到了计划末年水平，就算完成了五年计划，剩余时间均为提前完成长期计划的时间。

（2）累计法。累计法是指在五年计划中，累计应完成的工作量或应达到的水平，如基本建设投资额、新增生产能力、造林面积等指标。其计算公式为

$$计划执行情况 = \frac{五年计划期间实际累计完成量}{五年计划规定的累计数} \times 100\%$$

【例5-4】 某地区"十二五"时期基本建设投资总额计划为50亿元，5年内实际完成66亿元，则该地区"十二五"基本建设投资计划完成为

$$\frac{66}{50} \times 100\% = 132\%$$

结果表明，该地区超额32%完成了计划。

采用累计法检查计划执行情况时，只要从五年计划开始至某一时期，累计完成的实际数达到了计划规定的累计数，就是完成了计划。将计划全部时间减去完成计划所用时间，就是提前完成计划的时间。

分析计划完成情况，除检查本期计划完成程度外，还可检查计划进度执行情况，其计算公式为

$$计划进度执行情况 = \frac{累计至本期止实际完成数}{全期计划数} \times 100\%$$

【例5-5】 某企业四个季度销售额计划完成情况如表5-2所示。

表 5-2　某企业四个季度销售额计划完成情况

时 期	计划数 /万元	实际数 /万元	计划完成 程度/%	实际累计产值 /万元	计划完成 进度/%
一季度	900	855	95	855	21.4
二季度	1 000	1 100	110	1 955	48.9
三季度	1 050	1 200	114	3 155	78.9
四季度	1 050	—	—	—	—
全　年	4 000	—	—	—	—

计算结果表明，该企业一季度未完成销售计划，计划完成的进度与正常发展趋势要求不相适应。一季度应完成全年计划 $22.5\%\left(\dfrac{900}{4\ 000}\times100\%\right)$，实际只完成 21.4%；上半年应完成计划 $47.5\%\left(\dfrac{900+1\ 000}{4\ 000}\times100\%\right)$，实际完成 48.9%；截至三季度，计划进度为 $73.75\%\left(\dfrac{900+1\ 000+1\ 050}{4\ 000}\times100\%\right)$，实际完成进度为 78.9%，超额完成计划。整体上看，该企业销售存在前松后紧的情况。

可见，计划进度执行情况相对数可以用来对整个计划期间计划执行的进度作动态分析，考核与监督计划执行情况及其均衡性。

四、计算和运用相对指标的原则

计算和运用相对指标具有以下三个原则：

（一）可比性原则

相对指标是将相互联系的事物进行比较，综合反映事物间数量对比关系。因此，对比事物是否具有可比性对计算相对指标十分重要。所谓可比性，主要是指对比的分子与分母在经济内容上具有内在联系，在总体范围及指标口径上相适应。另外，还要注意计算方法、计算价格的可比性。例如，国内生产总值是按生产法计算还是按分配法计算，是采用同一不变价格计算还是采用不同的不变价格计算，或者采用现行价格计算等，在不同的空间和时间对比中要取得一致，如果不一致，就要进行调整和换算。只有这样，对比结果才能准确地反映社会经济现象的本质。

（二）相对指标和总量指标相结合原则

相对指标是两个有联系的指标值对比的结果，具有抽象化的特点，掩盖了现象之间绝对数的差别。因为大的相对数背后的绝对数可能很小，而小的相对数背后的绝对数可能很大，即同样的相对数背后隐藏的绝对数可能不同。因此，不能只凭相对数大小做出判断。在使用相对指标时，必须与计算相对指标所依据的绝对水平联系起来考察，这样才能对社会经济现象做出正确的判断与评价。

相对指标和总量指标结合运用的方法有两种：一种是计算分子与分母的绝对差额；另一种是计算每增长1%的绝对值。

（三）多种相对指标综合运用原则

在一个总体中，每个总量指标只反映某一个方面的情况。要全面了解一个总体，需要根据研究目的、研究对象的特点及所处的历史条件计算各种总量指标，从多方面观察，进行多方面对比，并加以综合反映，这样才能有比较全面的了解。例如，将动态相对指标和比例相对指标结合起来分析我国国民经济发展速度和比例关系，可以了解我国国民经济发展速度引起的比例关系的变化情况，从而为促进国民经济的快速发展提供科学依据。

第三节 平均指标

一、平均指标的意义

在社会经济现象的同质总体中，各单位有许多数量标志来表现自己的数量特征，这些数量标志的数值大小不等、水平高低不一。由于受多种因素交叉作用的影响，各单位的数量标志值存在差异。这些因素中有些起个别作用，有些起共同作用，起共同作用的因素是基本的。总体上看，数量标志值的差异存在一定限度，即在一定条件下，总体各单位数量标志值在客观上存在着一般水平，这个一般水平就是平均指标。以一般水平代表总体各单位数量标志的具体表现是认识总体的一种基本方法。

平均指标的数值表现为平均数，它是总体各单位某一数量标志值在一定时点、地点所达到的一般水平，是社会经济统计中最常用的一种综合指标，比如平均成绩、平均价格等。

平均数是一个代表值，它将总体内各单位同一标志的数量差异抽象化，反映的是总体各单位标志值的一般水平。平均指标是对个别标志值加以抽象概括计算出来的，虽不以个别标志值为代表，但也不能离开个别标志值而独立存在。例如，某企业职工平均工资1 000元，就是根据每个职工的工资计算出来的，它代表全部职工工资的一般水平。从平均工资1 000元已看不出每个职工的具体工资是多少，它掩盖了每个人工资水平的差异。

根据总体各单位标志值所编制的变量数列次数分布，可以发现，大多数次数分布表现为"两头少，中间多"的分配形态，即越接近平均数的标志值次数越多，越偏离平均数的标志值次数越少，正离差和负离差大体相等，可以相互抵消，整个变量数列表现为以平均数为中心左右波动。由此可知，平均数反映了总体分布的集中趋势，是总体分布的一个重要特征值。

应该指出，平均数值的大小是有条件的，具体条件改变了，现象的平均水平会相应发生变化，但是现象变动的集中趋势始终存在。

二、平均指标的作用

在统计研究中，平均指标有以下四个方面的作用：

（一）广泛的比较作用

平均指标是代表值，它不仅使个别单位标志值的差异相互抵消，而且不受总体单位数量的影响，便于比较不同总体的水平。例如，比较生产规模不同的企业之间的生产水平，就不能简单地用总产量、总产值等总量指标，而应计算平均产量、平均产值等，这样才能确切反映不同企业生产的一般水平。

运用平均指标还可以对比分析同类现象在不同地区的特征。例如，要分析研究甲、乙两个乡的粮食产量水平，就不能用两个乡的粮食总产量对比，因为粮食总产量受到播种面积多少的影响；也不能用一块地的粮食产量来比较，因为它不反映粮食生产的一般水平。要比较粮食生产水平，应该计算平均每亩粮食产量，并分析两个乡不同的生产条件，这样才能说明生产水平的高低。

（二）可以反映总体发展变化趋势

现象在不同时期的数量表现常常受到时间因素变动的影响。这就需要利用平均指标把总体单位之间的数量差异抽象化，用平均数说明现象在不同时期发展的趋势或规律性。例如，用历年我国职工的平均工资说明职工平均工资变动趋势，用某一地区不同年份的农民家庭平均每人纯收入反映农民生活水平的变动趋势。

（三）可以分析现象之间的依存关系

在对现象分组的基础上，结合平均指标，可以分析现象之间存在的制约关系。例如，将耕地按施肥标志分组，在此基础上计算单位面积产量，可以分析单位面积产量与施肥量之间的关系；对流通企业按商品流转额分组，再计算各组企业的平均商品流通费用率，可以看出商品流转额的不同规模和流通费用率升降的依存关系。

（四）是统计推断的基础

在抽样调查中，常常要利用平均指标推断总体的总量指标。例如，用抽样调查的农村居民年平均收入推断全部农村居民的总收入；在农产品产量抽样调查中，利用样本的平均亩产量推断全部播种面积总产量；利用平均指标制定企业劳动、材料消耗定额等。

三、平均指标的种类及其计算方法

社会经济统计中的平均指标有算术平均数、调和平均数、几何平均数、中位数和众数等形式。前三种平均数是根据总体全部单位标志值计算的，称为数值平均数；后两种平均数是根据与其所处位置有关的部分标志值计算的，称为位置平均数。在某些特定场合，位置平均数可以替代数值平均数来反映现象的一般水平。

（一）算术平均数

算术平均数是统计中最常用的一种平均指标。算术平均数的计算方法与大多数社会经济现象中个别现象与总体现象之间客观存在的数量关系一致。在统计中，算术平均数是总体标志总量与总体单位总数之比，即用总体中个体单位标志值的总和除以总体单位数。例如，工

人劳动生产率是产品实物量与平均工人数之比，农作物平均产量是总产量与播种面积之比。其基本计算公式为

$$算术平均数 = \frac{总体标志总量}{总体单位总量}$$

在计算算术平均数时，总体标志总量和总体单位总量必须属于同一总体，且所包含的内容在口径上应该严格一致，否则，计算的平均指标便失去了意义。这里要说明的是，算术平均数和强度相对数相似，都反映两个总量指标的对比关系，但强度相对数中用作对比的两个总量指标来自不同的总体，分子、分母不存在——对应关系，即不存在各个标志值与各个单位相对应的问题；而平均指标是同一总体各单位标志值的平均，表现为总体内标志总量与总体单位数之比，分子分母存在——对应关系，即一个单位必然对应一个标志值，分母量是分子量的承担者，所以计算平均指标时，分子、分母不能互换。

由于掌握的资料与计算复杂程度的不同，算术平均数的计算通常会采用简单算术平均数和加权算术平均数两种形式。

1. 简单算术平均数

如果统计中没有直接掌握算术平均数基本计算公式中分子与分母项的资料，而只掌握了总体各单位的标志值（变量值），那么在计算平均数时，可将各单位的标志值相加得出标志总量，再用标志总量除以总体单位数。这种计算方法称为简单算术平均数法。

设 $\bar{x}$ 代表算术平均数，x_i（其中，$i=1$，2，3，…，n）表示各单位的标志值，则简单算术平均数的计算公式为

$$\bar{x} = \frac{x_1 + x_2 + \cdots + x_n}{n} = \frac{\sum_{i=1}^{n} x_i}{n}$$

式中，n 代表总体单位数。

【例5-6】某车间某小组5名工人生产某种零件的日产量（件）分别为16、17、18、19、20，则这5名工人生产该种零件的平均日产量为

$$平均日产量 = \frac{16 + 17 + 18 + 19 + 20}{5} = \frac{90}{5} = 18$$

2. 加权算术平均数

一个总体中的单位数往往有很多，要对某一方面的现象进行研究，需要首先将统计资料整理成变量分配数列，然后根据各组标志值及相应的单位数或频率计算算术平均数。这就是加权算术平均数的计算方法。加权算术平均数的计算分为以下两种。

（1）由单项数列计算加权算术平均数。在直接掌握各组标志值和各组单位数的条件下，计算加权算术平均数时，须先将各组的标志值乘以该组的单位数以求出每组的标志总量，再将各组的标志总量相加，求出总体标志总量，再用总体的标志总量除以总体单位数，得到加权算术平均数。

用 x_i 代表各组标志值，f_i（其中，$i=1$，2，3，…，n）代表各组单位数（权数），加权

算术平均数的计算公式可表示为

$$\bar{x} = \frac{x_1 f_1 + x_2 f_2 + \cdots + x_n f_n}{f_1 + f_2 + \cdots + f_n} = \frac{\sum\limits_{i=1}^{n} x_i f_i}{\sum\limits_{i=1}^{n} f_i}$$

从上式可以看出，加权平均数的大小不仅受总体各单位标志值（x_i）的影响，还受各组次数（f_i）的影响。次数多的标志值对平均数影响大，次数少的标志值对平均数的影响小。标志值的次数对平均值的大小有权衡轻重的作用，所以把次数称为计算算术平均数的权数，把变量值乘以次数的过程叫加权。

【例5-7】某车间有50名工人，月产零件的分配数列资料如表5-3所示。

表5-3　某车间工人月产零件的分配数列

日产量 x_i/件	工人人数 f_i/人	组产量/件	各组频率/%
6	10	60	0.20
7	15	105	0.30
8	19	152	0.38
9	6	54	0.12
合计	50	371	1.00

根据上述资料计算该车间工人的平均日产量，首先应计算全部工人的日总产量，然后将全部工人的日总产量和全部工人的人数相比。

$$车间工人的平均日产量\ \bar{x} = \frac{日总产量}{工人人数} = \frac{371}{50} = 7.42（件）$$

权数除用总体各组单位数即频数形式表示外，还可以用比重即频率形式 $\left(\dfrac{f_i}{\sum\limits_{i=1}^{n} f_i} \right)$ 表示。

用频率形式表示权数时，加权算术平均数的计算公式为

$$\bar{x} = x_1 \cdot \frac{f_1}{\sum\limits_{i=1}^{n} f_i} + x_2 \cdot \frac{f_2}{\sum\limits_{i=1}^{n} f_i} + \cdots + x_n \cdot \frac{f_n}{\sum\limits_{i=1}^{n} f_i} = \sum\limits_{i=1}^{n} x_i \cdot \frac{f_i}{\sum\limits_{i=1}^{n} f_i}$$

上式说明，权数权衡轻重的作用归根到底取决于各组单位数占总体单位数的比重。哪一组的单位数所占的比重大，哪一组标志值对平均数的影响就大。在【例5-7】中，平均日产量为7.42件，最接近于权数值为0.30（15人）的标志值（7件）。

只有各个标志值的次数不相等时，次数作为权数才起作用。如果各组的单位数相等或各组单位数所占的比重相等，权数对各组的作用是一样的，那么次数作为权数就不起作用了，这时，加权算术平均数等于简单算术平均数。

【例5-8】沿用【例5-7】资料，假定每组都是20人，其他资料不变。则

$$平均日产量 = \frac{6 \times 20 + 7 \times 20 + 8 \times 20 + 9 \times 20}{20 + 20 + 20 + 20}$$

$$= \frac{(6+7+8+9) \times 20}{4 \times 20}$$

$$= \frac{6+7+8+9}{4}$$

$$= 7.5(件)$$

可见，简单算术平均数实际上是权数相等的加权算术平均数，是加权算术平均数的特例。

当 $f_1 = f_2 = \cdots = f_n = f$ 时

$$\bar{x} = \frac{\sum_{i=1}^{n} x_i f_i}{\sum_{i=1}^{n} f_i} = \frac{f \sum_{i=1}^{n} x_i}{nf} = \frac{\sum_{i=1}^{n} x_i}{n}$$

（2）由组距分配数列计算加权算术平均数。由组距分配数列计算加权算术平均数，是以各组的实际平均数乘以相应的权数来计算的。

实际工作中，在编制组距数列时，很少计算组平均数，通常会用各组的组中值近似地作为各组的代表值，同时假定各组内的标志值均匀分布或对称分布。然而，各组内的标志值不可能完全均匀或对称分配，因此组中值与组平均数之间必然会有一定误差，计算出来的加权算术平均数与实际平均数是有差别的。

【例5-9】某班学生数学考试成绩资料及其平均成绩的计算如表5-4所示。

表5-4　某班学生数学考试平均成绩

分数/分	组中值 x_i	次数 f_i	比重 $\dfrac{f_i}{\sum_{i=1}^{n} f_i}$	组中值·次数 $x_i \cdot f_i$	组中值·比重 $x_i \cdot \dfrac{f_i}{\sum_{i=1}^{n} f_i}$
60 以下	55	3	0.06	165	3.30
60~70	65	8	0.16	520	10.40
70~80	75	12	0.24	900	18.00
80~90	85	20	0.40	1 700	34.00
90 以上	95	7	0.14	665	13.30
合计	—	50	1.00	3 950	79

以次数为权数的平均成绩 $= \dfrac{\sum_{i=1}^{n} x_i f_i}{\sum_{i=1}^{n} f_i} = \dfrac{3\ 950}{50} = 79(分)$

以比重为权数的平均成绩 $= \sum_{i=1}^{n} x_i \dfrac{f_i}{\sum_{i=1}^{n} f_i} = 79(分)$

3. 算术平均数的数学性质

（1）算术平均数与总体单位数的乘积等于各标志值的总和。

简单算术平均数
$$\bar{x} = \frac{\sum_{i=1}^{n} x_i}{n}$$

加权算术平均数
$$\bar{x} = \frac{\sum_{i=1}^{n} x_i f_i}{\sum_{i=1}^{n} f_i}$$

（2）各个变量值与算术平均数的离差之和等于零。

简单算术平均数　$\sum_{i=1}^{n} (x_i - \bar{x}) = \sum_{i=1}^{n} x_i - n\bar{x} = \sum_{i=1}^{n} x_i - \sum_{i=1}^{n} x_i = 0$

加权算术平均数　$\sum_{i=1}^{n} (x_i - \bar{x})f_i = \sum_{i=1}^{n} x_i f_i - \sum_{i=1}^{n} \bar{x} f_i$

$$= \sum_{i=1}^{n} x_i f_i - \bar{x} \sum_{i=1}^{n} f_i = \sum_{i=1}^{n} x_i f_i - \sum_{i=1}^{n} x_i f_i = 0$$

（3）各个变量值与算术平均数的离差平方和为最小值。

$$\sum_{i=1}^{n} (x_i - \bar{x})^2 = 最小值$$

证明：设 x_0 为任意值，$c = \bar{x} - x_0$，则有 $x_0 = \bar{x} - c$，以 x_0 为中心的离差平方和为

$$\sum_{i=1}^{n} (x_i - x_0)^2 = \sum_{i=1}^{n} [x_i - (\bar{x} - c)]^2$$

$$= \sum_{i=1}^{n} [(x_i - \bar{x}) + c]^2$$

$$= \sum_{i=1}^{n} (x_i - \bar{x})^2 + 2c \sum_{i=1}^{n} (x_i - \bar{x}) + nc^2$$

$$= \sum_{i=1}^{n} (x_i - \bar{x})^2 + nc^2$$

因为 $nc^2 \geq 0$，所以 $\sum_{i=1}^{n} (x_i - x_0)^2 \geq \sum_{i=1}^{n} (x_i - \bar{x})^2$，故 $\sum_{i=1}^{n} (x_i - \bar{x})^2 = 最小值$。同理可

证：$\sum_{i=1}^{n} (x_i - \bar{x})^2 \cdot f_i = 最小值$。

（4）对各单位标志值加或减一个任意数 A，则算术平均数要相应减去或增加该数 A。

简单算术平均数

因为 $\dfrac{\sum_{i=1}^{n} (x_i \pm A)}{n} = \dfrac{\sum_{i=1}^{n} x_i}{n} \pm \dfrac{nA}{n} = \dfrac{\sum_{i=1}^{n} x_i}{n} \pm A = \bar{x} \pm A$，所以 $\bar{x} = \dfrac{\sum_{i=1}^{n} (x_i \pm A)}{n} \mp A$。

加权算术平均数

$$\bar{x} = \frac{\sum\limits_{i=1}^{n} (x_i \pm A) f_i}{\sum\limits_{i=1}^{n} f_i} \mp A$$

（5）对各单位标志值乘以或除以一个任意数 A，则算术平均数要相应除以或乘以该数 A。

首先，对各单位标志值乘以 A。

简单算术平均数

$$\frac{\sum\limits_{i=1}^{n} A x_i}{n} = A \cdot \frac{\sum\limits_{i=1}^{n} x_i}{n} = A \cdot \bar{x}$$

$$\bar{x} = \frac{\sum\limits_{i=1}^{n} A x_i}{\dfrac{n}{A}}$$

加权算术平均数

$$\bar{x} = \frac{\sum\limits_{i=1}^{n} A x_i f_i}{\dfrac{\sum\limits_{i=1}^{n} f_i}{A}}$$

其次，对各单位标志值除以 A。

简单算术平均数

$$\frac{\sum\limits_{i=1}^{n} \left(\dfrac{x_i}{A}\right)}{n} = \frac{1}{A} \frac{\sum\limits_{i=1}^{n} x_i}{n} = \frac{1}{A} \frac{\sum\limits_{i=1}^{n} x_i}{n} = \frac{\bar{x}}{A}$$

$$\bar{x} = \frac{\sum\limits_{i=1}^{n} \left(\dfrac{x_i}{A}\right)}{n} A$$

加权算术平均数

$$\bar{x} = \frac{\sum\limits_{i=1}^{n} \dfrac{x_i}{A} f_i}{\sum\limits_{i=1}^{n} f_i} A$$

（二）调和平均数

调和平均数（H）是标志值倒数的算术平均数的倒数，又称倒数平均数。调和平均数有简单调和平均数和加权调和平均数两种形式。

1. 简单调和平均数

简单调和平均数是在资料未分组的情况下，各标志值倒数的算术平均数的倒数。

设有 n 个变量值 x_1，x_2，x_3，$\cdots$，x_n，那么各个变量值的倒数为 $\dfrac{1}{x_1}$，$\dfrac{1}{x_2}$，$\dfrac{1}{x_3}$，$\cdots$，$\dfrac{1}{x_n}$，其倒数的算术平均数为

$$\frac{\dfrac{1}{x_1}+\dfrac{1}{x_2}+\cdots+\dfrac{1}{x_n}}{n}$$

再求倒数的算术平均数的倒数，即为简单调和平均数

$$H=\frac{1}{\dfrac{\dfrac{1}{x_1}+\dfrac{1}{x_2}+\cdots+\dfrac{1}{x_n}}{n}}=\frac{n}{\dfrac{1}{x_1}+\dfrac{1}{x_2}+\cdots+\dfrac{1}{x_n}}=\frac{n}{\displaystyle\sum_{i=1}^{n}\frac{1}{x}}$$

【例5-10】某市场上有三种苹果，富士每千克5元，秦冠每千克4元，红星每千克3.5元，若各买1千克，平均每千克多少元?

这个问题的实质是计算简单算术平均数，即

$$\bar{x}=\frac{\displaystyle\sum_{i=1}^{n}x_i}{n}=\frac{5\times1+4\times1+3.5\times1}{3}=4.17(元/千克)$$

【例5-11】沿用【例5-10】的资料，若三种苹果各买1元，平均每千克多少元?

这个问题的实质是计算简单调和平均数，即

$$H=\frac{n}{\displaystyle\sum_{i=1}^{n}\frac{1}{x_i}}=\frac{3}{\dfrac{1}{5}+\dfrac{1}{4}+\dfrac{1}{3.5}}=4.07(元/千克)$$

上例表明，当要研究的问题对平均数要求不同时，计算平均数的方法也不同，其计算结果及实质含义也有所区别。采用简单算术平均数还是简单调和平均数主要取决于平均的条件。简单调和平均数是在各变量对平均数起同等作用的条件下应用的。如【例5-11】，在每种苹果各买1元的条件下，平均的对象是分子单位数，即金额相等，而每种价格对平均价格的影响是不同的，由于价格最低的红星苹果买得最多 $\left(\dfrac{1}{3.5}千克\right)$，以致平均价格相对较低。

2. 加权调和平均数

(1) 加权调和平均数的一般公式。加权调和平均数是在次数分配数列的条件下，计算各变量值倒数的加权算术平均数的倒数。在实际统计工作中，常会遇到只有各组标志总量而缺少总体单位数的变量数列资料的情况，此时无法直接按加权算术平均数的公式计算平均数，需要运用加权调和平均数。加权调和平均数的计算公式为

$$H=\frac{1}{\dfrac{\dfrac{1}{x_1}m_1+\dfrac{1}{x_2}m_2+\cdots+\dfrac{1}{x_n}m_n}{m_1+m_2+\cdots+m_n}}$$

$$= \frac{m_1 + m_2 + \cdots + m_n}{\frac{1}{x_1}m_1 + \frac{1}{x_2}m_2 + \cdots + \frac{1}{x_n}m_n}$$

$$= \frac{\sum_{i=1}^{n} m_i}{\sum_{i=1}^{n} \frac{m_i}{x_i}}$$

式中，m 代表权数。

（2）由平均数作为变量值计算加权调和平均数。

【例5-12】三个市场某种商品本月平均价格及采购资料如表5-5所示，试计算三个市场该种商品的平均采购价格。

表5-5　三个市场某种商品平均价格及采购资料

市场	平均价格 x_i/（元·千克$^{-1}$）	采购额 m_i/元	采购量/千克
A	10	4 000	400
B	11	5 000	454.5
C	12	1 000	83.3
合计	—	10 000	937.8

已知平均价格和采购额时，要以采购额为权数，用加权调和平均数计算三个市场某商品平均采购价格。

$$H = \frac{\sum_{i=1}^{n} m_i}{\sum_{i=1}^{n} \frac{m_i}{x_i}} = \frac{10\ 000}{937.8} = 10.66（元／千克）$$

上例中，若已知平均价格和采购量，则应以采购量为权数，用加权算术平均法计算。

对于同一资料，应用加权算术平均法和加权调和平均法计算结果是相同的，实际意义也相同。即 $m_i = x_i f_i$ 时，有

$$\bar{x} = \frac{\sum_{i=1}^{n} x_i f_i}{\sum_{i=1}^{n} f_i} = \frac{\sum_{i=1}^{n} x_i f_i}{\sum_{i=1}^{n} \frac{x_i f_i}{x_i}} = \frac{\sum_{i=1}^{n} m_i}{\sum_{i=1}^{n} \frac{m_i}{x_i}}$$

因此，加权调和平均数是加权算术平均数的变形，两者都是总体标志总量与总体单位总量之比。

（3）由相对数作为标志值计算加权调和平均数。

【例5-13】某公司下属三个子公司计划完成情况的组距数列资料如表5-6所示，计算其平均计划完成程度。

表5-6　三个子公司平均计划完成程度计算表

计划完成程度/%	组中值 x_i/%	实际数 m_i/万元	计划数/万元
90~100	95	76.0	80.0
100~110	105	336.0	320.0
110~120	115	149.5	130.0
合计	—	561.5	530.0

注：计划数＝实际数/组中值＝m_i/x_i。

$$平均计划完成程度\ H = \frac{\sum_{i=1}^{n} m_i}{\sum_{i=1}^{n} \frac{m_i}{x_i}} = \frac{561.5}{530.0} = 1.06$$

上例中，若已知计划完成程度和计划数，要计算平均计划完成程度，应以计划数为权数，用加权算术平均数来计算。

$$\bar{x} = \frac{80.0 \times 95\% + 320.0 \times 105\% + 130.0 \times 115\%}{80.0 + 320.0 + 130.0} = \frac{561.5}{530.0} = 1.059$$

由以上两道例题可知，由平均数或相对数计算平均数时，应根据已知的不同资料，采用不同权数进行计算。若已知权数是相对数或平均数的分子项资料时，应采用调和平均数计算；若已知的权数是相对数或平均数的分母项资料时，应采用算术平均数计算。

（三）几何平均数

几何平均数是 n 个单位标志值的连乘积的 n 次方根，只有一些特殊的比率才具有这一特征。几何平均数适用于计算标志值的连乘积等于总比率或总速度的社会经济现象的平均比率或平均速度。几何平均数分为简单几何平均数和加权几何平均数。

1. 简单几何平均数

简单几何平均数是 n 个变量连乘积的 n 次方根。适用于资料未分组的情况，其计算公式为

$$G = \sqrt[n]{x_1 \cdot x_2 \cdot \cdots \cdot x_n} = \sqrt[n]{\prod_{i=1}^{n} x_i}$$

式中，G 代表几何平均数；x 代表各标志值；n 为标志值的个数。

【例5-14】某企业采用分步法生产某产品，该产品的生产依次经过铸造、加工、装配、电镀这四个连续作业的车间，各工序产品合格率分别为95%、90%、91%、85%，求四个车间的平均产品合格率。

这里不能用算术平均数或调和平均数计算，因为各道工序的合格率总和并不等于该产品的总合格率。第二车间的合格率是在第一车间制品全部合格的基础上计算的，第三车间合格率又在第一车间、第二车间制品全部合格的基础上计算。全厂产品总合格率等于各车间合格率的连乘积，应采用简单几何平均数计算产品的平均合格率。即

$$G = \sqrt[n]{\prod_{i=1}^{n} x_i} = \sqrt[4]{95\% \times 90\% \times 91\% \times 85\%} = 0.9018\ 或\ 90.18\%$$

在变量数值较多的情况下，计算几何平均数需要开多次方，为了方便计算，通常利用对数计算。将几何平均数公式两边各取对数可得

$$\lg G = \frac{1}{n}(\lg x_1 + \lg x_2 + \cdots + \lg x_n) = \frac{\sum\limits_{i=1}^{n} \lg x_i}{n}$$

通过上式求出几何平均数的对数后，再由对数找出真数，即为几何平均数。

2. 加权几何平均数

当各个变量值出现的次数不相同时，应采用加权几何平均数，其计算公式为

$$G = {}^{f_1+f_2+\cdots+f_n}\!\!\sqrt{x_1^{f_1} \cdot x_2^{f_2} \cdot \cdots \cdot x_n^{f_n}} = {}^{\sum\limits_{i=1}^{n} f_i}\!\!\sqrt{\prod_{i=1}^{n} x_i^{f_i}}$$

式中，f 代表各标志值的次数（或权数），$\sum\limits_{i=1}^{n} f_i$ 为次数（或权数）的总和。

对上述公式两边取对数，则有

$$\lg G = \frac{f_1 \lg x_1 + f_2 \lg x_2 + \cdots + f_n \lg x_n}{f_1 + f_2 + \cdots + f_n} = \frac{\sum\limits_{i=1}^{n} f_i \lg x_i}{\sum\limits_{i=1}^{n} f_i}$$

【例 5-15】某投资银行某笔投资的年利率按复利计算，投资期为 10 年。10 年的利率分别是：第一年至第二年为 5%，第三年至第五年为 8%，第六年至第八年为 10%，第九年至第十年为 12%，求平均年利率。

本例中，计算平均年利率须先将各年利率加 100% 换算为各年本利率，然后按加权几何平均数计算平均年本利率，再减 100% 计算出平均年利率，计算过程如表 5-7 所示。

表 5-7　平均年利率计算

本利率 x_i /%	年数 f_i	本利率的对数 $\lg x_i$	年数×本利率对数 $f_i \cdot \lg x_i$
105	2	0.021 2	0.042 4
108	3	0.033 4	0.100 2
110	3	0.041 4	0.124 2
112	2	0.049 2	0.098 4
合计	10	—	0.365 2

$$\lg G = \frac{\sum\limits_{i=1}^{n} f_i \lg x_i}{\sum\limits_{i=1}^{n} f_i} = \frac{0.365\ 2}{10} = 0.036\ 52,$$ 可得 $G = 1.087\ 7$ 或 108.77%，则平均年利率 = 108.77% − 100% = 8.77%。

从上述计算过程可以看出，如果数列中有一个标志值为零，就不能计算几何平均数；如果数列中有负数，计算出的几何平均数就会为虚数。

从数量关系上来看，用同一资料计算三种平均数的结果是几何平均数大于调和平均数而

小于算术平均数，当所有变量值都相同时，三种平均数相等。三者关系如下：

$$H \leq G \leq \bar{x}$$

根据以上不等式关系可以得出：当该用算术平均数计算时误用调和平均法，则所得结果偏小；该用几何平均法计算时误用算术平均法，则结果偏大。

（四）中位数

算术平均数、调和平均数和几何平均数都是根据总体中的全部标志值计算的，一般称为数值平均数。数值平均数易受极大值、极小值的影响，会减弱平均指标在总体中的代表性。众数和中位数是另一种类型的平均指标，是根据其在总体中所处的位置或地位确定的，不受数列中极端值的影响，一般称为位置平均数。

1. 中位数的定义

中位数是指把总体单位的某一数量标志的各个标志值按其大小顺序排列，居于中间位置的标志值就是中位数，一般用 m_e 表示。中位数不受标志中极端数值的影响，可以从另一个侧面反映次数分配的集中趋势。

从中位数的定义可以看出，数列中有一半单位的标志值小于中位数，另一半单位的标志值大于中位数。在某些研究中，我们可以用中位数表示现象的一般水平，它对总体分析具有特殊意义。例如，在研究社会居民收入水平时，居民收入中位数比平均收入更能代表居民的收入水平。又如，据 1953 年、1964 年、1982 年、1990 年人口普查资料显示，我国人口年龄中位数分别为 22.7 岁、20.2 岁、22.9 岁、25.3 岁，这些数字反映了我国人口年龄的结构水平，据此可以判断当时我国人口类型属于中年型。

2. 中位数的确定

根据掌握的资料，中位数的确定有以下三种情况。

（1）由未分组资料确定中位数。

在标志值未分组的情况下，可以先将各单位的标志值按大小顺序排列，然后用 $\frac{n+1}{2}$（n 为标志值的个数）来确定中位数的位置，该位置上的标志值即为中位数。

如果研究的总体单位数是奇数，则居于中间位置的标志值就是中位数。

【例5-16】一学习小组有5名学生，其英语课成绩按顺序排列为56、62、67、75、81。那么，中位数就是第三项$\left(\frac{5+1}{2}=3\right)$上的标志值，即67分。

如果研究的总体单位数是偶数，那么居于中间位置两边标志值的算术平均数就是中位数。

【例5-17】沿用【例5-16】资料，假如该学习小组有6名同学，第6名同学的英语成绩为85分。则中位数位置为3.5$\left(\frac{6+1}{2}\right)$，中位数为第三项和第四项的算术平均数，即 $\frac{67+75}{2}=71$（分）。

（2）由单项数列确定中位数。

首先，根据累计次数确定中位数位置。目的是保证中位数所在位置前后两部分次数相等。位置公式为

$$\frac{\sum\limits_{i=1}^{n} f_i + 1}{2}$$

其次，用累计次数的方法找出中位数所在组。既可以由标志值最小组向最大组逐组累计次数（即向上累计），也可以由标志值最大组向最小组累计次数（即向下累计）。

最后，找出中位数所在组，该组的标志值就是中位数。

【例5-18】某地区居民家庭收入情况如表5-8所示。

表5-8 某地区居民家庭收入情况

分组序号	年度平均收入/千元	家庭数（次数）/户	次数累计	
			向上累计	向下累计
1	2	20	20	280
2	3	40	60	260
3	4	190	250	220
4	5	30	280	30
合　计		280	—	—

首先，确定中位数位置。

$$\frac{\sum\limits_{i=1}^{n} f_i + 1}{2} = \frac{280 + 1}{2} = 140.5 \text{（户）}$$

说明中位数位置在140户和141户之间。

其次，根据累计次数可知，第140户和第141户都在第三组，其标志值相同。

最后，中位数在第三组，且标志值都是4 000，即中位数为4 000元。

（3）由组距数列确定中位数。

首先，计算各组累计次数，并按公式 $\frac{\sum\limits_{i=1}^{n} f}{2}$ 确定中位数所在组的位置。在未分组资料和单项数列中，用 $\frac{n+1}{2}$ 和 $\frac{\sum\limits_{i=1}^{n} f + 1}{2}$ 来确定中位数的位置，是由于位置（即间隔）比点数少1，加上1点除以2后所得的点数正好是中间位置，不加1点就会相差半个位置。而在组距数列中，是以距离个数来确定位置的，因此直接用 $\frac{\sum\limits_{i=1}^{n} f}{2}$ 确定中位数位置。

其次，确定中位数所在组。

最后，计算中位数的近似值。由组距数列计算中位数是假定各组的次数在各组内是均匀分布的。因此，可用中位数所在组次数与其以上各组或以下各组累计次数之间的关系确定一个比例，用插入法计算中位数的近似值。其具体过程有以下两种形式。

第一种形式，先算出中位数所在位置对应的次数与中位数所在组以下各组累计次数的差额，再计算该差额在中位数所在组的次数中所占比例，之后用组距乘以该比例折算组距单位数（即组距×比例），则中位数的具体数值为中位数所在组下限加组距单位数。这种计算方法是用中位数所对应的次数与中位数所在组以下累计次数确定比例来计算的，其计算公式称为下限公式，即

$$m_e = L + \frac{\frac{\sum_{i=1}^{n} f_i}{2} - S_{m-1}}{f_m} \times d$$

式中，m_e 代表中位数；L 代表中位数所在组下限；f_m 代表中位数所在组次数；$\sum_{i=1}^{n} f_i$ 代表总次数；S_{m-1} 代表中位数所在组以下各组的累计次数；d 代表中位数所在组的组距。

第二种形式，先算出中位数所在位置对应的次数与中位数所在组以上各组累计次数的差额，再计算该差额在中位数所在组的次数中所占比例，之后用组距乘以该比例折算组距单位数，则中位数的具体数值为中位数所在组上限减组距单位数。这种计算方法是用中位数所对应的次数与中位数所在组以上累计次数确定比例来计算的，其计算公式称为上限公式，即

$$m_e = U - \frac{\frac{\sum_{i=1}^{n} f_i}{2} - S_{m+1}}{f_m} \times d$$

式中，U 代表中位数所在组的上限；S_{m+1} 代表中位数所在组向上各组的累计次数。

【例5-19】某公司某月职工工资情况如表5-9所示。

表5-9 某公司某月职工工资

分组序号	工资/元	职工人数/人	次数累计/人	
			向上累计	向下累计
1	400~500	10	10	110
2	500~600	30	40	100
3	600~700	40	80	70
4	700~800	20	100	30
5	800以上	10	110	10
合　计		110	—	—

首先，计算中位数位置。

$$\frac{\sum_{i=1}^{n} f_i}{2} = \frac{110}{2} = 55$$

说明中位数在第55人的位置上。

其次，确定中位数所在组。无论是由向上累计还是向下累计，中位数都在第三组（600~700元）。

最后，确定中位数。第三组下限为600元，上限为700元，组距100，组内次数（即中位数所在组次数）为40人。下面分别采用下限公式和上限公式计算中位数的近似值。

将上述资料代入下限计算公式，即

$$m_e = 600 + \frac{\frac{110}{2} - (30 + 10)}{40} \times 100 = 637.5(元)$$

将上述资料代入上限计算公式，即

$$m_e = 700 - \frac{\frac{110}{2} - (20 + 10)}{40} \times 100 = 637.5(元)$$

从计算结果来看，两种方法计算的中位数是相同的。

中位数作为一种位置平均数，不受极端值影响，以其作为标志值数列的平均水平缺乏代表性。但如果数列中存在极大或极小值，中位数就能较好地反映现象的一般水平。在社会经济统计中，对于等级、顺序、名次这些不能用数量表示的标志，比较适合用中位数代表其一般水平。

（五）众数

1. 众数的定义

众数是现象总体中出现次数最多的标志值，常用 m_0 表示。众数也是一种位置平均数，可以说明总体中某个标志值分布的集中趋势，反映现象的一般水平。例如，某单位5名职工工资分别为600元、700元、700元、700元、800元，其中700元出现次数最多，即为众数，可以用其代表5名职工收入的一般水平。

又如，服装生产企业为了满足消费者的需要，需要了解需求量最大的服装的规格、型号，为安排生产和销售计划提供依据。再如，为了掌握市场上某种商品的价格水平，可不必全面登记该商品的全部成交量与成交额，只需获知该市场当日最普遍的成交价格即可。

2. 众数的确定

根据掌握的资料，众数的确定有以下两种情况。

（1）由未分组、单项资料确定众数。

在未分组资料或单项数列中，众数不需要计算，而是通过直接观察确定，以次数出现最多的标志值为众数。

【例5-20】某地区家庭人口数分组情况如表5-10所示。

表5-10 某地区家庭人口数分组情况

人口数/人	家庭数/户
1	40
2	80
3	300
4	30
合计	450

众数就是每户3人，因为这个变量值所在组的次数（300户）最多。

（2）由组距数列确定众数。

由组距数列确定众数，应首先确定次数量最多的一组为众数所在组，再用公式近似计算众数。类似于中位数的确定，其计算公式有以下两种。

下限公式为

$$m_0 = L + \frac{\Delta_1}{\Delta_1 + \Delta_2} \times d$$

式中，m_0代表众数；L代表众数所在组的下限；Δ_1代表众数所在组次数与前一组次数之差；Δ_2代表众数所在组次数与后一组次数之差；d代表众数所在组的组距。

上限公式为

$$m_0 = U - \frac{\Delta_2}{\Delta_1 + \Delta_2} \times d$$

式中，U代表众数所在组的上限，其余符号不变。

【例5-21】沿用【例5-19】中的数据，"600~700元"组的次数最多，有40人，因此该组就是众数组。

用下限公式确定众数为

$$m_0 = 600 + \frac{40 - 30}{(40 - 30) + (40 - 20)} \times 100 = 633.33(元)$$

用上限公式计算众数为

$$m_0 = 700 - \frac{40 - 20}{(40 - 30) + (40 - 20)} \times 100 = 633.33(元)$$

众数不受各变量值的影响，因此，用它作为变量值的代表值也有不足之处。但当数列中存在差异变量值时，它比算术平均数更能准确地代表现象的一般水平。由于众数属于次数最多而又高度集中的数值，因此它仅适用于分布的次数较高且有明显集中趋势的总体，若变量数列呈现均匀分布，就无众数。若有些变量数列的次数分布表现为有多个分散的集中趋势，这时，可将各组次数按顺序两两合并，求出一个明显的集中趋势来求众数。

（六）算术平均数、中位数和众数的关系

算术平均数、中位数和众数之间的关系取决于总体内的次数分配状况。当总体内次数呈正态分布时，算术平均数、中位数、众数表现为同一数值（$\bar{x} = m_e = m_0$）。当次数分配不对称时，众数、中位数与算术平均数之间有差别，这种差别与非对称程度有关。非对称的程度越大，它们之间差别越大。若存在非正常的极端变量值，变量分配会产生偏斜。极端变量值对三种平均数的影响不同：算术平均数受所有变量值的影响，极端变量值对其影响最大；中位数只受极端变量值位置的影响，不受数值影响；众数决定于分配次数最多的变量值，不受极端值的影响。

大量实际经验数据表明，在分配数列分布适度偏斜的情况下，三个数的近似关系是：算术平均数与众数的距离约等于算术平均数与中位数距离的三倍。在偏态分布中，若出现大的极端变量，即次数分布是右偏，算术平均数大于中位数，而中位数大于众数，即 $\bar{x} > m_e > m_0$，并有 $m_0 = \bar{x} - 3(\bar{x} - m_e)$ 关系；当次数分布左偏时，算术平均数小于中位数，而中位数又小于众数，并有 $m_0 = \bar{x} - 3(\bar{x} - m_e)$ 关系，注意这里的 $\bar{x} - m_e$ 是负数。

根据三个平均数的近似等式还可推出以下两个近似等式。

$$\bar{x} = \frac{3m_e - m_0}{2}$$

$$m_e = \frac{2\bar{x} + m_0}{3}$$

利用这些关系式，可以根据已知的两个平均指标来估计第三个平均指标。

（七）应用平均指标的原则

1. 平均指标应用于同质总体

用平均指标作为总体某一数量标志的代表值，要注意总体各单位的同质性。所谓同质性，就是总体各单位在被平均的标志上具有同类性，即平均数不是一种混杂的平均数。例如，要研究居民的平均收入，就不能把农民的收入和城镇职工的收入混在一起计算；要研究农作物的平均产量，就不能把粮食作物和经济作物混在一起计算。将不同性质的总体单位混在一起计算平均数，不但不能反映社会经济现象的本质特征，还会掩盖实际情况，歪曲事实真相。因此，只有在同质总体内计算平均数，才能反映现象总体的一般水平。

2. 用组平均数补充说明总平均数

根据同质总体计算的总平均数，虽可以反映总体各单位标志值的一般水平，但会掩盖其他方面的差别，特别是结构上的差别。因此，需要通过分组来表明总体内部各部分的比重或比例关系，通过计算组平均数补充说明总平均数，使平均指标能够正确分析与说明事物的发展变化。

【例5-22】甲、乙两个自然村粮食生产情况如表5-11所示。

表5-11 甲、乙两个自然村粮食生产情况

耕地	甲村				乙村			
	播种面积/亩	比重/%	总产量/千克	平均亩产/千克	播种面积/亩	比重/%	总产量/千克	平均亩产/千克
旱地	210	70	66 150	315	200	40	60 000	300
水地	90	30	58 500	650	300	60	187 500	625
合计	300	100	124 650	965	500	100	247 500	925

从表5-11中总平均数来看，甲村粮食总平均亩产为415.5千克，乙村总平均亩产为495千克，乙村大大超过甲村。若从组平均数来看，甲村旱地平均亩产315千克，乙村300千克；甲村水地平均亩产650千克，乙村625千克，甲村均高于乙村。造成这种差别的原因，是甲村地理条件差，水地播种面积占总面积的30%；而乙村地理条件好，水地面积占总面积60%，即甲、乙两村播种面积的构成比重不同。总平均数把旱地生产水平和水地生产水平的差别，以及两村在两种不同生产水平的播种面积结构上的差别扯平了。因此，应该用组平均数补充说明总平均数，以便正确评价甲、乙两村的生产成果。

3. 用分配数列补充说明平均指标

平均指标把总体各单位的差别抽象化，掩盖了总体各单位的差异及其分配状况。当总体单位标志值较为集中时，平均指标代表性就大；反之，代表性就小。为了全面分析问题，不能只看现象的平均水平，还必须了解平均水平掩盖的具体数值的分配状况，即用分配数补充说明平均指标。例如，某地区平均计划完成程度为103%，总体上看，该地区超额完成计划，但就分配数列来说，有10个企业未完成计划，这样反映的问题就更加具体了。

4. 平均分析与个别分析相结合

平均指标反映社会经济现象在一定时间、地点条件下所达到的一般水平。用平均指标分析时，必须注意其具体情况、具体条件，把平均分析与个别分析结合起来。平均分析与个别分析结合的内容有很多，主要包括：具体分析对比两个平均指标的可比性；平均指标和个别典型事例结合，补充平均指标的不足，丰富平均指标对社会现象的认识。

第四节 标志变异指标

一、标志变异指标的定义及作用

(一) 标志变异指标的定义

平均指标将总体各单位标志值的差异抽象化，以反映这些标志值的一般水平。因此，平均指标反映了各单位某一数量标志的共性，不能揭示其差异性。为揭示总体各单位之间的差异，需计算总体标志值分布的另一个数量特征指标——标志变异指标。标志变异指标是反映

总体标志值变动程度的变量指标，即反映分配数列中各标志值的变动范围或离差程度。如果说平均指标反映了分配数列中变量的集中趋势，那么标志变异指标则说明了变量的离中趋势。

（二）标志变异指标的作用

标志变异指标具有以下两方面的作用：

1. 标志变异指标是衡量平均数代表性的尺度

平均指标代表性的大小与总体内各单位标志值的差异程度有关。总体内各标志值比较集中，这些标志值就会分布在总体平均指标的周围，各个标志值与总体平均指标差异比较小，平均指标的代表性就大；反之，平均指标的代表性就小。若总体内各标志值不存在差异，则平均指标对各个标志值就有完全的代表性。在统计分析中，常常用标志变动度来测定总体各单位标志值之间差异程度的大小。标志变动度大，说明平均数代表性小；标志变动度小，说明平均指标代表性大。比如有两种证券 A、B，其平均收益相同，若 A 种证券收益变动程度小，B 种证券收益变动程度大，说明 A 证券平均收益的代表性大，风险小；B 证券收益波动性大，风险随之加大，平均收益的代表性小。

2. 标志变异指标可以反映现象的均衡性或稳定性

社会经济现象的均衡性和稳定性，可以用一定时期的工作量或平均工作量来反映。若一定时期工作量与平均工作量基本保持平衡，就说明这一时期的工作是稳定的、均衡的；否则，就是不稳定、不均衡的。例如，研究一新品种种子在生产中的稳定程度，若该种农作物在各地块收获量与平均水平比较接近，差异程度较小，就说明该品种农作物在产量上具有较大稳定性，该农作物可以推广种植，为农业生产服务。再如，通过标志变异指标能够反映不同股票价格的波动程度，用股票价格的稳定性能够说明投资的可行性。

二、标志变异指标的测定

测定标志变动度的指标主要有全距、平均差、方差、标准差和离散系数这五种。

（一）全距

全距是数列中最大标志值与最小标志值之差，用来说明标志变异的情况，其表达公式为

$$全距＝最大标志值－最小标志值$$

$$R = X_{max} - X_{min}$$

用未分组资料和单项数列计算全距，直接用最大标志值减最小标志值即可。

【例5-23】有甲、乙两组工人，每组均为 5 人，每人每月生产某种零件情况如表 5-12 所示。

表5-12　每人每月生产某种零件情况

甲组/件	46	48	50	52	54
乙组/件	30	40	50	60	70

由表5-12可知，甲、乙两组的每名工人平均日产量 $\overline{X}_1 = \overline{X}_2 = 50$ 件，但各组的差异程度大小不同。

$$R_{甲} = 54 - 46 = 8 （件）$$

$$R_{乙} = 70 - 30 = 40 （件）$$

说明甲组平均日产量代表性比乙组平均日产量代表性高。

用组距数列计算全距，直接求最高组的上限与最低组下限之差，即得全距的近似值。

全距 = 最高组上限 - 最低组下限

$$R = U_{max} - L_{min}$$

全距优点在于计算简单、意义明确，是粗略测定标志变动度的简便方法。如果统计的目的仅是观察、控制标志值变动范围，那么全距是比较适用的指标。在实际工作中，全距常用于工业产品质量的检查和控制。例如，在正常生产条件下，产品质量性能指标（如温度、硬度、长度等）的差距总是在一定范围内，若情况出现异常，其差距会超出一定范围。利用全距跟踪产品质量，可及时发现问题，以便采取措施。但全距受两个极端变量值的影响，与中间的其余数值无关，更不受变量数列次数分布的影响，因而其结果具有很大的偶然性，不能全面反映各标志值的变异程度，只是一种粗略的方法。

（二）平均差

在统计研究中，把总体单位的标志值与其算术平均数之差叫离差，离差的平均数就是平均差。平均差是总体中各单位标志值与其平均数离差的绝对值的算术平均数，通常用 $A \cdot D$ 表示。

前面已介绍，各标志值和平均数的离差之和等于零，因此，其离差平均数也等于零。为使各标志值与平均数的正负离差不致相互抵消，在计算各标志值与其算术平均数的离差时取其绝对值。平均差反映总体各单位标志值对其平均数的平均离差量，平均差越小，表明标志变异程度越小；反之，则表明标志变异程度越大。

与全距相比，平均差包括了总体中所有单位标志值的差异情况，弥补了全距测定标志变动度时只受极端变量值影响的缺点，作为反映标志值离散程度的指标较为客观。根据掌握的资料，平均差分为简单平均差与加权平均差两种形式。

1. 简单平均差

在资料未分组时，用简单平均差计算，其计算公式为

$$A \cdot D = \frac{\sum_{i=1}^{n} |x_i - \overline{x}|}{n}$$

式中，$A \cdot D$ 代表平均差；x 代表标志值；$\overline{x}$ 代表算术平均数；n 代表总体单位数，即项数。

【例5-24】延用【例5-23】资料，计算甲、乙两个小组生产零件的件数平均差。

甲组平均数 $\bar{x}_{甲} = \dfrac{\sum\limits_{i=1}^{n} x_i}{n} = \dfrac{250}{5} = 50$（件）；

乙组平均数 $\bar{x}_{乙} = \dfrac{\sum\limits_{i=1}^{n} x_i}{n} = \dfrac{250}{5} = 50$（件）。

$$A \cdot D_{甲} = \dfrac{\sum\limits_{i=1}^{n} |x_i - \bar{x}|}{n}$$

$$= \dfrac{|46-50| + |48-50| + |50-50| + |52-50| + |54-50|}{5}$$

$$= 2.4（件）；$$

$$A \cdot D_{乙} = \dfrac{\sum\limits_{i=1}^{n} |x_i - \bar{x}|}{n}$$

$$= \dfrac{|30-50| + |40-50| + |50-50| + |60-50| + |70-50|}{5}$$

$$= 12（件）。$$

计算结果表明，甲、乙两组工人的平均日产量相同，都是50件；但平均差不同，甲组工人的日产量平均差为2.4件，乙组为12件，乙组大于甲组，说明其平均数代表性比甲组差。

2. 加权平均差

在资料经过分组形成分配数列时，平均差计算采取加权的形式，其计算公式为

$$A \cdot D = \dfrac{\sum\limits_{i=1}^{n} |x_i - \bar{x}| f_i}{\sum\limits_{i=1}^{n} f_i}$$

式中，f_i 代表各组次数；$\sum\limits_{i=1}^{n} f_i$ 代表总次数。

【例5-25】某班同学的英语考试成绩情况如表5-13所示。

表5-13　某班同学的英语考试成绩情况

考试分数 /分	组中值 x_i/分	人数 f_i/人	总分 $x_i f_i$/分	平均分 $\bar{x}$/分	离差 /分	离差绝对值加权 $|x_i - \bar{x}| f_i$
60以下	55	2	110		-23.33	46.66
60~70	65	5	325		-13.33	66.65
70~80	75	6	450		-3.33	19.98

考试分数 /分	组中值 x_i/分	人数 f_i/人	总分 x_if_i/分	平均分 $\bar{x}$/分	离差 /分	离差绝对值加权 $|x_i-\bar{x}|f_i$
80～90	85	15	1 275		6.67	100.05
90以上	95	2	190		16.67	33.34
合　计	—	30	2 350	78.33	—	266.68

注：离差＝组中值–平均分＝$x_i-\bar{x}$。

$$平均成绩（\bar{x}）=\frac{\sum_{i=1}^{n}x_if_i}{\sum_{i=1}^{n}f_i}=\frac{2\,350}{30}=78.33（分）；$$

$$平均差\ A\cdot D=\frac{\sum_{i=1}^{n}|x_i-\bar{x}|f_i}{\sum_{i=1}^{n}f_i}=\frac{266.68}{30}=8.89（分）。$$

计算结果说明，该班30名学生英语考试成绩的平均差为8.89分，即每个同学的成绩与平均成绩之间平均相差8.89分。

（三）方差和标准差

方差是总体各单位标志值与其算术平均数离差平方的算术平均数，用σ^2表示。

标准差是离差平方的算数平均数的平方根，故又称均方根差，用σ表示，反映各标志值对平均指标的平均离差，能准确地反映总体的离散程度。

在数学处理方法上，标准差与平均差不同：标准差采用平方的方法来消除离差的正负号，然后再开方以恢复原来的计量单位；平均差用绝对值来消除离差正负相抵消的情况。此外，标准差的计算应用了最小平方法原理，以算术平均数为中心，使标准差成为反映标志变异的最佳指标，在风险的衡量和统计分析中应用最为广泛。方差和标准差的计算也分为简单式和加权式两种。

1. 简单方差和标准差

在资料未分组的情况下，计算方差和标准差用简单平均的方法，其计算公式为

$$\sigma^2=\frac{\sum_{i=1}^{n}(x_i-\bar{x})^2}{n}$$

$$\sigma=\sqrt{\frac{\sum_{i=1}^{n}(x_i-\bar{x})^2}{n}}$$

式中，$\sum_{i=1}^{n}(x_i-\bar{x})^2$代表离差的平方和；$n$代表总体单位数。

方差、标准差越小，说明标志变异程度越小，其平均数代表性越高；方差、标准差越大，说明标志变异程度越大，其平均数代表性越低。

【例5-26】延用【例5-23】资料，计算甲、乙两组工人生产产品零件的方差和标准差。甲组工人生产产品的方差和标准差分别为 $\sigma^2_{甲}$、$\sigma_{甲}$，则

$$\sigma^2_{甲} = \frac{\sum_{i=1}^{n}(x_i - \bar{x})^2}{n}$$

$$= \frac{(46-50)^2 + (48-50)^2 + (50-50)^2 + (52-50)^2 + (54-50)^2}{5}$$

$$= 8;$$

$$\sigma_{甲} = \sqrt{\frac{\sum_{i=1}^{n}(x_i - \bar{x})^2}{n}} = \sqrt{\frac{40}{5}} = 2.83 \ (件)。$$

乙组工人生产产品的方差和标准差分别为 $\sigma^2_{乙}$、$\sigma_{乙}$，则

$$\sigma^2_{乙} = \frac{\sum_{i=1}^{n}(x_i - \bar{x})^2}{n}$$

$$= \frac{(30-50)^2 + (40-50)^2 + (50-50)^2 + (60-50)^2 + (70-50)^2}{5}$$

$$= 200;$$

$$\sigma_{乙} = \sqrt{\frac{\sum_{i=1}^{n}(x_i - \bar{x})^2}{n}} = \sqrt{\frac{1\,000}{5}} = 14.14 \ (件)。$$

计算结果说明，乙组的方差、标准差大于甲组，说明其平均数的代表性比甲组低。

2. 加权方差和标准差

根据分组资料计算方差或标准差时，需要用加权平均方法来计算标准差，其计算公式为

$$\sigma^2 = \frac{\sum_{i=1}^{n}(x_i - \bar{x})^2 f_i}{\sum_{i=1}^{n} f_i}$$

$$\sigma = \sqrt{\frac{\sum_{i=1}^{n}(x_i - \bar{x})^2 f_i}{\sum_{i=1}^{n} f_i}}$$

式中，f 为各组次数；$\sum_{i=1}^{n} f_i$ 为总次数。

若已知分组资料是单项变量数列，可直接根据加权式计算方差和标准差；若已知资料是组距数列，则先要计算出各组组中值代表各组的标志值，然后按加权式计算标准差。

【例5-27】某工业企业200名工人的工资情况如表5-14所示。

表5-14　某工业企业200名工人的工资情况

月工资额 x_i /元	工人数 f_i /人	工资总额 $x_i \cdot f_i$ /元	平均工资 $\bar{x}$ /元	离差/元	离差平方 $(x_i - \bar{x})^2$	离差平方·次数 $(x_i - \bar{x})^2 \cdot f_i$
500	30	15 000		−180	32 400	972 000
600	50	30 000		−80	6 400	320 000
700	70	49 000		20	400	28 000
800	30	24 000		120	14 400	432 000
900	20	18 000		220	48 400	968 000
合计	200	136 000	680	—	—	2 720 000

注：离差＝月工资额−平均工资＝$x_i - \bar{x}$。

$$\bar{x} = \frac{\sum_{i=1}^{n} x_i f_i}{\sum_{i=1}^{n} f_i} = \frac{136\ 000}{200} = 680\ (元)$$

$$\sigma^2 = \frac{\sum_{i=1}^{n} (x_i - \bar{x})^2 f_i}{\sum_{i=1}^{n} f_i} = \frac{2\ 720\ 000}{200} = 13\ 600$$

$$\sigma = \sqrt{\frac{\sum_{i=1}^{n} (x_i - \bar{x})^2 f_i}{\sum_{i=1}^{n} f_i}} = \sqrt{\frac{2\ 720\ 000}{200}} = \sqrt{13\ 600} = 116.62\ (元)$$

【例5-28】延用【例5-25】资料，计算某班同学英语考试成绩的方差和标准差。计算过程如表5-15所示。

$$\bar{x} = 78.33\ (分)$$

$$\sigma^2 = \frac{\sum_{i=1}^{n} (x_i - \bar{x})^2 f_i}{\sum_{i=1}^{n} f_i} = \frac{3\ 266.70}{30} = 108.89$$

$$\sigma = \sqrt{\frac{\sum_{i=1}^{n} (x_i - \bar{x})^2 f_i}{\sum_{i=1}^{n} f_i}} = \sqrt{\frac{3\ 266.70}{30}} = 10.44\ (分)$$

表 5-15　方差及标准差计算

考试分数 /分	组中值 x_i/分	人数 f_i/人	离差 /分	离差平方 $(x_i - \bar{x})^2$	离差平方·权数 $(x_i - \bar{x})^2 \cdot f_i$
60 以下	55	2	-23.33	544.29	1 088.58
60~70	65	5	-13.33	177.69	888.45
70~80	75	6	-3.33	11.09	66.54
80~90	85	15	6.67	44.49	667.35
90 以上	95	2	16.67	277.89	555.78
合　计	—	30	—		3 266.70

注：离差 $= x_i - \bar{x}$。

（四）离散系数

全距、平均差和标准差可以反映总体单位标志值的离散程度。对于同质的总体，若平均数相同，就可以直接用全距、平均差、标准差比较，其数值越小，表示平均指标代表性越大；反之，平均指标代表性越小。但是对于不同性质的总体，其平均数不同，就不能直接用全距、平均差、标准差进行比较。这是因为全距、平均差、标准差都是反映总体各单位标志值变异的绝对指标，其数值大小受总体单位标志值本身水平高低的影响。为了消除平均水平高低的影响，以反映不同水平变量数列的变异程度，需要计算离散系数。

离散系数又称标志变异系数，是标志变异绝对值指标与相应的平均数的比值。其数值越小，说明平均数代表性越高；数值越大，说明平均指标代表性越低。离散系数指标一般用 V 表示，主要有全距系数、平均差系数、标准差系数，其计算公式为

$$全距系数（V_R）= \frac{R}{\bar{x}} \times 100\%$$

$$平均差系数（V_{A \cdot D}）= \frac{A \cdot D}{\bar{x}} \times 100\%$$

$$标准差系数（V_\sigma）= \frac{\sigma}{\bar{x}} \times 100\%$$

离散系数以百分比表示，消除了不同总体在计量单位、平均水平上的不可比因素，可直接用于不同数列之间离散程度的对比。在实际统计分析中，最常用的是标准差系数。

【例 5-29】甲、乙两公司职工年平均收入分别为 10 万元和 20 万元，标准差分别为 800 元和 1 000 元。则甲、乙两公司职工年劳动生产率的标准差系数分别为

$$V_甲 = \frac{800}{100\ 000} \times 100\% = 0.8\%$$

$$V_乙 = \frac{1\ 000}{200\ 000} \times 100\% = 0.5\%$$

计算结果表明，甲企业标准差系数大于乙，其平均劳动生产率代表性小于乙。

三、是非标志的平均数与标准差

社会经济现象中常存在是某种现象，而非另外现象的情况，即将总体按是否具有某种属性分为两组。如全校学生中，按性别划分为男、女两组；全部产品按是否合格分为合格、不合格两组；学生考试成绩按是否及格分为及格、不及格两组等。一般把属于这种现象的标志用"是"或"有"表示，把不属于这一现象的标志用"非"或"无"表示。

为了使是非标志的平均数或平均差数量化，一般用 1 表示数列中具有某种性质的单位标志值，用 0 表示数列中不具有某种性质的单位标志值。

对于总体来说，其全部单位数是确定的，可以用 n 表示，用 n_1 表示具有某种性质标志表现的单位数，用 n_0 表示不具有某种性质标志表现的单位数，则 $n = n_1 + n_0$。若将其单位数占全部单位数的比重分别用 p 和 q 表示，则标志值为 1 的单位数占全部单位数的比重（成数）为

$$p = \frac{n_1}{n}$$

标志值为 0 的单位数占全部单位数的比重（成数）为

$$q = \frac{n_0}{n} = \frac{n - n_1}{n} = 1 - \frac{n_1}{n} = 1 - p$$

显然，$p + q = 1$

是非条件分布数列如表 5-16 所示。

表 5-16　是非条件分布数列

品质标志	标志值 x_i	单位数 f_i	频率 $f_i / \sum_{i=1}^{n} f_i$
是	1	n_1	p
非	0	n_0	q
合计	—	n	1

是非标志平均数（$\bar{x}$）的计算为

$$\bar{x} = \frac{\sum\limits_{i=1}^{n} x_i f_i}{\sum\limits_{i=1}^{n} f_i} = \frac{1 \times n_1 + 0 \times n_0}{n} = \frac{n_1}{n} = p$$

是非标志的标准差（σ）的计算为

$$\sigma = \sqrt{\frac{\sum\limits_{i=1}^{n} (x_i - \bar{x}) f_i}{\sum\limits_{i=1}^{n} f_i}}$$

$$= \sqrt{\frac{(1 - p)^2 n_1 + (0 - p)^2 n_0}{n}}$$

$$= \sqrt{\frac{(1-p)^2 \cdot n_1 + p^2(n - n_1)}{n}}$$

$$= \sqrt{(1-p)^2 \cdot \frac{n_1}{n} + p^2\left(1 - \frac{n_1}{n}\right)}$$

$$= \sqrt{(1-p)^2 \cdot p + p^2(1-p)}$$

$$= \sqrt{p(1-p)(1-p+p)}$$

$$= \sqrt{p(1-p)}$$

$$= \sqrt{pq}$$

从上述计算可知，是非标志平均数是总体标志值为 1 的单位数的成数，标准差是总体中标志值为 1 的单位数的成数与标志值为 0 的单位数的成数的乘积的平方根。

【例 5-30】某企业生产某种产品的合格率为 95%，其平均数和标准差计算如表 5-17 所示。

表 5-17　某企业生产某种产品的平均数和标准差计算

产品类别	标志值 x_i	产品数 f_i	总产品数 $x_i f_i$	平均值 $\bar{x}$	离差 $x_i - \bar{x}$	离差平方 $(x_i - \bar{x})^2$	离差平方×次数 $(x_i - \bar{x})^2 f_i$
合格品	1	95	95	—	0.05	0.002 5	0.237 5
不合格品	0	5	0	—	−0.95	0.902 5	4.512 5
合　计	—	100	95	95%	—	—	4.750 0

$$\bar{x} = \frac{\sum_{i=1}^{n} x_i f_i}{\sum_{i=1}^{n} f_i} = \frac{95}{100} = 95\%$$

$$\sigma = \sqrt{\frac{\sum_{i=1}^{n} (x_i - \bar{x})^2 f_i}{\sum_{i=1}^{n} f_i}} = \sqrt{\frac{4.75}{100}} = 0.218 \text{ 或 } 21.8\%$$

计算结果表明，该企业产品合格率为 95%，其标准差为 21.8%。

本章小结

本章主要讲述了总量指标和相对指标的概念、分类、计算方法及应用。

总量指标用以反映客观事物的数量规模和水平高低，根据总量指标所反映的内容，总量指标有单位总量指标和标志总量指标之分；根据总量指标反映的时间状况，总量指标有时期指标和时点指标之分。总量指标必须有计量单位。

相对指标是将客观事物中有联系的现象之间相互联系的程度加以数字度量，在不能直接用总量指标进行比较的现象之间建立起比较的桥梁。相对指标共有结构相对指标、比例相对指标、比较相对指标、强度相对指标、动态相对指标和计划完成相对指标六种，注意六种相对指标的区别、计算及应用。

平均指标反映了数据的集中趋势，说明总体某种数量标志值的一般水平，消除了各单位在数量上的差异，包括五种平均指标。其中，算术平均数、调和平均数、几何平均数为数值平均数，容易受到数据中的极大值和极小值的影响；而众数和中位数为位置平均数，是根据与其所处位置有关的部分标志值计算的，不受极端数据值的影响。

标志变异指标对数据的差异进行定量描述，反映数据的离散程度，说明社会现象的稳定性和均衡性，衡量平均数的代表性。常用的标志变异指标包括全距、平均差、标准差、方差和离散系数五种，其中，标准差和离散系数是最常用、最重要的标志变异指标。

关键术语 \\\\

综合指标、总量指标、相对指标、计划完成相对指标、比例相对指标、比较相对指标、强度相对指标、结构相对指标、动态相对指标、算术平均数、调和平均数、几何平均数、众数、中位数、极差、全距、平均差、标准差和标准差系数。

拓展案例 \\\\

精心挑选的平均数

我相信你不是一个势利小人，而我也并不做房地产生意。但请让我们作这样的假设，此刻你正在一条我熟知的街上看房子，对你的情况进行初步判断后，我巧舌如簧、费尽心思地让你相信附近居民的平均年收入大约有 10 000 英镑。也许这坚定了你要在此居住的信心，不管怎样，买卖最终成交了，那美妙的数字也被你牢记在脑海中。而且，你有那么一点势利，当与朋友聊天时，你就会不经意地流露出你居住的地点——一个相当棒的高收入小区。

一年后，我们又见面了。作为某纳税者委员会的成员，我正在四处奔走，为降低税率、财产估价，或公共交通费用而呼吁。我的理由很简单，我们支付不起各种上涨的费用，毕竟，附近居民的平均年收入只有 3 000 英镑。也许你会加入我们委员会的工作中来。但是，当听到那可怜的 3 000 英镑时，你也禁不住大吃一惊。到底是现在的我撒谎了，还是一年前的我撒了谎？

其实这两次你都无法怪罪于我，利用统计撒谎的妙处被我展现得淋漓尽致。无论是 10 000 英镑，还是 3 000 英镑，它们都是正规的平均数，计算方法也完全正确。两个数字都基于相同的数据，来自相同的居民，根据相同的收入。所有都是相同的，但显然其中有一个数据令人误解。

我的花招就是两次分别使用了不同的平均数，"平均数"这个词宽泛的含义帮了我大忙。当一个人希望用数据影响公众观点，或者向其他人推销广告版面时，平均数便是一个经常被使用的伎俩，虽然偶尔是出于无心，但更多的时候是明知故犯。所以，当你被告知某个数是平均数时，除非对方能说出它的具体种类——均值、中位数，还是众数，否则你对它的具体含义仍知之甚少。

在希望数值较大时，我使用的10 000英镑是均值，也就是附近居民收入的算术平均数。你只要将所有家庭的收入加起来并除以家庭总户数便可得到这种算术平均数。数值相对较小的是中位数，它告诉我们一半家庭的年收入超过4 000英镑，另一半家庭的年收入不及4 000英镑。我还可以利用众数——所有家庭收入序列中出现次数最多的那个收入。例如，附近的居民中年收入为3 000英镑的家庭数最多的，那么收入的众数就是一年3 000英镑。

在这个例子中，不合适的"平均数"是毫无意义的，只要碰到关于收入的数据，这种情况就经常出现。还有一个因素会让我们困惑不已——某种条件下，各种类型平均数的数值十分接近，如果出于一般的目的，根本没有必要区分它们。

比方说，当你看到某个原始部落男性的平均身高为5英尺（1英尺＝0. 304 8米）时，你对这些人的外形条件就能有很好的了解，根本不需进一步询问这个平均数是均值、中位数或者众数，因为此时各种平均数的数值大致相等。

在处理诸如人类特征的数据时，各种平均数的数值十分接近。这些数据具有我们常说的正态分布的形态特点，在你用曲线绘制正态分布时，将看到一根钟形的曲线，均值、中位数和众数都落在相同的点上。

在描述人类身高时，用哪种平均数无关紧要，但在描述他们的钱袋时，却并不是那么回事了。如果把某个城市所有家庭的年收入都列出来，你会发现，这些数从很小的值变动到很大的值，也许有20 000英镑左右，甚至还能看到少数巨额收入。年收入低于5 000英镑所占的比例超过了95%，在收入曲线上朝左边拖出了一条长长的尾巴。这种分布不再像钟形一样对称，而是有偏的，它的形状类似于孩子玩的滑梯，梯子一侧是从陡斜地升到顶部，而滑道一侧则缓慢向下倾斜。均值与中位数相差甚远，这样一来，比较去年的"平均数"（均值）与今年的"平均数"（中位数），这种比较的有效性就不言而喻了。

案例讨论
1. 均值、众数和中位数有哪些特点和适用场合？
2. 均值的代表性如何衡量？

统计实训 - ○

课后练习 - ○

【实操练习 Excel 在描述统计分析中的应用】

本练习讲述如何用 Excel 计算 50 名 6 岁儿童身高分布的集中趋势和变异性。将身高数据输入 Excel 工作表的"A1：A50"单元格中。身高数据如表 1 所示。

表 1　50 名 6 岁儿童身高

117	122	124	129	139	107	117	130	122	125
108	131	125	117	122	133	126	122	118	108
110	118	123	126	133	134	127	123	118	112
112	134	127	123	119	113	120	123	127	135
137	114	120	128	124	115	139	128	124	121

Excel 2010 生成数据的描述统计测度值的步骤如下：

第 1 步，选择"数据"下拉菜单。

第 2 步，选择"数据分析"选项，如图 1 所示。

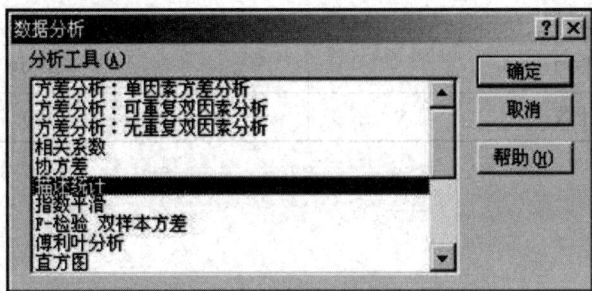

图 1　数据分析窗口

第 3 步，从分析工具列表中选择"描述统计（S）"，如图 2 所示。

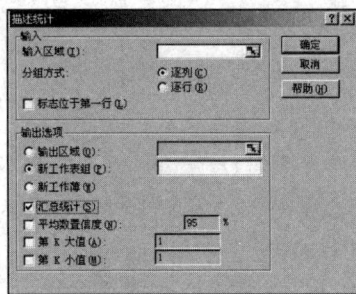

图 2　描述统计窗口

第 4 步，当弹出对话框时，在"输入区域（I）"方框内键入"A1：A50"；在"输出选项"中选择"输出区域（O）："（在此选择"新工作表"）；

第 5 步，选择"汇总统计（S）"（该选项给出全部描述统计计算值）后，选择"确定"。

Excel 描述统计分析结果如表 2 所示。

表 2　Excel 描述统计分析结果

描述统计	输出结果
平均数	122.98
标准误差	1.135 149 006
中位数	123
众数	122
标准差	8.026 715 596
方差	64.428 163 27
峰度	-0.408 713 596
偏度	9.944 68E-05
区域	32
最小值	107
最大值	139
求和	6 149
计数	50

第六章

统计资料的推断分析——参数估计

学习目标

- 理解抽样推断的含义、特点、适用场合。
- 理解抽样估计的概率度和可靠程度。
- 掌握抽样误差的形成及计算。
- 掌握总体指标的区间估计。
- 掌握样本容量的计算。

★知识导览

抽样调查是一种科学而又实用的统计调查方法，其基于样本的信息，运用数理统计的原理，对总体指标做出具有一定可靠性的估计和推断。抽查调查是非全面的调查，可以快速完成调查任务，时效性强，同时节省人力、物力、财力，而且调查误差可以控制，结果可靠。因此，绝大多数的社会经济调查都采用抽样调查。

本章重点：抽样分布定理、抽样估计的置信度和可靠程度、估计量的评价标准、总体指标的推算、各种抽样组织方式的特点与应用、样本容量的计算。

本章难点：样本平均数和样本比例的抽样分布、抽样平均误差的计算及影响因素、总体参数的点估计和区间估计、样本容量的计算和影响因素。

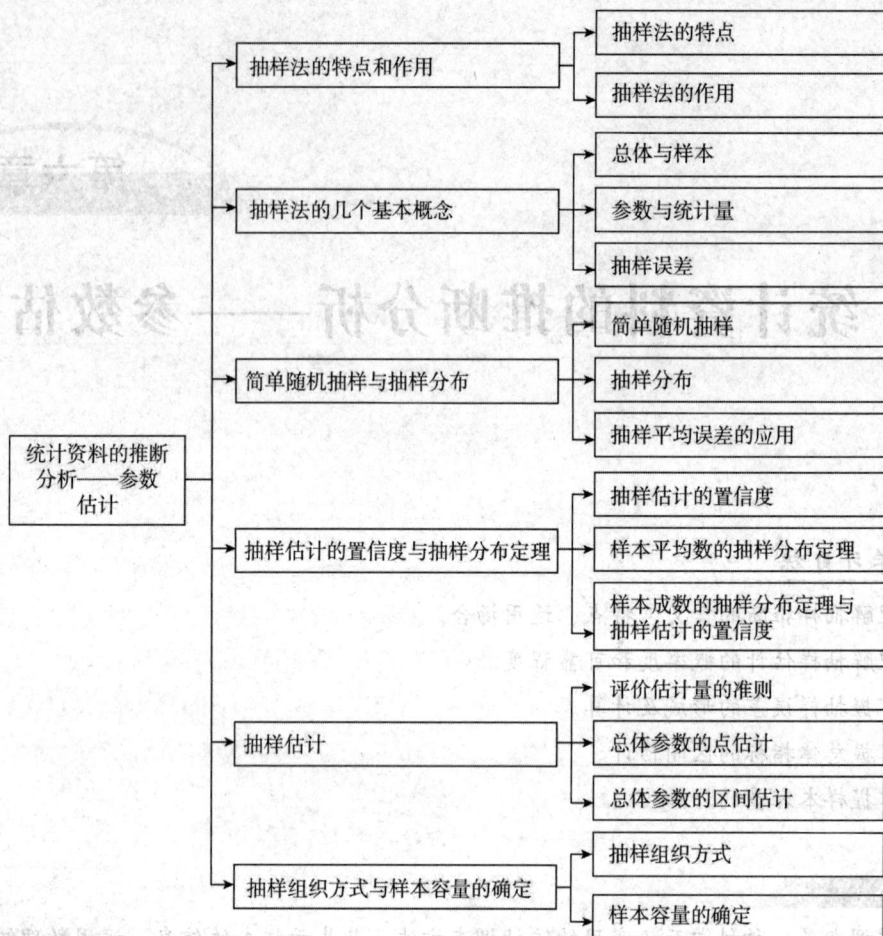

```
                                          ┌─────────────────────────┐
                              ┌───────────┤  抽样法的特点            │
                ┌─────────────┤           ├─────────────────────────┤
                │抽样法的特点和作用│        │  抽样法的作用            │
                │             │           └─────────────────────────┘
                │             │           ┌─────────────────────────┐
                │             │           │  总体与样本              │
                ├─────────────┤           ├─────────────────────────┤
                │抽样法的几个基本概念│      │  参数与统计量            │
                │             │           ├─────────────────────────┤
                │             │           │  抽样误差                │
                │             │           └─────────────────────────┘
                │             │           ┌─────────────────────────┐
                │             │           │  简单随机抽样            │
                ├─────────────┤           ├─────────────────────────┤
┌────────────┐  │简单随机抽样与抽样分布│    │  抽样分布                │
│统计资料的推断│  │           │           ├─────────────────────────┤
│分析——参数 ├──┤           │           │  抽样平均误差的应用      │
│   估计     │  │           │           └─────────────────────────┘
└────────────┘  │             │           ┌─────────────────────────┐
                │             │           │  抽样估计的置信度        │
                ├─────────────┤           ├─────────────────────────┤
                │抽样估计的置信度与抽样分布定理│ │  样本平均数的抽样分布定理 │
                │             │           ├─────────────────────────┤
                │             │           │  样本成数的抽样分布定理与 │
                │             │           │  抽样估计的置信度        │
                │             │           └─────────────────────────┘
                │             │           ┌─────────────────────────┐
                │             │           │  评价估计量的准则        │
                ├─────────────┤           ├─────────────────────────┤
                │  抽样估计    │           │  总体参数的点估计        │
                │             │           ├─────────────────────────┤
                │             │           │  总体参数的区间估计      │
                │             │           └─────────────────────────┘
                │             │           ┌─────────────────────────┐
                │             │           │  抽样组织方式            │
                └─────────────┤           ├─────────────────────────┤
                  │抽样组织方式与样本容量的确定│ │  样本容量的确定          │
                                          └─────────────────────────┘
```

★引导案例

大学生购买笔记本电脑的费用及品牌占用率估计

随着科学技术的不断发展与进步,电子类产品的更新速度不断加快,笔记本电脑如今已是每个在校大学生一个必备的学习工具。在该行业市场上,各企业之间的竞争愈加激烈,仅我们熟知的电脑品牌就有苹果、惠普、宏基、联想、方正、戴尔、华硕等。要想在这个激烈的竞争市场上生存,满足目标群体对产品本身的需求便显得非常重要,这就需要企业及时地了解大学生这一消费群体相对于其他群体的个性化需求,并对此尽早地做出反应,以抢占先机。

大学生作为笔记本电脑的一大消费群体,可以给企业带来巨大的利润,因此,了解大学生的普遍需求十分必要。基于此,本高校学生决定对大学生购买笔记本电脑的花费进行调查。

本次调查以问卷调查为主,对在校本科生共发放 300 份问卷,回收 287 份,有效问卷 281 份。根据抽样调查结果,使用 95% 的置信水平得到的估计结论是:全校本科生购买笔记本电脑的平均花费为 4 200～4 850 元,其中,联想品牌的占用率在 45%～55%。

案例启示

这些估计结果是如何得出的？可信吗？它们的含义是什么？如何对一个总体的均值和比例进行区间估计是本章学习的主要内容。

第一节　抽样法的特点与作用

一、抽样法的特点

在现实生活中，许多现象总体的数量特征是未知的，统计活动的最终目的就是要认识现象总体的数量特征，而抽样法是实现这一目的的有效方法之一。抽样法是按照随机原则从被研究的现象总体中抽取部分单位组成样本，然后根据对样本观察所获得的统计量推断总体未知参数。抽样法的目的在于借助样本的数量特征估计和检验总体的数量特征，因此，又被称为抽样调查、抽样推断或抽样估计。由于抽样调查是一种非全面调查，只对被研究现象总体中的部分单位进行观察，因此能节省人力、物力、财力和时间，最大限度地体现统计活动的经济效益原则。

作为一种认识客观现象总体数量特征的科学方法，抽样法具有以下四个方面的特点：

（一）根据样本统计量推断总体数量特征

抽样法包括两个重要环节：第一，按照随机原则从被研究现象总体中抽取样本，观察样本单位的实际资料，并据以构造反映样本数量特征的统计量；第二，以科学的抽样理论为依据，用样本统计量对被研究现象总体的数量特征做出估计或推断。

在运用样本统计量推断被研究现象总体数量特征时，可以运用科学的抽样理论和方法计算与控制误差，并保证推断的结果具有一定的可靠性。这一点是其他统计调查分析方法所无法比拟的，也正是抽样法的科学价值所在。

（二）按照随机原则从被研究现象总体中抽取样本

随机原则是指在从总体中抽取样本时，不能夹杂调查者的任何主观意愿，以充分保证被研究现象总体中的每个单位有同等中选的机会。因此，随机原则又称为机会均等原则、同等可能性原则。严格按照随机原则抽样，就有较大的可能性使所抽取的样本与被研究现象总体具有相同的结构，即样本与总体同分布，从而保证样本对总体有较大的代表性。

（三）随机抽样是一种严格的概率抽样

抽样方法有任意抽样、判断抽样和随机抽样三种。任意抽样和判断抽样属于非概率抽样。其共同特点是样本的抽选不是按照随机原则，而是根据主观判断进行的，其抽样效果的好坏在很大程度上依赖于抽样者的主观判断能力的高低和经验是否丰富。而且，这种抽样无法计算误差，不能从概率意义上控制误差以保证推断的可靠性。

与非概率抽样不同的是，随机抽样要求严格按照给定的概率抽取样本。需要说明的是，随机并不是"随便",随机具有严格的科学含义,可以用概率来描述。所以,随机抽样又称为概率抽样。概率抽样可以分为等概率抽样与不等概率抽样。

从严格意义上说,抽样法是以一定的概率按照随机原则抽取样本,使被研究现象总体中的每一个单位具有相同被抽中的机会,即保证总体中所有可能样本被抽中的概率都相等。这样,才有可能计算抽样误差,这也是抽样推断的先决条件。

(四)抽样误差可以事先计算并加以控制

采用抽样法,根据不同的样本资料计算出某一统计量的值不完全相同,因此,根据某一特定样本的统计量推断总体数量特征时会存在一定的误差。在随机抽样法下,样本是按随机原则抽取的,这种误差的大小可以事先运用科学的方法加以计算,之后采取一定的组织措施将其控制在一定范围内,以保证抽样推断的结果达到一定的可靠程度。

二、抽样法的作用

抽样法在社会经济统计中发挥着非常重要的作用,主要表现在以下五个方面:

(1)由于某些现象本身性质的限制,我们无法通过全面调查来了解全貌,只能采用抽样法。这里有两种情况:一种情况是被研究现象总体是无限总体,不可能对其所有单位进行全面观察;另一种情况是观察或测试是破坏性或损耗性的,例如测试一批显像管的寿命、观察一批种子的发芽率、测试一批炸弹的杀伤能力等,无法对全部产品都逐一加以检查和试验直至破坏,只能采用抽样观察法。

(2)对某些现象,理论上虽然可以进行全面调查,但实际上是办不到的,或是为了提高调查的效率,就应采用抽样法。由于抽样法只对这些现象总体中的一小部分单位进行调查,与全面调查相比,可以大大节约花费在调查、整理等方面的人力、物力、财力和时间,有效提高统计调查的经济效益和时效性。例如,了解职工家庭生活状况,从理论上讲,可以进行全面调查,但是调查的范围太大,单位太多,而且要全面调查每个职工家庭的收支情况也是难以做到的。

(3)将抽样法与全面调查结合运用可补充和修正全面调查的资料。全面调查涉及范围广,参加人员多,工作量大,发生登记性误差和计算性误差的可能性大,资料的准确性易受影响。因而,往往在全面调查(特别是普查)完毕后,抽取部分单位重新进行调查,以其结果来修正原来调查所得到的资料。将抽样调查的资料与全面调查的资料进行对照、比较,计算其差错比率,并据以对全面调查的资料加以修正,进一步提高全面调查资料的准确性。

(4)抽样法可以用于产品质量检验和生产过程的质量控制。对产品生产工艺过程各个环节生产成果的抽样检查,观察整个生产过程是否正常,判断是否存在系统性偏差,及时提供有关信息,便于采取措施,预防不合格产品发生。

(5)可以运用抽样法对现象总体的某种假设进行检验,以判断其真伪。例如,新教学法的采用,新工艺、新技术的推广,新医疗方法的使用等。这些情形需要对未知的或不完全知道的总体事先做出一些假设，然后运用抽样法，根据实验资料对所做假设进行检验，做出判断，决定取舍。

第二节　抽样法的几个基本概念

一、总体与样本

（一）总体

总体也称为全及总体或母体，是所要研究的客观现象的全体。总体是由许多具有某种共同性质的单位组成的，是许多具有同一性质的单位的集合体。

反映总体规模大小的总体单位数通常用 N 表示。

对于一个总体来说，如果需要研究的标志是品质标志，则该总体称为属性总体，如反映产品质量状况的产品总体；如果需要研究的标志是数量标志，则该总体称为变量总体，如研究工业企业经济效益时使用的工业企业总体。总体可以是有限的，即由有限总体单位组成；也可以是无限的，即总体中包含无限多个单位。在抽样调查中，可以根据研究的目的与要求，将无限总体处理成有限总体，以便从中抽取样本。

（二）样本

样本又称为抽样总体或子样，是由按照随机原则从全及总体中抽取出的部分单位所组成的集合体。样本是抽样观察的对象。抽样法就是通过对样本的调查，构造出一定的样本统计量，据以估计总体的未知参数。

反映样本规模大小的样本单位数称为样本容量，通常用 n 表示。相对于总体单位数 N 来说，样本容量 n 是个很小的数。一般来说，$n \geqslant 30$ 时，称为大样本；$n < 30$ 时，称为小样本。对社会经济现象进行抽样调查时，一般抽取大样本；对自然现象进行实验观察时，多取小样本。

样本容量 n 与总体单位数 N 之比称为抽样比，一般用 f 表示，即

$$f = \frac{n}{N}$$

二、参数与统计量

（一）参数

参数也称为全及指标，能够反映总体的某种属性，根据全及总体各个单位的变量值计算。全及总体是唯一确定的，所以其参数也是唯一确定的值，且由总体各单位的标志值或标志属性决定。参数一般是未知的。一个总体常常有多个参数指标，这些参数指标从不同角度反映了总体分布的基本状况和主要特征。在抽样推断中，常用的需要估计的参数指标有全及总体平均数、全及总体成数和全及总体方差、全及总体标准差。由于变量总体与属性总体具

有不同的特点，因而其参数的表现形式也存在差别。

对于变量总体，需要估计的参数是总体中各单位某一数量标志值的算术平均数，即总体平均数，通常用 $\overline{X}$ 表示，其计算公式为

$$\overline{X} = \frac{X_1 + X_2 + \cdots + X_N}{N} = \frac{\sum\limits_{i=1}^{N} X_i}{N}$$

总体标准差和总体方差是测度总体变量值分散程度的指标。若用 σ_X^2 表示总体方差，用 σ_X 表示总体标准差，则

$$\sigma_X^2 = \frac{\sum\limits_{i=1}^{N} (x_i - \overline{X})^2}{N}$$

$$\sigma_X = \sqrt{\frac{\sum\limits_{i=1}^{N} (x_i - \overline{X})^2}{N}}$$

对于属性总体，需要估计的参数是总体中具有某种特征的单位数在总体单位总数中所占的比重，即全及总体成数，也称总体成数，一般用英文大写字母 P 表示。设总体单位数为 N，其中有 N_1 个单位具有某种特征（所要研究的某种标志表现），N_0 个单位不具有某种特征，可知，$N_1 + N_0 = N$。若用 P 表示总体中具有某种特征的单位数所占的比重，q 表示总体中不具有某种特征的单位数所占的比重，则有

$$P = \frac{N_1}{N}$$

$$q = \frac{N_0}{N} = \frac{N - N_1}{N} = 1 - P$$

假设总体单位中具有某种特征的量用数值 1 表示，不具有某种特征的量用数值 0 表示，则总体方差和总体标准差分别为

$$\sigma_X^2 = P(1 - P)$$

$$\sigma_X = \sqrt{P(1 - P)}$$

（二）统计量

统计量也叫抽样指标，是反映样本某种属性的综合指标，根据抽样总体各个单位的变量值计算。统计量不是一个确定的值，而是随样本变化而变化的随机变量。在抽样法中，统计量既表示了样本总体本身的分布状况和特征，又在一定程度上反映了全及总体的分布状况和特征，是总体参数的估计量。统计量应当与参数相对应，常用的统计量包括样本平均数、样本成数和样本方差、样本标准差等。

对于变量总体，需要构造的统计量有样本平均数、样本方差和样本标准差。样本平均数用英文小写字母 $\bar{x}$ 表示，样本方差和标准差分别用小写字母 s_x^2、s_x 表示。其计算公式为

$$\bar{x} = \frac{x_1 + x_2 + \cdots + x_n}{n} = \frac{\sum\limits_{i=1}^{n} x_i}{n}$$

$$s_x^2 = \frac{\sum\limits_{i=1}^{n} (x_i - \bar{x})^2}{n-1}$$

$$s_x = \sqrt{\frac{\sum\limits_{i=1}^{n} (x_i - \bar{x})^2}{n-1}}$$

对于属性总体,需要构造的统计量有样本成数及样本方差、样本标准差。样本成数用英文小写字母 p 表示,样本方差和样本标准差分别用英文小写字母 s_x^2、s_x 表示。假设样本总体为 n ,样本总体中具有某种特征的单位数为 n_1 ,则有

$$p = \frac{n_1}{n}$$

$$s_x^2 = p(1-p)$$

$$s_x = \sqrt{p(1-p)}$$

三、抽样误差

(一) 统计误差的定义及种类

统计资料的准确性是统计的"生命"。但是,由于调查的组织技术、业务水平、思想作风、工作态度及抽样调查中用部分单位的资料估计总体等因素的影响,通过统计调查所获取的资料往往与客观实际之间存在一定差异,这种差异称为统计误差。统计误差主要有两类,一类是调查误差,另一类是代表性误差。

调查误差是在调查过程中由于观察、测量、登记、计算等方面的失误所导致的误差。

代表性误差是由抽样方法本身产生的误差。其原因来自两个方面:一方面是违反抽样的随机原则,有意识选择较好或较差的单位进行调查,或者在采用等距抽样方法时,抽取样本单位的间距正好与事物本身的周期性变化吻合,导致样本结果不能代表总特征,这种误差是系统的,也被称为系统偏差;另一方面是即使严格按照随机原则抽样,样本统计量与总体参数之间仍然存在差异,这种误差被称为抽样误差。本节主要介绍抽样误差。

(二) 抽样误差的定义及影响因素

抽样误差是由随机抽样的偶然性引起的样本统计量与总体参数之间的绝对离差。例如,样本平均数与总体平均数之间的绝对离差 $|\bar{x} - \bar{X}|$,样本成数与总体成数之间的绝对离差 $|p - P|$ 等。抽样误差是概率抽样所固有的、无法避免的代表性误差。

在抽样法中,总体参数是未知的,需要用样本统计量加以估计。由于样本统计量是个随机变量,因此抽样误差也是个随机变量。

影响抽样误差大小的因素主要有以下两类:

（1）样本容量的大小。在其他条件不变的情况下，抽样误差的大小与样本容量 n 成反比。一般来说，样本包含的单位数量越多，越能反映总体的数量特征，抽样误差越小；反之，抽样误差就越大。

（2）总体被研究标志的变异程度。在其他条件不变的情况下，抽样误差的大小与总体被研究标志的变异程度 σ_x^2 成正比。

此外，抽样误差的大小还会受抽样组织方式和抽样方法的影响。抽样误差属于可控制的误差，可以通过调整样本容量的大小、选用合适的抽样组织方式和抽样方法进行控制。

（三）抽样平均误差

抽样平均误差是反映抽样误差一般水平的综合指标，是全及总体中所有可能样本的某一统计量与全及总体相应参数的平均离差，亦即所有样本某一统计量的标准差，又称为抽样标准误。

若以 $\mu_{\bar{x}}$ 代表所有可能样本平均数的平均离差，用 μ_p 代表所有可能样本成数的平均离差，$\bar{x}_i$ 代表第 i 个样本的平均值，p_i 代表第 i 个样本的成数，以 M 代表所有可能样本数目，则从理论上讲，有以下等式：

$$\mu_{\bar{x}} = \sqrt{\frac{\sum_{i=1}^{M}(\bar{x}_i - \bar{X})^2}{M}}$$

$$\mu_p = \sqrt{\frac{\sum_{i=1}^{M}(p_i - P)^2}{M}}$$

抽样平均误差是用来衡量样本统计量对总体参数代表性的重要尺度。在一定的概率保证下，抽样平均误差越小，样本统计量对总体参数的代表性越高。因此，在抽样推断中，用任何一个样本总体的统计量估计全及总体的未知参数时，都要以抽样平均误差作为计算抽样误差的依据。

在使用抽样平均误差判断抽样误差时，需注意以下三个问题：

（1）抽样误差的大小受不同的抽样组织方式和抽样方法的影响。

（2）总体参数 $\bar{X}$、P 是未知的，上述关于抽样平均误差的计算公式虽然能反映其理论内涵，但在实践中无法应用。

（3）不可能也没有必要对所有可能样本进行统计调查。

因此，在实际工作中，需结合具体的抽样组织方式、抽样方法和抽样分布计算抽样平均误差。

（三）抽样极限误差

抽样极限误差是指样本统计量与总体参数之间抽样误差的可能范围。由于总体参数是一个确定的值，样本统计量是一个随机变量，因此样本统计量的值围绕着总体参数值左右变动。它可能大于总体参数值，也可能小于总体参数值，从而产生正误差或负误差。二者都可

以用绝对值表示为 $|\bar{x} - \bar{X}|$、$|p - P|$ 等。这种以绝对值形式表示的抽样误差的可能范围，称为抽样极限误差或允许误差。

设 $\Delta_{\bar{x}}$ 与 Δ_P 分别表示抽样平均数的极限误差和抽样成数的极限误差，则有

$$\Delta_{\bar{x}} = |\bar{x} - \bar{X}|$$

$$\Delta_P = |p - P|$$

在设计抽样方案时，抽样极限误差用来反映对抽样估计准确性的要求，也就是用样本统计量估计总体参数时所允许的误差范围。因此，抽样极限误差又称为抽样估计的允许误差限。

抽样极限误差通常以抽样平均误差为标准进行确定。一般来说，抽样极限误差用 t 倍的抽样平均误差表示，即

$$\Delta_{\bar{x}} = t\mu_{\bar{x}}$$

$$\Delta_p = t\mu_p$$

因此，t 可按如下方法计算：

$$t = \frac{\Delta_{\bar{x}}}{\mu_{\bar{x}}} = \frac{|\bar{x} - \bar{X}|}{\mu_{\bar{x}}}$$

$$t = \frac{\Delta_p}{\mu_p} = \frac{|p - P|}{\mu_p}$$

t 是用以衡量抽样估计可靠程度的参数，表示允许抽样极限误差为抽样平均误差的倍数，也被称为概率度。

（四）重复抽样与不重复抽样

根据同一单位是否允许被重复抽取，可以把抽样分为重复抽样和不重复抽样两种。

重复抽样又称放回抽样。在重复抽样方式下，每次从全及总体 N 个单位中随机抽取一个单位，登记其编号和相应的标志值，之后将其放回，参加下一次抽选。依次连续进行 n 次抽选后，将构成一个容量为 n 的样本。重复抽样的基本特点：①在全及总体 N 个单位中，抽取 n 个单位组成一个样本总体，全部可能样本有 $M = N^n$ 个，每个样本被抽取的机会或概率是相同的；②在 n 次抽样中，总体中每个单位在各次抽样中被抽取的概率都相同，即 n 次抽样就是 n 次相互独立的试验。

不重复抽样也简称不放回抽样。在不重复抽样方式下，每次从全及总体 N 个单位中随机抽取一个单位，登记其编号和标志值，之后不再将其放回总体参加下一次抽选。这种抽样方法实际上等同于一次从总体中同时抽取 n 个单位组成一个样本。其基本特点：①在全及总体 N 个单位中，抽取 n 个单位组成一个样本总体，全部可能样本为 $M = C_N^n$ 个，每个样本被抽取的概率都是相同的；②每抽选一次，总体的单位数就相应减少一个，因此，在 n 次抽样中，总体每个单位在各次抽样中被抽取的概率不同，即 n 次抽样不是 n 次相互独立的试验。

第三节　简单随机抽样与抽样分布

一、简单随机抽样

随机抽样有四种基本组织方式，即简单随机抽样、等距抽样、分层抽样和整群抽样。其中，简单随机抽样理论最成熟，其他随机抽样组织方式都是在简单随机抽样的基础上发展起来的。因此，简单随机抽样在抽样理论中占有重要地位，是随机抽样中最基本的组织方式。

简单随机抽样，是按照随机原则直接从全及总体的 N 个单位中抽取 n 个单位组成样本总体，保证总体中每个单位在抽选时均有同等被抽中的机会。从理论上讲，简单随机抽样最符合随机原则，是抽样中最单纯的组织方式，因而又称为纯随机抽样。进行简单随机抽样之前，需要先对总体各单位编号，然后采用抽签或者查找随机数码表（见附录）的方法确定样本单位。简单随机抽样适用于均匀分布的有限总体。

二、抽样分布

抽样分布又称为样本的概率分布，是由样本统计量的可能取值和与之相应的概率所构成的分布数列。抽样分布可反映样本统计量的分布状况和分布特征，是推断总体参数的重要依据。

（一）重复简单随机抽样下的抽样分布

重复简单随机抽样下的抽样分布分为样本平均数的抽样分布和样本成数的抽样分布。

1. 样本平均数的抽样分布

采用重复简单随机抽样方法从总体 N 个单位中抽取 n 个单位，可以有 N^n 个样本总体，把每个样本的平均数及其相应的概率依序排列，就得到样本平均数的抽样分布。根据样本平均数的抽样分布可以研究总体平均数与样本平均数、总体标准差与样本标准差（抽样平均误差）的数量关系，进而计算抽样分布的方差和标准差，抽样分布的标准差即为抽样标准误或抽样平均误差。

【例6-1】假设一个总体由 A、B、C、D、E 五个单位组成，其标志值分别为12、14、16、18、20。若采用重复简单随机抽样的方法抽取两个单位组成样本，则总体中的全部单位可组成25个可能的样本，每个样本被抽取的概率均为 $\frac{1}{25}$。全部可能样本的有关资料如表6-1所示。

表6-1　从 $N=5$ 的总体中抽两个单位的全部可能样本

样本序号	样本单位	样本数据	样本平均数 $\bar{x}$	$\bar{x}-\bar{X}$	$(\bar{x}-\bar{X})^2$	样本方差 s^2
1	A, A	12, 12	12	−4	16	0
2	A, B	12, 14	13	−3	9	2

续表

样本序号	样本单位	样本数据	样本平均数 $\bar{x}$	$\bar{x}-\bar{X}$	$(\bar{x}-\bar{X})^2$	样本方差 s^2
3	A,C	12, 16	14	−2	4	8
4	A,D	12, 18	15	−1	1	18
5	A,E	12, 20	16	0	0	32
6	B,A	14, 12	13	−3	9	2
7	B,B	14, 14	14	−2	4	0
8	B,C	14, 16	15	−1	1	2
9	B,D	14, 18	16	0	0	8
10	B,E	14, 20	17	1	1	18
11	C,A	16, 12	14	−2	4	8
12	C,B	16, 14	15	−1	1	2
13	C,C	16, 16	16	0	0	0
14	C,D	16, 18	17	1	1	2
15	C,E	16, 20	18	2	4	8
16	D,A	18, 12	15	−1	1	18
17	D,B	18, 14	16	0	0	8
18	D,C	18, 16	17	1	1	2
19	D,D	18, 18	18	2	4	0
20	D,E	18, 20	19	3	9	2
21	E,A	20, 12	16	0	0	32
22	E,B	20, 14	17	1	1	18
23	E,C	20, 16	18	2	4	8
24	E,D	20, 18	19	3	9	2
25	E,E	20, 20	20	4	16	0
平均	—	—	16	—	4	8

根据表6-1中25个样本平均数的分布次数，可得样本平均数的抽样分布如表6-2所示。

表6-2　样本平均数的抽样分布

$\bar{x}$	12	13	14	15	16	17	18	19	20
$P\{\bar{x}\}$	$\frac{1}{25}$	$\frac{2}{25}$	$\frac{3}{25}$	$\frac{4}{25}$	$\frac{5}{25}$	$\frac{4}{25}$	$\frac{3}{25}$	$\frac{2}{25}$	$\frac{1}{25}$

要求用样本平均数估计总体平均数，并计算抽样误差。

首先，计算总体平均数、总体方差及总体标准差。

总体平均数 $\overline{X} = \dfrac{\displaystyle\sum_{i=1}^{N} X_i}{N} = \dfrac{80}{5} = 16$；

总体方差 $\sigma_X^2 = \dfrac{\displaystyle\sum_{i=1}^{N}(x_i - \overline{X})^2}{N} = \dfrac{4^2 + 2^2 + 0^2 + 2^2 + 4^2}{5} = 8$；

总体标准差 $\sigma_X = \sqrt{\dfrac{\displaystyle\sum_{i=1}^{N}(x_i - \overline{X})^2}{N}} = \sqrt{8} = 2\sqrt{2}$。

其次，计算样本平均数的均值（即抽样分布的数学期望）、抽样分布的方差和标准差（这里指样本平均数的方差和标准差）。

用 $E(\overline{x})$ 表示样本平均数的均值，用 $\sigma_x{}^2$、σ_x 表示抽样分布的方差和标准差。有

$$E(\overline{x}_i) = \sum_{i=1}^{M} \overline{x}_i \cdot p(\overline{x}_i) = 16$$

$$\sigma_x^2 = \frac{\displaystyle\sum_{i=1}^{M}\left[\overline{x}_i - E(\overline{x}_i)\right]^2}{M} = \frac{100}{25} = 4$$

$$\sigma_x = \sqrt{\frac{\displaystyle\sum_{i=1}^{M}\left[\overline{x}_i - E(\overline{x}_i)\right]^2}{M}} = \sqrt{\frac{100}{25}} = 2$$

式中，M 为全部样本数。

从计算结果可以看出，$E(\overline{x}_i) = \overline{X}$。

再次，计算抽样平均误差。

根据抽样平均误差的定义公式可得

$$\mu_{\overline{x}} = \sqrt{\frac{\displaystyle\sum_{i=1}^{M}(\overline{x}_i - \overline{X})^2}{M}} = \sqrt{\frac{100}{25}} = 2$$

从计算结果可知，抽样平均误差等价于抽样分布的标准差。这是因为样本平均数 $\overline{x}_i$ 的数学期望 $E(\overline{x}_i)$ 等于总体平均数 $\overline{X}$。

可以证明，抽样分布的方差 σ_x^2 等于总体方差 σ_X^2 的 $\dfrac{1}{n}$。在本例中，根据抽样误差的大小与总体方差 σ_X^2 成正比、与样本容量 n 成反比的数量关系可得

$$\frac{\sigma_X^2}{n} = \frac{8}{2} = 4$$

计算结果等价于抽样分布的方差 σ_x^2。

其平方根为

$$\sqrt{\frac{\sigma_X^2}{n}} = \sqrt{4} = 2$$

等价于抽样分布的标准差 $\sigma_{\bar{x}}$，等价于抽样平均误差。

从上述计算结果可知，样本平均数的数学期望等于总体平均数，样本平均数的抽样平均误差的平方等于总体方差的 $\frac{1}{n}$。

数理统计已经证明，在重复简单随机抽样条件下，总体中全部样本平均数的数学期望等于总体平均数；若样本统计量的数学期望等于总体参数，则该统计量作为总体参数的估计量就是无偏的，即样本平均数是总体平均数的无偏估计量。

抽样分布的方差 $\sigma_{\bar{x}}^2$ 等于总体方差 σ_X^2 的 $\frac{1}{n}$，这一结论为我们计算抽样平均误差提供了理论依据。在重复简单随机抽样条件下，计算抽样平均误差的应用公式为

$$\mu_{\bar{x}} = \sqrt{\frac{\sigma_X^2}{n}} = \frac{\sigma_X}{\sqrt{n}}$$

若总体方差 σ_X^2 或标准差 σ_X 是已知或可知的，则可根据该公式计算抽样平均误差，并将其作为度量以 $\bar{x}$ 估计 $\bar{X}$ 产生的抽样误差的标准。若总体方差 σ_X^2 或标准差 σ_X 是未知的，则可以用样本方差 s_x^2 或标准差 s_x 代替总体方差 σ_X^2 或标准差 σ_X，然后根据上述公式计算抽样平均误差。但此时的样本方差与样本标准差应分别按以下方法计算：

$$s_x^2 = \frac{\sum_{i=1}^{n}(x_i - \bar{X})^2}{n-1}$$

$$s_x = \sqrt{\frac{\sum_{i=1}^{n}(x_i - \bar{X})^2}{n-1}}$$

2. 样本成数的抽样分布

样本成数的抽样分布是由样本成数的可能取值和与之对应的概率组成的分布数列。在重复简单随机抽样方法下，按照分析样本平均数的抽样分布的思路，对样本成数的抽样分布进行分析，可以得到以下两点结论：

（1）样本成数的抽样分布的数学期望等于总体成数，即

$$E(p) = P$$

说明全部样本成数的平均数等于总体成数，样本成数 p 是总体成数 P 的无偏估计量。

（2）样本成数的抽样分布的方差（即抽样标准误的平方或抽样平均误差的平方）是总体方差 $P(1-P)$ 的 $\frac{1}{n}$。因此，在重复简单随机抽样下，作为衡量样本成数 p 估计总体成数 P 时产生抽样误差标准的抽样平均误差的计算公式为

$$\mu_p = \sqrt{\frac{P(1-P)}{n}}$$

（二）不重复简单随机抽样条件下的抽样分布

不重复简单随机抽样条件下的抽样分布分为样本平均数的抽样分布和样本成数的抽样分布。

1. 样本平均数的抽样分布

【例6-2】沿用【例6-1】的资料，采用不重复简单随机抽样，从 $N=5$ 的总体中抽取 $n=2$ 的全部样本为10个，计算公式为

$$C_5^2 = \frac{N!}{n!\ (N-n)!} = 10$$

每个样本被抽中的概率均为 $\frac{1}{10}$。全部样本的有关资料如表6-3所示。

表6-3 从一个 $N=5$ 的总体中抽 $n=2$ 的全部样本

样本序号	样本单位	样本数据	样本平均数 $\bar{x}$	$\bar{x} - \bar{X}$	$(\bar{x} - \bar{X})^2$	样本方差 s_x^2
1	$A,\ B$	12, 14	13	-3	9	2
2	$A,\ C$	12, 16	14	-2	4	8
3	$A,\ D$	12, 18	15	-1	1	18
4	$A,\ E$	12, 20	16	0	0	32
5	$B,\ C$	14, 16	15	-1	1	2
6	$B,\ D$	14, 18	16	0	0	8
7	$B,\ E$	14, 20	17	1	1	18
8	$C,\ D$	16, 18	17	1	1	2
9	$C,\ E$	16, 20	18	2	4	8
10	$D,\ E$	18, 20	19	3	9	2
平均	—	—	16		3	10

根据表6-3中10个样本平均数的有关资料，可得样本平均数的抽样分布如表6-4所示。

表6-4 样本平均数的抽样分布

$\bar{x}$	13	14	15	16	17	18	19
$P\{\bar{x}\}$	$\frac{1}{10}$	$\frac{1}{10}$	$\frac{2}{10}$	$\frac{2}{10}$	$\frac{2}{10}$	$\frac{1}{10}$	$\frac{1}{10}$

根据不重复简单随机抽样下样本平均数的抽样分布，可得出以下两个结论：

（1）样本平均数的数学期望等于总体平均数，不重复简单随机抽样下的样本平均数 $\bar{x}$ 是

总体平均数 $\bar{X}$ 的无偏估计量。

（2）样本平均数的抽样分布的方差（即抽样标准误的平方）是总体方差 σ_X^2 的 $\dfrac{N-n}{n(N-1)}$。因此，在不重复简单随机抽样下，作为衡量样本平均数 $\bar{x}$ 估计总体平均数 $\bar{X}$ 时产生抽样误差标准的抽样平均误差的计算公式为

$$\mu_{\bar{x}} = \sqrt{\frac{\sigma_X^2}{n} \cdot \sqrt{\frac{N-n}{N-1}}} = \sqrt{\frac{\sigma_X^2}{n} \cdot \frac{N-n}{N-1}}$$

当 N 很大时，有

$$\mu_{\bar{x}} = \sqrt{\frac{\sigma_X^2}{n}\left(1 - \frac{n}{N}\right)}$$

比较重复简单随机抽样下的抽样平均误差和不重复简单随机抽样下的抽样平均误差可知，不重复简单随机抽样标准误小于重复简单随机抽样的标准误。但是，当 n 相对于 N 较小时，或者 N 无限大时，$\dfrac{N-n}{N-1} \approx 1$，此时两种抽样法下的抽样标准误相近。

在实践中，对于无限总体，无论采用重复抽样还是不重复抽样，均可用重复抽样下的抽样平均误差作为衡量抽样误差的标准；对于有限总体，当 $\dfrac{n}{N}$ 较小时，简便起见，亦常用重复抽样的抽样平均误差作为衡量抽样误差的标准。

2. 样本成数的抽样分布

按照上述思路对不重复简单随机抽样下样本成数的抽样分布进行分析，可得出以下两个结论：

（1）样本成数的数学期望等于总体成数，即 $E(p) = P$，不重复简单随机抽样下样本成数 p 是总体成数的无偏估计量。

（2）样本成数的抽样分布的方差是总体方差 $\sigma_p^2 = P(1-P)$ 的 $\dfrac{N-n}{n(N-1)}$。因此，在不重复简单随机抽样下，作为衡量用样本成数 p 估计总体成数 P 时产生抽样误差标准的抽样平均误差的计算公式为

$$\mu_p = \sqrt{\frac{P(1-P)}{n} \cdot \frac{N-n}{N-1}}$$

当 N 较大时，有

$$\mu_p = \sqrt{\frac{P(1-P)}{n} \cdot \left(1 - \frac{n}{N}\right)}$$

三、抽样平均误差的应用

通过分析重复简单随机抽样与不重复简单随机抽样及其抽样分布，我们获得了一系列重要结论，这些结论为我们提供了计算抽样平均误差的理论依据和具体方法，使我们在实践中

能容易地确定衡量抽样误差的具体标准。现举例说明这些方法在简单随机抽样中的应用。

【例6-3】某居民区共有 10 000 户居民，为了估计该区居民的用电量，采用简单随机抽样方法抽取 100 户居民，对其某月用电量进行抽样调查，得知该月户均用电量为 125 kW/h，标准差为 35 kW/h。

若采用重复抽样方法，则户均用电量的抽样平均误差为

$$\mu_{\bar{x}} = \sqrt{\frac{s_x^2}{n}} = \sqrt{\frac{35^2}{100}} = 3.5 \ (\text{kW/h})$$

若采用不重复抽样方法，则户均用电量的抽样平均误差为

$$\mu_{\bar{x}} = \sqrt{\frac{s_x^2}{n}\left(1 - \frac{n}{N}\right)} = \sqrt{\frac{35^2}{100} \times \left(1 - \frac{100}{10\ 000}\right)} = 3.482\ 5 \ (\text{kW/h})$$

或

$$\mu_{\bar{x}} = \sqrt{\frac{s_x^2}{n}\left(\frac{N - n}{N - 1}\right)}$$

$$= \sqrt{\frac{35^2}{100} \times \left(\frac{10\ 000 - 100}{10\ 000 - 1}\right)}$$

$$= 3.482\ 6 \ (\text{kW/h})$$

【例6-4】某厂对某产品质量进行抽样检验，从 5 000 件产品中采用简单随机抽样方法抽取 100 件。经检验，其中 94 件为合格产品，即合格率 $p = \frac{94}{100} = 0.94$。

若采用重复抽样方法，则产品合格率的抽样平均误差为

$$\mu_p = \sqrt{\frac{p(1 - p)}{n}} = \sqrt{\frac{0.94 \times (1 - 0.94)}{100}} = 0.023\ 75$$

若采用不重复抽样方法，则产品合格率的抽样平均误差为

$$\mu_p = \sqrt{\frac{p(1 - p)}{n}\left(1 - \frac{n}{N}\right)}$$

$$= \sqrt{\frac{0.94 \times (1 - 0.94)}{100} \times \left(1 - \frac{100}{5\ 000}\right)}$$

$$= 0.023\ 51$$

或

$$\mu_p = \sqrt{\frac{p(1 - p)}{n}\left(\frac{N - n}{N - 1}\right)}$$

$$= \sqrt{\frac{0.94 \times (1 - 0.94)}{100} \times \left(\frac{5\ 000 - 100}{5\ 000 - 1}\right)}$$

$$= 0.023\ 51$$

第四节　抽样估计的置信度与抽样分布定理

一、抽样估计的置信度

抽样极限误差表示抽样误差的可能范围，也是用样本统计量估计总体未知参数的允许误差极限，是反映抽样估计准确性的重要指标。但是，由于抽样误差是一个随机变量，因此样本统计量的某一具体数值（这里称之为总体未知参数的估计值）与总体未知参数之间的抽样误差落在一定范围内并不是一个必然事件。

事实上，在抽样估计中，只能以一定的概率来保证样本统计量的某一具体数值（即估计值）与总体未知参数之间的抽样误差落在一定的范围内。因此，抽样极限误差的确定总是与一定的概率保证程度联系在一起的，即抽样极限误差是在一定概率保证下的抽样误差。抽样极限误差因此成为反映抽样估计可靠性（亦称把握性）的重要指标。就概率意义而言，抽样估计的可靠程度被称为抽样估计的置信度。抽样极限误差在抽样估计中的实际意义在于，它可以将其作为确定总体未知参数置信区间的重要依据，表明总体未知参数落在一定误差范围内的置信度。

我们已经知道，抽样极限误差 Δ 是以抽样平均误差 μ 衡量的，一般用若干倍的抽样平均误差来表示抽样极限误差。倍数 t 也叫概率度，反映了抽样极限误差与抽样平均误差之间的数量关系。概率度既是确定抽样估计误差范围的重要依据之一，也是衡量抽样估计可靠概率的重要参数。在实际工作中，需要根据抽样分布与总体分布的关系来确定概率度。抽样分布的一系列重要定理为我们提供了解决这一问题的理论依据和具体方法。

二、样本平均数的抽样分布定理

样本平均数的抽样分布定理有正态分布定理、中心极限定理和小样本分布定理。

（一）正态分布定理与抽样估计的置信度

正态分布定理：如果由 n 个单位组成的随机样本来自一个平均数为 $\overline{X}$、方差为 σ_X^2 的正态分布总体，则样本平均数服从于数学期望为 $\overline{X}$、方差为 σ_X^2 的正态分布。

正态分布定理说明当总体服从正态分布时，按照随机原则从该总体中抽出一个容量为 n 的样本，无论该样本是大样本还是小样本，其样本平均数均服从正态分布，而且全部样本平均数的数学期望 $E(\overline{x})$ 等于总体平均数 $\overline{X}$，样本平均数的方差 $\sigma_{\overline{x}}^2$ 等于总体方差 σ_X^2 的 $\dfrac{1}{n}$，

亦即抽样平均误差 $\mu_{\overline{x}} = \sqrt{\dfrac{\sigma_X^2}{n}} = \dfrac{\sigma_X}{\sqrt{n}}$。

在实践中，为了应用方便，一般把正态随机变量变换为标准正态分布变量。这样就可以利用标准正态分布函数表查得抽样估计的概率度与相应概率的值，从而解决抽样估计的置信

度问题。

由于从正态分布总体中随机抽样产生的样本平均数 $\bar{x}$ 是服从于正态分布的一般随机变量，因此我们可以将其变换为标准正态分布随机变量。

在采用重复抽样方法时，变换公式为

$$Z = \frac{\bar{x} - E(\bar{x})}{\sigma_{\bar{x}}} = \frac{\bar{x} - \overline{X}}{\sigma_{\bar{x}}/\sqrt{n}}$$

在采用不重复抽样方法时，变换公式为

$$Z = \frac{\bar{x} - E(\bar{x})}{\sigma_{\bar{x}}} = \frac{\bar{x} - \overline{X}}{\sqrt{\frac{\sigma_x^2}{n} \cdot \left(\frac{N-n}{N-1}\right)}}$$

因为上述公式中的抽样标准误 $\sigma_{\bar{x}}$ 与抽样平均误差等价，所以在实际应用中，Z 的值可通过下式计算：

$$Z = \frac{\bar{x} - \overline{X}}{\mu_{\bar{x}}}$$

式中，$\bar{x} - \overline{X}$ 是某一具体样本平均数与总体平均数的离差，即抽样误差。又因为，作为表示抽样误差可能范围的抽样极限误差 $\Delta_{\bar{x}} = |\bar{x} - \overline{X}|$，因此上式又可表示为

$$Z = \frac{\Delta_{\bar{x}}}{\mu_{\bar{x}}}$$

这样，就可以根据抽样估计的准确性要求 $\Delta_{\bar{x}}$ 和计算出的抽样平均误差 $\mu_{\bar{x}}$ 来计算 Z 值，然后从标准正态分布函数表中查出与之对应的概率值 $F(Z)$。该概率值表明了用样本平均数 $\bar{x}$ 估计总体平均数 $\overline{X}$ 的置信度。这里，Z 是衡量抽样估计可靠概率的重要参数，被称为概率度。根据概率度、抽样极限误差、抽样平均误差与概率的关系，可以得出表 6-5 中常用的概率，以便在实际中应用。

表 6-5　常用的概率

概率度 Z	抽样极限误差 Δ	概率值 F(Z)
1	1μ	0.682 7
1.96	1.96μ	0.950 0
2	2μ	0.954 5
3	3μ	0.997 3

【例 6-5】沿用【例 6-3】的资料，假设该居民区居民用电量服从正态分布，用抽样调查 100 户居民该月户均用电量估计该居民区 10 000 户居民的户均用电量时，若要求抽样误差不超过 7 kW/h，请计算出这种估计的置信度。

在采用重复抽样方法时

$$Z = \frac{\Delta_{\bar{x}}}{\mu_{\bar{x}}} = \frac{7}{3.5} = 2$$

查标准正态分布函数表得

$$F(Z) = F(2) = 0.954\ 5$$

由此可知，做出这种估计的置信度为95.45%。

在采用不重复抽样方法时

$$Z = \frac{\Delta_{\bar{x}}}{\mu_{\bar{x}}} = \frac{7}{3.482\ 6} = 2.01$$

查标准正态分布函数表得

$$F(Z) = F(2.01) = 0.955\ 6$$

由此可知，这种估计的置信度为95.56%。

（二）中心极限定理与抽样估计的置信度

中心极限定理的通俗定义：对任意一个具有总体平均数为 $\bar{X}$、方差为 σ_X^2 的总体，只要从该总体中随机抽取的样本容量 n 无限增大（一般要求 $n>30$），则该样本平均数的分布趋近于其数学期望为 $\bar{X}$、方差为 σ_X^2 的正态分布。

在抽样调查过程中，我们所要研究的现象总体各自都有不同的特征，有些总体服从正态分布，有些总体则服从其他形式的分布。对于服从正态分布的总体，有些可以事先知道，但更多的是事先不知道或根本无法知道的。中心极限定理的实用价值就在于，无论总体服从什么形式的分布，对于容量很大的样本来说，样本平均数的分布会接近于正态分布。因此，可以利用标准正态分布求得标准化随机变量 $\frac{\bar{x} - \bar{X}}{\mu_{\bar{x}}}$ 落入一定区间的概率，进而推导出抽样估计的置信度。

（三）小样本分布定理与抽样估计的置信度

小样本分布定理：如果从平均数为 $\bar{X}$、但方差 σ_X^2 未知的正态分布总体中随机抽取 n 个单位组成样本，且 $n \leqslant 30$，则样本统计量 $t = \frac{\bar{x} - \bar{X}}{\sigma_{\bar{x}}}$ 服从自由度 $df = n-1$ 的 t 分布。

其中，由于总体方差 σ_X^2 是未知的，因此 $\hat{\sigma}_{\bar{x}}$ 是 $\sigma_{\bar{x}}$ 的估计值，$\hat{\sigma}_{\bar{x}} = \frac{s_x}{\sqrt{n}}$；$s_x = \sqrt{\dfrac{\sum\limits_{i=1}^{n}(x_i - \bar{X})^2}{n-1}}$ 为样本标准差。

t 称为概率度，其本身没有计量单位。

t 分布的形状类似于正态分布，都是对称图形，但相对于正态分布偏平。当样本容量 n 不断增大时，t 分布趋近正态分布。事实上，当 $n>30$ 时，二者就十分相近了。

t 分布的形态受自由度的影响。所谓自由度，就是我们能自由选择的数值的个数。当样本容量为 n 时，$df = n-1$。

小样本分布定理说明，在研究实际问题时，总体方差 σ_X^2 往往是未知的，这时只能用样本方差 s_x^2 代替总体方差，用样本标准差 s_x 代替总体标准差 σ_X。

三、样本成数的抽样分布定理与抽样估计的置信度

样本成数的抽样分布定理：对于任意一个数学期望为 P、方差为 $P(1-P)$ 的二项式分布总体，当 n 足够大（一般地，$nP>5$；$n(1-P)>5$）时，样本成数 p 趋于服从数学期望为 P、方差为 μ_p^2 的正态分布，标准化随机变量 $Z=\dfrac{p-P}{\mu_p}$ 趋于服从标准正态分布。

当样本取自无限总体或采用重复抽样方法时

$$\mu_p^2=\frac{p(1-p)}{n}$$

当采用不重复抽样方法，且样本取自有限总体时

$$\mu_p^2=\frac{p(1-p)}{n}\cdot\frac{N-n}{N-1}$$

这是中心极限定理的推论之一。

当我们需要研究属性总体中具有某种特征的单位占总体的比重时，则总体服从二项分布。中心极限定理的上述推论成为我们利用正态分布函数表解决这类抽样估计问题的理论依据。

标准化随机变量 $Z=\dfrac{p-P}{\mu_p}$ 中的 $p-P$ 是某一具体样本成数 p 与总体成数 P 的离差，即抽样误差，作为表示抽样误差可能范围的抽样极限误差 $\Delta_p=|p-P|$，所以上式又可表示为

$$Z=\frac{\Delta_P}{\mu_p}$$

从而可以根据抽样估计的准确性要求 Δ_p 和已计算出的抽样平均误差 μ_p 的值来计算 Z 值，然后从标准正态分布函数表中查出与之对应的概率值，即得出抽样估计的置信度。

【例6-6】沿用【例6-4】资料，因为 $n=100$，$p=0.94$，有 $np=100\times0.94=94$，$n(1-p)=100\times0.06=6$，即 $np>5$，$n(1-p)>5$，说明抽样分布趋于正态分布。若要求抽样估计的误差不超过 3%，请计算出这种估计的置信度。

在采用重复抽样方法时

$$Z=\frac{\Delta_p}{\mu_p}=\frac{0.03}{0.023\ 75}=1.26$$

查标准正态分布函数表得 $F(Z)=F(1.26)=0.792\ 3$，即这种估计的置信度为 79.23%。

第五节 抽样估计

一、评价估计量的准则

在抽样法中，对总体未知参数（总体平均数 $\overline{X}$、总体成数 P、总体方差 σ_x^2 等）进行估计，是借助于样本统计量（样本平均数 $\overline{x}$、样本成数 p、样本方差 s_x^2 等）进行的，即用样本

统计量作为总体参数的估计值。因此，需要样本统计量对总体被估计的参数具有良好的代表性，即需要使样本的分布结构与总体的分布结构一致。但是，样本统计量是个随机变量，随着抽取的样本不同，会有不同的估计值（即作为总体参数估计量的某一统计量的数值）。因而，在抽样估计之前需要对某种估计量的好坏进行判断，即要看该估计量是否在某种意义上最接近于被估计参数的实际值。

一般地，用样本统计量作为总体参数的估计量，应该满足无偏性、一致性和有效性三个要求。只要满足了这三个要求，就可以认为该统计量是总体参数的优良估计量。

（一）无偏性

设 $\hat{\theta}$ 代表作为总体参数估计量的样本统计量，θ 代表被估计的总体未知参数。若 $E(\hat{\theta}) = \theta$，则 $\hat{\theta}$ 是 θ 的无偏估计量。

通过对简单随机抽样的分析可知，无论采用重复抽样还是不重复抽样的方法，样本平均数 $\bar{x}$ 的数学期望均等于总体平均数 $\bar{X}$，即 $E(\bar{x}) = \bar{X}$；样本成数 p 的数学期望等于总体成数 P，即 $E(p) = P$。因此，在简单随机抽样中，样本平均数是总体平均数的无偏估计量，样本成数 p 是总体成数 P 的无偏估计量。

（二）一致性

就数量关系而言，抽样法建立在概率论大数法则的基础上。大数法则内容为：如果随机变量总体存在着有限的平均数和方差，则对于充分大的样本容量 n，可以用几乎趋近于 1 的概率来期望样本统计量与总体参数的绝对离差为任意小，即对于任意的正数 α，有

$$\lim_{n \to \infty} P(|\hat{\theta} - \theta| < \alpha) = 1$$

说明当样本容量足够大（$n>30$）时，样本统计量与总体参数趋于一致。因而在抽样时，只要适当加大样本容量，就可以使样本统计量与总体参数趋于一致。

（三）有效性

抽样估计的有效性要求是，用样本统计量作为总体参数的优良估计量的方差应该比用其他估计量的方差小。因为样本统计量的方差的平方根是样本统计量的标准误差（即抽样标准误或抽样平均误差），其一般计算式为

$$\sqrt{\frac{\sum_{i=1}^{M}(\hat{\theta}_i - \theta)^2}{M}}$$

其中，$\sum_{i=1}^{M}(\hat{\theta}_i - \theta)^2 = \min$，即样本统计量（估计值）与总体参数的离差的平方和最小。

所以，用样本统计量作为总体参数的估计量符合抽样估计的有效性要求。

二、总体参数的点估计

(一) 总体平均数的点估计

点估计就是以样本统计量直接估计总体未知参数,即以样本统计量的具体值作为总体参数的估计值。

如果总体平均数 $\overline{X}$ 是个未知数,根据随机样本的数据可以计算出样本平均数 $\overline{x}$,则样本平均数的具体值就是总体平均数的点估计值。当 n 足够大时,由于样本平均数 $\overline{x}$ 具备优良估计的三个标准,因此样本平均数的具体值是总体平均数的优良点估计值。

例如,在【例6-3】中,为了了解某月该居民区全部居民的户均用电量,随机抽取 100户居民调查,得出户均用电量为 125 kW/h(样本平均数),则可以将其作为该区全部居民户均用电量(总体平均数)的点估计值,估计该区全部居民户均用电量为 125 kW/h。又如,为了了解城市居民的消费水平,随机地从全部城市居民中抽取 1 000 户居民调查,得出某年人均消费金额为 3 200 元,据此可得出全部城市居民某年人均消费金额的点估计值为 3 200 元。

(二) 总体成数的点估计

当 n 足够大时,由于样本成数 p 是总体成数 P 的优良估计量,因此当总体成数未知时,可以用样本成数 p 的值作为总体成数 P 的点估计值。

例如,在【例6-4】中,为了了解 5 000 件产品的合格率,随机抽取 100 件产品调查,得出样本合格率为 94%,可据此得出 5 000 件产品的合格率的点估计值亦为 94% 。

【例6-7】某公司考虑购买一批减价商品,共 2 000 件,其中有些是次品,但不知次品数或次品率是多少。但该公司知道每件次品的修复成本为 0.25 元,并认为若总的修复成本低于 50 元,则购买这批商品是有利可图的。在购买前,该公司随机地从中抽取 100 件商品进行调查,发现 8 件是次品。试估计这批商品的次品率,并判断该公司是否可以购买这批商品。

设样本次品率为 p,则 $p = \dfrac{8}{100} = 8\%$ 。用样本成数 p 作为总体成数 P 的点估计值,则这批商品的次品率亦为 8% 。

又因为这批商品总数 $N = 2\,000$,所以该批商品中的次品数为 $NP = 2\,000 \times 8\% = 160$(件)。所以该批商品所需要的总修复成本为 $0.25 \times 160 = 40$(元)。由此可见,该公司可以购买这批商品。

(三) 总体方差的点估计

一般地,设某总体方差 σ_x^2 是个未知数,当从该总体中随机抽取一个容量为 n 的样本时,样本方差 s_x^2 是总体方差的无偏估计量,即 $s_x^2 = \dfrac{\sum\limits_{i=1}^{n} (x_i - \overline{X})^2}{n-1}$ 。

三、总体参数的区间估计

(一)区间估计的意义

点估计是用样本统计量的某一具体值来估计总体参数的值。这个值可能等于总体参数的值,也可能不等于总体参数的值。二者只是在平均意义上相等。例如,从表6-1和表6-2可见,总体平均数 $\overline{X}=16$,而在其全部25个可能样本平均数中,样本平均数 $\overline{x}=16$ 的只有 $\dfrac{5}{25}$,说明样本平均数 $\overline{x}$ 等于总体平均数 $\overline{X}$ 的概率为 $\dfrac{5}{25}$,而 $\overline{x}\neq\overline{X}$ 的概率为 $\dfrac{20}{25}$ 。由此可见,所谓优良估计量(即无偏、一致和有效的估计量)并不能百分之百地保证统计量的取值等于总体参数的值。由表6-2还可知, $P\{14\leqslant\overline{X}\leqslant18\}=\dfrac{19}{25}$,即总体平均数居于14~18的概率是 $\dfrac{19}{25}$ 。

在抽样法中,我们常常用一个区间及其出现的概率来估计总体参数,这种方法称为区间估计。具体地说,区间估计是用统计量和它的抽样平均误差构成的区间来估计总体参数,并以一定概率保证总体参数将落在所估计的区间内。这一概率保证程度称为抽样估计的置信度,这一区间称为抽样估计的置信区间。

(二)总体平均数的区间估计

1. 大样本条件下总体平均数的置信区间

由样本平均数的抽样分布可知,如果总体服从正态分布或 $n>30$,且总体方差 σ_x^2 已知,则有

$$P\left\{-z_{\frac{\alpha}{2}}\leqslant Z\leqslant z_{\frac{\alpha}{2}}\right\}=1-\alpha$$

其中, $z_{\frac{\alpha}{2}}$ 为标准正态分布的上 $\dfrac{\alpha}{2}$ 分位数。对一个服从正态分布的随机变量 $X\sim N(0,1)$, $\alpha\in(0,1)$,若实数 z_α 满足 $P\{X>z_\alpha\}=\alpha$,则 z_α 称为标准正态分布的上 α 分位点。

因为标准正态分布随机变量为

$$Z=\frac{\overline{x}-\overline{X}}{\mu_{\overline{x}}}$$

所以有

$$P\left\{-z_{\frac{\alpha}{2}}\leqslant\frac{\overline{x}-\overline{X}}{\mu_{\overline{x}}}\leqslant z_{\frac{\alpha}{2}}\right\}=1-\alpha$$

从而可得

$$P\left\{\overline{x}-z_{\frac{\alpha}{2}}\mu_{\overline{x}}\leqslant\overline{X}\leqslant\overline{x}+z_{\frac{\alpha}{2}}\mu_{\overline{x}}\right\}=1-\alpha$$

其中, $1-\alpha$ 是置信度,一般用 $F(Z)$ 表示。它说明在随机抽样时,用于估计总体平均数 $\overline{X}$ 落在区间 $\left[\overline{x}-z_{\frac{\alpha}{2}}\mu_{\overline{x}},\ \overline{x}+z_{\frac{\alpha}{2}}\mu_{\overline{x}}\right]$ 之间的概率是 $1-\alpha$,因此 α 就是总体平均数不在这一区间的概率。所以称 $\left[\overline{x}-z_{\frac{\alpha}{2}}\mu_{\overline{x}},\ \overline{x}+z_{\frac{\alpha}{2}}\mu_{\overline{x}}\right]$ 为当置信度为 $1-\alpha$ 时 $\overline{X}$ 的置信区间。

置信区间包含两层含义。就其概率意义而言，对于来自正态总体的所有样本，若用上述公式确定它们的置信区间，则有 $100(1-\alpha)\%$ 的置信度将总体平均数 $\bar{X}$ 包括在该区间之内。就其实践意义而言，对于某一个来自正态总体的样本，有 $100(1-\alpha)\%$ 的把握说该样本的置信区间将总体平均数 $\bar{X}$ 包括在内，也可能没有包括 $\bar{X}$，所以一个置信区间包括 $\bar{X}$ 的把握性只有 $100(1-\alpha)\%$。置信度为95%的置信区间（$\alpha=5\%$）如图6-1所示。

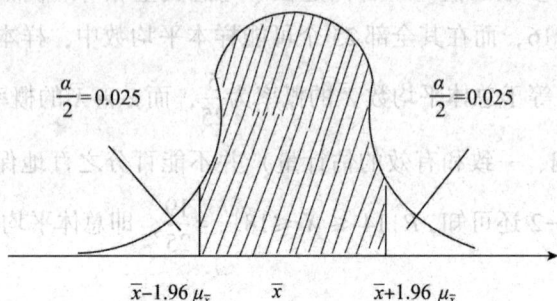

$\dfrac{\alpha}{2}=0.025$ $\dfrac{\alpha}{2}=0.025$

$\bar{x}-1.96\,\mu_{\bar{x}}$ $\bar{x}$ $\bar{x}+1.96\,\mu_{\bar{x}}$

图6-1　置信度为95%的置信区间（$\alpha=5\%$）

在图6-1中，标准正态曲线下阴影部分的面积占标准正态曲线与横轴围成的总面积的95%，表明用样本平均数 $\bar{x}$ 估计总体平均数 $\bar{X}$ 的置信度时，$F(Z)=100(1-\alpha)\%=95\%$。横轴上标明的区间 $\left[\bar{x}-z_{\frac{\alpha}{2}}\mu_{\bar{x}},\ \bar{x}+z_{\frac{\alpha}{2}}\mu_{\bar{x}}\right]$ 表示用样本平均数 $\bar{x}$ 估计总体平均数 $\bar{X}$ 有95%把握性的置信区间，其中，$z_{\frac{\alpha}{2}}=z_{\frac{0.05}{2}}=1.96$。

【例6-8】沿用【例6-3】和【例6-5】的资料和计算结果，该居民区样本户均用电量为125 kW/h，样本标准差为35 kW/h。

若采用重复简单随机抽样方法，样本平均数的抽样平均误差 $\mu_{\bar{x}}=3.5$ kW/h，抽样极限误差 $\Delta_{\bar{x}}=7$ kW/h，概率度 $z_{\frac{\alpha}{2}}=2$，抽样估计的置信度 $F(Z)=F(2)=95.45\%$。所以，以95.45%的把握，用样本户均用电量估计该区全部居民户均用电量的置信区间为

$$[125-2\times3.5,\ 125+2\times3.5]=[118,\ 132]$$

说明有95.45%的把握估计全区居民户均用电量在 $118\sim132$ kW/h。

若采用不重复简单随机抽样法，则 $\mu_{\bar{x}}=3.482\,6$ kW/h，$\Delta_{\bar{x}}=7$ kW/h，概率度 $z_{\frac{\alpha}{2}}=2.01$，$F(Z)=F(2.01)=95.56\%$。此时，以95.56%的把握，用样本平均数 $\bar{x}$ 估计总体平均数的置信区间为

$$[125-2.01\times3.482\,6,\ 125+2.01\times3.482\,6]=[118,\ 132]$$

说明以95.45%的把握估计该区居民户均用电量在 $118\sim132$ kW/h。

通过本例可知，在抽样估计的置信区间相同（即抽样估计的准确性要求相同）时，不重复抽样方法比重复抽样方法的置信度高。同理可知，在抽样估计的置信度相同时，采用不重复抽样方法比重复抽样方法的置信区间要小，即准确性要高一些。

需要说明的是，本例中虽然总体方差是未知的，但由于 $n=100>30$，因此可以用样本标准差代替总体标准差去计算抽样平均误差。

2. 小样本条件下正态总体方差未知时，总体平均数的区间估计

根据样本平均数的分布定理可知，当 $n<30$，且正态总体的方差 σ_x^2 未知时，有

$$P\left\{-t_{\frac{\alpha}{2}} \leqslant \frac{\overline{x}-\overline{X}}{\mu_{\overline{x}}} \leqslant t_{\frac{\alpha}{2}}\right\} = 1-\alpha$$

其中，$t_{\frac{\alpha}{2}}$ 为 t 分布的上 $\frac{\alpha}{2}$ 分位数。

因为小样本统计量 $t=\dfrac{\overline{x}-\overline{X}}{\sigma_{\overline{x}}}=\dfrac{\overline{x}-\overline{X}}{\mu_{\overline{x}}} \sim t(n-1)$，且由于总体方差 σ_x^2 未知，在计算 $\sigma_{\overline{x}}$ 或 $\mu_{\overline{x}}$ 时，需要用样本方差 s_x^2 估计总体方差 σ_x^2。而作为总体方差无偏估计量的样本方差为

$$\hat{\sigma}_x^2 = \frac{\sum\limits_{i=1}^{n}(x_i-\overline{X})^2}{n-1}$$

因而有

$$\hat{\sigma}_{\overline{x}}=\hat{\mu}_{\overline{x}}=\sqrt{\frac{\hat{\sigma}_x^2}{n}}=\sqrt{\frac{\sum\limits_{i=1}^{n}(x_i-\overline{x})^2}{n(n-1)}}=\frac{1}{\sqrt{n-1}}\sqrt{\frac{\sum\limits_{i=1}^{n}(x_i-\overline{x})^2}{n}}=\frac{s_x}{\sqrt{n-1}}$$

所以，$p\left\{-t_{\frac{\alpha}{2}} \leqslant t \leqslant t_{\frac{\alpha}{2}}\right\}=1-\alpha$ 可以变换为

$$P\left\{\overline{x}-t_{\frac{\alpha}{2}}\mu_{\overline{x}} \leqslant \overline{X} \leqslant \overline{x}+t_{\frac{\alpha}{2}}\mu_{\overline{x}}\right\}=1-\alpha$$

或者

$$P\left\{\overline{x}-t_{\frac{\alpha}{2}}\cdot\frac{s_x}{\sqrt{n-1}}, \overline{x}+t_{\frac{\alpha}{2}}\cdot\frac{s_x}{\sqrt{n-1}}\right\}=1-\alpha$$

在上述条件下，对未知的总体平均数 $\overline{X}$，其置信度为 $100(1-\alpha)\%$ 的置信区间是

$$\left[\overline{x}-t_{\frac{\alpha}{2}}\hat{\mu}_{\overline{x}}, \overline{x}+t_{\frac{\alpha}{2}}\hat{\mu}_{\overline{x}}\right]$$

或者

$$\left[\overline{x}-t_{\frac{\alpha}{2}}\cdot\frac{s_x}{\sqrt{n-1}}, \overline{x}+t_{\frac{\alpha}{2}}\cdot\frac{s_x}{\sqrt{n-1}}\right]$$

【例6-9】某公司的股票价格服从正态分布，为了掌握该公司股票的平均价格，随机地对其26天的交易价格进行调查。结果表明，平均价格为35元，标准差为2元。以98%的置信度求该公司股票平均价格的置信区间。

根据上述资料可知，$n=26$（小样本），样本标准差 $S_x=2$ 元，样本平均数 $\overline{x}=35$ 元，$\dfrac{\alpha}{2}=0.01$。所以，总体方差的估计值（即样本的调整方差）为

$$\hat{\sigma}_x^2=\frac{\sum\limits_{i=1}^{n}(x_i-\overline{x})^2}{n-1}=\frac{\sum\limits_{i=1}^{n}(x_i-\overline{x})^2}{n}\cdot\frac{n}{n-1}=S_x^2\cdot\frac{n}{n-1}$$

$$=2^2\times\frac{26}{25}$$

$$= 4.16$$

$$\hat{\mu}_{\bar{x}} = \sqrt{\frac{\hat{\sigma}_{\bar{x}}^2}{n}} = \sqrt{\frac{4.16}{25}} = 0.408$$

查 t 分布表，当 $\alpha/2 = 0.01$，自由度 $df = 26-1 = 25$ 时，$t_{1-\frac{\alpha}{2}} = 2.485$，$t = -2.485$。根据置信区间的计算公式，该公司股票平均价格的置信区间为

$$[35-2.485×0.408, 35+2.485×0.408] = [33.986, 36.014]$$

以上结果表明，有98%的把握估计该公司股票价格在33.986~36.014元。

（三）总体成数的区间估计

根据样本成数的抽样分布定理，当 $np > 5$，$n(1-p) > 5$ 时

$$P\{-z_{\frac{\alpha}{2}} \leqslant Z \leqslant z_{\frac{\alpha}{2}}\} = 1 - \alpha$$

因为

$$Z = \frac{p - P}{\mu_p}$$

所以

$$P\{p - z_{\frac{\alpha}{2}}\mu_p \leqslant P \leqslant p + z_{\frac{\alpha}{2}}\mu_p\} = 1 - \alpha$$

则置信度为 $1-\alpha$ 的总体成数的置信区间为

$$[p - z_{\frac{\alpha}{2}}\mu_p, \ p + z_{\frac{\alpha}{2}}\mu_p]$$

根据点估计理论可知，样本成数 p 是总体成数 P 的优良估计量。因此，在计算抽样平均误差 μ_p 时，如果总体方差 $p(1-P)$ 未知，我们可以用样本方差 $p(1-p)$ 代替总体方差，或者使用 $P(1-P)$ 的最大值0.25来计算 μ_p。

【例6-10】沿用【例6-4】资料，已知 $n = 100$，$np = 94$，$n(1-p) = 6$，样本合格率 $p = 0.94$。求产品合格率的置信区间(置信度为95.45%)。

采用重复简单随机抽样时，抽样平均误差 $\mu_p = 0.023\,75$，则产品合格度的置信区间为

$$[0.94-2×0.023\,75, \ 0.94+2×0.023\,75] = [0.892\,5, 0.987\,5]$$

上述结果表明，有95.45%的把握该产品的合格率在89.25%~98.75%。

采用不重复简单随机抽样时，抽样平均误差 $\mu_p = 0.023\,51$，则产品合格率的置信区间为

$$[0.94-2×0.023\,51, \ 0.94-2×0.023\,51] = [0.893, 0.987]$$

若以 $P(1-P) = 0.25$ 代替总体方差，采用重复简单随机抽样时，抽样平均误差为

$$\mu_p = \sqrt{\frac{p(1-p)}{n}} = \sqrt{\frac{0.25}{100}} = 0.05$$

则产品合格率的置信区间为

$$[0.94-2×0.05, \ 0.94+2×0.05] = [0.89, 0.99]$$

第六节　抽样组织方式与样本容量的确定

一、抽样组织方式

抽样组织方式是在抽取样本时，对总体各单位的一种组织安排，简称抽样方式。抽样组织方式有简单随机抽样、类型抽样、等距抽样和整群抽样。不同的抽样方式会产生不同的抽样效果，应当根据被研究现象总体的特征认真选择与确定合适的抽样组织方式。

（一）简单随机抽样

简单随机抽样方式涉及的有关问题我们已作了详细论述。作为对总体各单位的一种组织安排，这里要强调的是，在抽取样本之前，应该先确定总体范围，并对总体中的每个单位进行编号，形成明确的抽样框。编入抽样框的总体单位称为抽样单位（亦称抽样单元），因而抽样框是能从中进行随机抽样的所有抽样单位的名单或清册。有了抽样框，就便于使用随机数码表或其他随机形式从总体中抽取样本单位。

根据抽样单位的具体情况和抽样组织的要求，抽样单位可以分成若干级别。其中，作为调查资料直接承担者的抽样单位（一般为最低一级抽样单位）称为基本抽样单位。例如，对某居民区居民家庭室内装修费用情况进行抽样调查，假设该居民区共有 30 幢居民楼，每幢楼居住 70 户居民。为了使被抽中的居民户在总体中的分布是均匀的，在抽样时先从 30 幢居民楼中随机抽取 6 幢，然后从抽中的 6 幢楼中再随机地各抽取 7 户家庭，调查其室内装修费用。则每幢居民楼就是一个一级抽样单位，每户居民家庭就是一个二级抽样单位。这里，居民家庭是调查资料的直接承担者，亦即基本抽样单位。这样可以有效地提高样本的代表性。

（二）类型抽样

类型抽样又称分层抽样或分类抽样，是统计分组法与抽样法的结合。其特点是先将总体各单位按主要标志进行分组，然后从各组中按照随机原则抽取一定数量的单位组成样本。

设总体由 N 个单位组成，按主要标志将其划分成 h 组（$h=1$，2，3，$\cdots$，k），使 $N=N_1+N_2+\cdots+N_k$。然后从每组（即从 N_h）中随机抽取 N_h 个单位组成容量为 n 的样本，使 $n=n_1+n_2+\cdots+n_k$。这种抽样方式称为类型抽样。其中，n_h 称为组样本容量，n 称为全样本容量。

类型抽样便于组织，实施时应当准备好关于各组的抽样框。由于抽样是在各组独立进行的，因此允许根据不同的情况灵活地采用不同的抽样方法。根据组样本资料计算的组平均数 $\bar{x}_h$ 或组样本成数 P_h，可以用来对该组的参数进行估计，将其汇总成全样本平均数 $\bar{x}$ 或全样本成数 p，用以估计总体平均数 $\bar{X}$ 或总体成数等时，汇总的方法又很简单。与简单随机抽样比较，类型抽样的样本在总体中的分布更加均匀，因而抽样误差明显小于简单随机抽样。

由于类型抽样是按照随机原则分别从各组中抽取一定数量的单位组成样本，而各组的总体单位不同，因此通常是按一定比例从各组中抽取样本单位的，即

$$\frac{n_1}{N_1} = \frac{n_2}{N_2} = \cdots = \frac{n_k}{N_k} = \frac{n}{N}$$

因此，各组的样本单位数 n_h 可根据下式确定：

$$n_h = n \cdot \frac{N_h}{N} \quad (h = 1, 2, \cdots, k)$$

类型抽样的样本平均数 $\overline{X}_{st}$ 与样本成数 P_{st} 可分别按下列公式计算：

$$\overline{X}_{st} = \sum_{h=1}^{k} W_h \overline{x}_h$$

$$P_{st} = \sum_{h=1}^{k} W_h P_h$$

其中，$\overline{x}_h$ 为第 h 组的样本平均数；P_h 为第 h 组的样本成数；W_h 为第 h 组单位数占全部单位数的比重，即权数。在按比例抽样时有

$$W_h = \frac{N_h}{N} = \frac{n_h}{n}$$

样本平均数 $\overline{X}_{st}$ 的抽样平均误差可按下列公式计算：

采用重复抽样方法时，$\mu_{\overline{x}}$ 的计算公式为

$$\mu_{\overline{x}} = \sqrt{\frac{\overline{\sigma_h^2}}{n}}$$

采用不重复抽样方法时，$\mu_{\overline{x}}$ 的计算公式为

$$\mu_{\overline{x}} = \sqrt{\frac{\overline{\sigma_h^2}}{n}\left(1 - \frac{n}{N}\right)}$$

其中，$\overline{\sigma_h^2}$ 为各组内方差 σ_x^2 的加权算术平均数，其计算公式为

$$\overline{\sigma_h^2} = \frac{1}{N}\sum_{h=1}^{k} \sigma_x^2 n_h$$

在取得抽样资料的情况下，总体方差 σ_x^2 可以用样本组内方差 S_x^2 的加权算术平均数 $\overline{S_x^2}$ 代替，即在计算抽样平均误差 $\mu_{\overline{x}}$ 时，总体方差 σ_x^2 可用下式计算的结果代替，即

$$\overline{S_x^2} = \frac{1}{n}\sum_{h=1}^{k} S_h^2 N_h$$

样本成数 P_{st} 的抽样平均误差可按下列公式计算：

采用重复抽样方法时，μ_p 的计算公式为

$$\mu_p = \sqrt{\frac{\overline{P_h(1 - P_n)}}{n}}$$

采用不重复抽样方法时，μ_p 的计算公式为

$$\mu_p = \sqrt{\frac{\overline{P_n(1 - P_n)}}{n}\left(1 - \frac{n}{N}\right)}$$

其中，$\overline{p_h(1 - p_h)}$ 为各组内方差 $P_h(1 - P_h)$ 的加权算术平均数。在取得抽样资料的情况下，

可以用样本组内方差的加权算术平均数代替，即用下式计算的结果代替：

$$\overline{p_h(1 - p_h)} = \frac{1}{n} \sum_{h=1}^{k} p_h(1 - p_h) n_h$$

【例6-11】某市进行居民家庭收入调查，分城镇居民和农村居民两部分抽样。在43 560户城镇居民中随机抽取300户，在145 200户农村居民中随机抽取1 000户。调查结果为城镇居民年平均户收入16 280元，标准差为4 120元；农村居民年平均户收入11 080元，标准差为2 546元。以95.45%的置信度估计全市年平均户收入。

设 N_1 = 43 560，N_2 = 145 200，则 $N = N_1 + N_2$ = 188 760

$$W_1 = \frac{N_1}{N} = \frac{43\ 560}{188\ 760} = 0.231$$

$$W_2 = \frac{N_2}{N} = \frac{145\ 200}{188\ 760} = 0.769$$

故 $\overline{x}_{st} = W_1 \overline{x_1} + W_2 \overline{x_2}$ = 0.231 × 16 280 + 0.769 × 11 080 = 12 281.2（元）

$$\overline{S_h^2} = \frac{1}{n} \sum_{h=1}^{2} S_h^2 n_h$$

$$= \frac{1}{1\ 300} \times (4\ 120^2 \times 300 + 2\ 546^2 \times 1\ 000)$$

$$= 5\ 025\ 414.8$$

则 $\mu_{\overline{x}} = \sqrt{\dfrac{\overline{S_h^2}}{n}} = \sqrt{\dfrac{5\ 025\ 414.8}{1\ 300}}$ = 62.175（元）。

$\Delta_{\overline{x}}$ = 2 × 62.175 = 124.35（元）。

12 281.2−124.35 = 12 156.85（元）。

12 281.2+124.35 = 12 405.55（元）。

故全市年平均户收入在12 156.85～12 405.55元，做出这种估计的把握为95.45%。

在从各组中抽取样本单位时，若各组总体单位数目差别不大，亦可采用不等比例抽样。

（三）等距抽样

等距抽样又称为机械抽样或系统抽样。它是事先将总体各单位按某一标志排列，然后按固定的顺序和间隔来抽取样本单位的一种抽样组织方式。

若从总体 N 个单位中抽取 n 个单位组成样本，可先将 N 个单位按一定标志排队，然后将 N 个单位划分为 n 个相等的部分，每个部分包括 K 个单位，即 $K = \dfrac{N}{n}$。在实施抽样时，先从第一部分顺序为1，2，…，r，…，K 的单位中随机地抽取一个单位 r，而在第二部分中抽取顺序号为 $r+k$ 的单位，在第三部分抽取顺序号为 $r+2K$ 的单位，…，在第 n 部分抽取顺序号为 $r+(n-1)K$ 的单位，共 n 个单位组成一个样本，各样本单位之间的间距均为 K，K 称为抽样间距。等距抽样的随机性体现在第一个样本单位的抽取上。当第一个单位的位次确定后，其他样本也就随之确定了。

用来作为排列总体各单位顺序依据的标志,可以是与所研究变量数值大小无关或不起主要影响作用的标志,称之为无关标志;也可以是与变量数值大小保持密切联系或起主要影响的标志,称为有关标志。按无关标志排队的等距抽样与简单随机抽样的原理类似,抽样平均误差的计算可采用简单随机抽样的方法。但由于在一定的间距内只抽取一个样本单位,故其抽样平均误差需按不重复简单随机抽样方法计算。按有关标志排队的等距抽样实质上体现了类型抽样的一些特点,一般在抽取第一个样本单位时,取第一部分处于中间位置的变量值,则可以有效地提高样本的代表性。按有关标志排队等距抽样时,抽样平均误差的计算方法可参照类型抽样。

按等距抽样方式抽取样本单位,能够使样本单位均匀地分配在总体中。因此,等距抽样的误差一般较简单随机抽样要小一些。但应注意到,等距抽样在排定顺序、确定第一个样本单位的位次后,其余单位的位次也随之确定了,因此要避免抽样间距与现象本身的周期性节奏相重合而引起的系统性影响,以防止发生系统性偏差,影响样本的代表性。

(四) 整群抽样

整群抽样是将总体各单位划分成若干群,再按照随机原则从中抽取一些群组成样本,调查时则对样本群中的所有单位进行全面调查的一种抽样组织方式。

设总体 N 个单位可以划分为 R 群,每群包含 M 个单位。从总体 R 群中随机抽取 r 群组成样本,对中选的 rM 个单位进行调查。样本的第 i 群第 j 个单位的标志值为 X_{ij},第 i 群的样本平均数为

$$\bar{x}_i = \frac{1}{M}\sum_{j=1}^{M} x_{ij}$$

则样本平均数为

$$\bar{x}_i = \frac{1}{rM}\sum_{i=1}^{r}\sum_{j=1}^{M} x_{ij} = \frac{1}{r}\sum_{i=1}^{r} \bar{x}_{ij}$$

从上式不难看出,整群抽样实质上是以群代替总体单位,以群平均数 $\bar{x}_i$ 代替总体单位标志值之后的简单随机抽样。因此,样本统计量的抽样平均误差 μ 也可以按不重复简单随机抽样方法来计算。

在整群抽样中,总体方差可以用群间方差 δ^2 代替。若从以往全面调查资料得知各群平均数为 $\bar{x}_i$,总体平均数为 $\bar{x}$,则可用算式

$$\delta_x^2 = \frac{1}{R}\sum_{i=1}^{R}(\bar{x}_i - \bar{x})^2$$

求出总体群间方差以代替总体方差。当缺乏全面调查资料时,可按

$$\delta_x^2 = \frac{1}{r}\sum_{i=1}^{r}(\bar{x}_i - \bar{x})^2$$

计算出样本群间方差以代替总体方差。则样本平均数的抽样平均误差为

$$\mu_{\bar{x}} = \sqrt{\frac{\delta_x^2}{r}\left(\frac{R-r}{R-1}\right)}$$

同理可得，样本成数的抽样平均误差为

$$\mu_p = \sqrt{\frac{\delta_x^2}{r}\left(\frac{R-r}{R-1}\right)}$$

【例6-12】对某居民小区居民食品消费量进行抽样调查，以每个楼层为群进行整群抽样，每个楼层都有8户居民。简单随机地从全部510个楼层中抽取12个楼层，对抽中的96户居民调查，资料如表6-6所示。

表6-6 12个楼层96户居民人均月食品消费金额

单位：元

样本群序号	1	2	3	4	5	6	7	8	9	10	11	12
$\bar{x}_i$	188.00	180.50	149.75	208.00	244.25	278.50	182.75	211.50	253.12	191.00	274.75	258.38

表6-6中，$\bar{x}_i$ 代表抽中的楼层中8户居民人均月食品消费金额。依题意知，$R=510$，$r=12$，$M=8$，则样本平均数为

$$\bar{x}_i = \frac{1}{r}\sum_{i=1}^{r}\bar{x}_i = 2\,620.5 \div 12 = 218.375$$

样本群间方差为

$$\delta_x^2 = \frac{1}{12}\sum_{i=1}^{R}(\bar{x}_i - \bar{x})^2 = 19\,580.271 \div 12 = 1\,631.689\,3$$

则其抽样平均误差为

$$\mu_{\bar{x}} = \sqrt{\frac{\delta_x^2}{r}\left(\frac{R-r}{R-1}\right)} = \sqrt{\frac{1\,631.689\,3}{12}\times\frac{510-12}{510-1}} = 11.534$$

二、样本容量的确定

在抽样法的实施中，样本容量的大小直接影响着样本统计量对总体被估计参数的代表性。在总体变异程度一定的条件下，样本容量 n 越大，样本统计量的代表性越强。但是样本容量 n 太大，又体现不了抽样法节省人力、物力、财力和时间的优越性。因此，在抽样设计时，必须确定必要的样本容量。所谓必要的样本容量，是指既能保证样本资料的代表性，又能实现最大经济效益（节约费用和时间）的样本单位数。

样本容量 n 的大小受四方面因素的影响：①总体各单位某标志值的差异程度；②抽样允许误差；③抽样估计的置信度；④抽样方法。在抽样法的实施中，我们可根据抽样估计的允许误差范围与置信度要求及抽样方法来确定样本容量 n 的大小。

在重复抽样条件下，用样本平均数估计总体平均数时，样本容量 n 的大小按下式计算确定：

$$n_{\bar{x}} = \frac{t^2\sigma_x^2}{\Delta_{\bar{x}}^2}$$

用样本成数估计总体成数时，样本容量的大小按下式计算确定：

$$n_p = \frac{t^2 p(1-p)}{\Delta_p^2}$$

在不重复抽样条件下，用样本平均数估计总体平均数时，样本容量 n 的大小按下式计算确定：

$$n_{\bar{x}} = \frac{t^2 \sigma_x^2 N}{\Delta_{\bar{x}}^2 N - t^2 \sigma_x^2}$$

用样本成数估计总体成数时，n 按下式计算确定：

$$n_p = \frac{t^2 p(1-p)N}{\Delta_p^2 N + t^2 p(1-P)}$$

上述算式中，t 为概率度，是标准正态分布的上 $\frac{\alpha}{2}$ 分位数，可根据抽样估计的置信概率查表求得；有关的总体方差资料可以根据以往的全面调查资料加以核算；在缺乏全面调查资料时，可以用以往的样本资料代替或进行试验性抽样计算出的样本方差代替。

从以上公式可以看出，当研究对象确定以后，总体方差是确定的数值，在此条件和抽样方法一定的条件下，影响必要的样本单位数的主要因素就是抽样的允许误差限和抽样估计的置信度。即必要的样本单位数 n 与抽样的允许误差限 Δ 成反比例关系，与抽样估计的置信度成正比例关系。在其他条件均不变时，如果要求抽样估计的误差越小，即抽样极限误差越小，则样本单位数就相应地要求越多。以重复抽样来说，在其他条件不变时，当误差范围缩小 0.5 时，样本单位数必须增至 4 倍；而允许误差范围扩大 1 倍，样本单位数仅需原来的 $\frac{1}{4}$。所以在组织抽样时，对抽样误差的允许范围要慎重考虑。

在抽样调查实践中，往往要从一个样本中调查多方面的情况。例如，我国城市职工家庭调查中，既要调查职工家庭年户均收入，也要调查其消费构成。也就是说，既要通过样本资料估计总体平均数，也要通过同一样本的有关资料估计总体成数。在这种情况下，所研究的标志不同，标志值的变异程度就可能不同，因而对抽样估计的允许误差限自然会有不同的要求，导致计算所得的必要的样本单位数不同。为了确保抽样误差控制在允许的范围内，就应采用样本单位数多的设计方案。

【例6-13】某市职工家庭调查的历史资料表明，该市职工家庭年均收入的标准差为850元，家庭消费的恩格尔系数（即家庭食品支出占消费总支出的比重）为57%。采用简单重复抽样方法对该市职工家庭本年的年均收入和恩格尔系数进行估计，要求在 95.45% 的概率保证下，家庭年均收入的极限误差不超过 68 元，恩格尔系数的极限误差不超过 4%，求必要的样本单位数 n。

在为了估计全市职工家庭年均收入时，必要的样本容量为

$$n = \frac{t^2 \sigma^2}{\Delta_x^2} = \frac{2^2 \times 850^2}{68^2} = 625 \text{（户）}$$

在为了估计恩格尔系数时，必要的样本容量为

$$n = \frac{t^2 p(1-p)}{\Delta_p^2} = \frac{2^2 \times 0.57 \times (1-0.57)}{(0.04)^2} = 612.75 \text{（户）}$$

计算结果取整数，应抽 613 户。

由于两项调查结果要取自一个样本，所以应抽取 625 户。

本章小结

抽样调查的根本目的是对总体的相关数量特征做出有一定概率保证程度的推断，是社会经济现象研究中应用最广泛、作用最重要的调查方法。

全及总体、全及指标、抽样总体、抽样指标、抽样调查方式和抽样平均误差是抽样调查中的几个基本概念。

抽样平均误差是所有样本实际误差的平均数，是进行抽样推断的基础，衡量了抽样调查的质量。根据不同的组织方式，抽样调查方式包括简单随机抽样、分层抽样、等距抽样和整群抽样等。不同的抽样组织方式，有不同的适用范围和特点，抽样平均误差的计算也不一样。必要的样本容量能够满足抽样推断的最基本要求。一定条件下，如何确定必要的样本容量是搞好抽样调查技术的一项基本技巧。

关键术语

抽样调查、样本、抽样法、抽样误差、全及总体、抽样总体、抽样平均误差、抽样极限误差、概率度、点估计、区间估计、抽样调查的组织方式和必要样本容量。

拓展案例

2016 年中国汽车行业客户满意度估计

2016 年 3 月 17 日，"2016 年中国汽车行业客户满意度调研"的结果在北京发布。中国汽车技术研究中心（以下简称中汽中心）与中国消费者报社联合举办此次活动，来自全国近 30 家骨干乘用车企业代表共同见证了发布仪式并分享了相关研究成果。

中汽中心自 2012 年开始开展中国汽车行业客户满意度调研工作，并携手中国消费者报社面向社会发布研究成果，该项调研及发布工作已经持续 4 年。一直以来，中汽中心持续跟进汽车市场和消费者需求趋势，逐渐细化并完善调研体系。未来，中汽中心将依托 4 年来建立起的全国汽车客户满意度基础数据库，为广大消费者选车、购车和整车企业了解消费者需求、把握汽车市场动态等提供全方位服务。

2015 年 9—12 月，依托更加完善的研究设计和更完备的调研执行网络，中汽中心在全国 40 座城市对 106 款热销乘用车开展了满意度调研，成功调查了近 2 万名车主对汽车产品及服务的真实满意感知，采用科学方法分析数据得出各项满意度排名，相关成果可为广大消费者选车、用车提供权威参考。

本次发布会分别发布了小型车、入门级紧凑型车、中级紧凑型车、中型车、入门级小型 SUV、中级小型 SUV、紧凑型 SUV、中型 SUV 共计八个级别，106 款热销乘用车的综合满意度排名。调查结果显示，2016 年中汽中心调研的全部车型综合满意度的平均得分为 768 分（千分制），相较于 2015 年下跌了 6 分。其中，产品满意度和服务满意度分别下降了 5 分和 8 分。

从各级别车的综合满意度得分情况来看，按照去年的分级方式，小型车、紧凑型车、中型车和 SUV 满意度得分较去年均有下降，分别为 757 分、769 分、779 分和 767 分，SUV 满意度得分首次低于紧凑型车。

作为最大的细分市场，紧凑型车产品满意度和服务满意度分别为 768 分和 772 分。其中，服务满意度较 2015 年降幅较大，为 6 分。紧凑型车中自主品牌车型满意度较去年有逆势增长，且产品满意度增幅较大，达到 8 分。其中，消费者对产品指标中驾驶体验的良好评价对满意度增长的贡献度最大。

SUV 作为销量增幅最大的细分市场，在满意度方面表现的失利是持续增长的隐忧。产品满意度和服务满意度得分均为 767 分，相比 2015 年降幅均较大。从产品层面来看，舒适性中的噪声和车内空气质量、性能中的燃油经济性是造成产品满意度评价较低的主要原因；从服务层面来看，售后服务中的售后网点分布和售后服务价格合理性是影响服务满意度评价的主要原因。

此外，与 2015 年结果相比，女性车主的比例提高到 38.8%，接近四成。女性车主满意度的要求更高，给出的评分更低。其中，女性车主评价的综合满意度为 764 分，较男性车主低 7 分。

（资料来源：汽车产经网，2016 年中国汽车行业客户满意度调研结果，2016-3-17，有改动）

案例讨论
1. 如何获取有代表性的车主样本？
2. 如何对客户平均满意度进行区间估计？
3. 如果采用简单随机抽样，要求客户满意度估计的允许最大误差为 10 分，置信水平为 95%，应当至少抽取多少名车主进行调查？

统计实训

课后练习

【实操练习 用 Excel 进行参数区间估计】

本练习讲述如何使用 Excel 2010 的函数工具及使用者自己输入公式等组合方式，来构造出专门用于区间估计的 Excel 工作表格。以下样本数据是从某天生产的一批食品中随机抽取的 25 袋每袋重量，数据资料如表 1 所示，已知产品重量的分布服从正态分布，试估计该批产品平均重量的置信区间，置信度为 95%。

表 1　25 袋包装重量

112	101	103	102	100	102	107	95	108
100	123	102	101	102	116	95	97	105
136	102	101	98	93	108	115		

为构造区间估计的工作表，我们应在工作表中的 A 列输入样本数据，B 列输入变量名称，C 列输入计算公式。

（1）本表 D 列为 C 列的计算结果，当输入完公式后，即显示 D 列结果。

（2）对于不同的样本数据，只要输入新的样本数据，再对 C 列公式中的样本数据区域加以修改，置信区间就会自动给出。如果需要不同的置信水平，填入相应的数值即可。Excel 进行区间估计的步骤如表 2 所示。

表 2　Excel 进行区间估计的步骤

	A	B	C	D
1	样本	计算指标	计算公式	计算结果
2	112	样本数据个数	=COUNT（A2：A26）	25.0
3	101	样本均值	=AVERAGE（A2：A26）	104.6
4	103	样本标准差	=STDEV（A2：A26）	7.3
5	102	样本均值标准差	=C4/SQRT（C2）	1.5
6	100	置信水平	=0.95	1.0
7	102	自由度	=C2-1	24.0
8	107	t 值	=TINV（1-C6，C7）	2.1
9	95	误差范围	=C8 * C5	3.0
10	108	置信下限	=C3-C9	101.6
11	100	置信上限	=C3+C9	107.6
12	123			
…	…			

需要说明的是，以上是正态总体，总体方差未知时，使用 t 分布的 t 值来对总体均值区间估计的步骤。如果是正态总体，方差已知时，不用计算样本标准差，直接使用总体标准差，使用标准正态分布的 z 值来对总体均值区间估计，将 B8 单元格改为 z 值，并将 C8 单元

格改为"=-NORM. S. INV（（1-C6）/2）"即可，注意加 NORM. S. INV 前的负号。

这里使用了两个 Excel 2010 函数：NORM. S. INV（Excel 2007 和以前版本中的函数名称为 NORMSINV）和 TINV，分别表示返回标准正态分布的区间点和返回给定自由度和双尾概率的 t 分布的区间点，可分别用来计算 z 值和 t 值。

统计资料的推断分析——假设检验

- 理解假设检验的基本思想和原理。
- 掌握假设检验的相关概念及检验步骤。
- 掌握一个总体参数的检验。
- 了解假设检验中常见的问题。

★知识导览

　　假设检验是推断统计的一项重要内容。从本质上来说，假设检验与第六章的抽样估计具有共同的理论基础，区别在于两者是从不同的方面对研究对象进行推断，属于一个问题的两个方面。假设检验，是根据样本对关于总体的假设进行判断。在实际应用中，通常表现为统计比较问题。例如，对于某机器设备，生产工艺改变后，要检验新工艺对产品的某个主要指标是否有影响，就需要抽样检验总体的某个参数值（如均值、方差等）是否等于改变工艺前的参数值，这类问题就属于假设检验问题。

　　本章重点：原假设与备择假设、单侧检验与双侧检验、假设检验中的两类错误、显著性水平、P 值、假设检验的步骤、检验统计量、总体指标的假设检验。

　　本章难点：假设检验的步骤、检验统计量的计算、总体均值的假设检验、总体比例的假设检验。

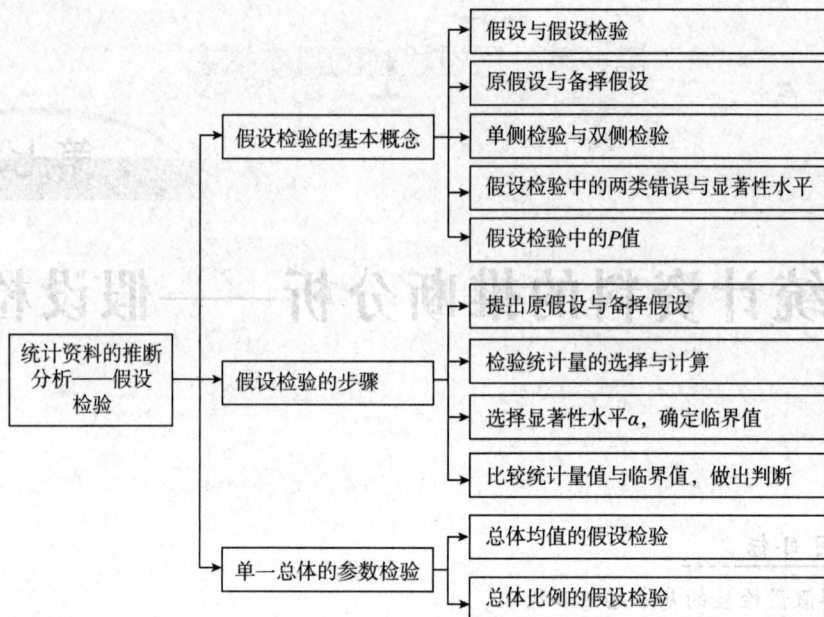

```
                                        ┌─────────────────────────┐
                                    ┌──▶│ 假设与假设检验          │
                                    │   └─────────────────────────┘
                                    │   ┌─────────────────────────┐
                                    ├──▶│ 原假设与备择假设        │
                                    │   └─────────────────────────┘
                   ┌────────────┐   │   ┌─────────────────────────┐
               ┌──▶│ 假设检验的   │──┼──▶│ 单侧检验与双侧检验      │
               │   │ 基本概念     │   │   └─────────────────────────┘
               │   └────────────┘   │   ┌─────────────────────────┐
               │                     ├──▶│ 假设检验中的两类错误与显著性水平│
               │                     │   └─────────────────────────┘
               │                     │   ┌─────────────────────────┐
               │                     └──▶│ 假设检验中的P值         │
               │                         └─────────────────────────┘
               │                         ┌─────────────────────────┐
               │                     ┌──▶│ 提出原假设与备择假设    │
               │                     │   └─────────────────────────┘
┌──────────┐   │   ┌────────────┐   │   ┌─────────────────────────┐
│统计资料的  │   │   │ 假设检验的   │   ├──▶│ 检验统计量的选择与计算  │
│推断分析—— │──┼──▶│ 步骤        │──┤   └─────────────────────────┘
│假设检验   │   │   └────────────┘   │   ┌─────────────────────────┐
└──────────┘   │                     ├──▶│ 选择显著性水平α，确定临界值│
               │                     │   └─────────────────────────┘
               │                     │   ┌─────────────────────────┐
               │                     └──▶│ 比较统计量值与临界值，做出判断│
               │                         └─────────────────────────┘
               │   ┌────────────┐       ┌─────────────────────────┐
               └──▶│ 单一总体的   │──┬──▶│ 总体均值的假设检验      │
                   │ 参数检验     │   │   └─────────────────────────┘
                   └────────────┘   │   ┌─────────────────────────┐
                                    └──▶│ 总体比例的假设检验      │
                                        └─────────────────────────┘
```

★引导案例

西安家庭拥有私家车的比例检验

2014 年 7 月 2 日，西安市民抽到西安市第 200 万辆机动车号牌，西安交警部门专门举办了"西安市第 200 万辆机动车挂牌仪式"。而截至 2015 年 6 月 9 日，西安市机动车保有量为 2 491 937 辆，西安交警部门已经启动机动车保有量突破 250 万辆的倒计时活动。西安交警部门的数据简单总结了西安市机动车数量的变化。

从 1981 年至 2010 年近 30 年的时间，西安市机动车保有量突破 100 万辆，而突破 200 万辆则用了不到 4 年时间。如果假设每天西安市新车挂牌登记的数量为 1 000 辆的话，突破 250 万辆则用了不到 2 年时间。不过，据 2013 年至今的数据显示，尽管西安市机动车保有量明显增加，但是近两年的同比增速已经明显放缓。

一家研究机构估计，西安城市中家庭拥有汽车的比例超过 30%。为验证这一估计是否正确，该研究机构随机抽取了 500 个家庭样本进行检验。检验发现，在 5% 的显著性水平下，西安城市家庭拥有汽车的比例明显超过 30%。

（资料来源：新浪新闻. 西安机动车保有量突破 250 万辆背后的期待）

案例启示

这是一个典型的假设检验问题。先要提出假设，然后利用样本去检验假设是否成立。本章将学习假设检验的原理与步骤。

第一节　假设检验的基本概念

一、假设与假设检验

在统计学上，假设是指关于总体的某些未知或不完全知道性质的待证明的声明。假设可分为两类，即研究假设和统计假设。研究假设是研究人员根据以前的研究结果、科学文献或者经验而提出的假设。例如，人们根据许多研究报告，提出生长期肥育猪（体重 20 ~ 50 kg）对粗蛋白的需要量占日食粮的比例为 15%。统计假设往往是根据研究假设提出的，描述了根据研究假设进行试验结果的两种统计选择。

假设检验也称显著性检验，是指事先对总体参数或总体分布形式提出一个假设，然后利用样本信息来判断原假设是否合理的一种统计方法。当对总体参数的真实性感到怀疑，需要通过样本来考察其是否正确时，往往借助于假设检验来判断样本信息与原假设是否有显著差异，从而决定接受或拒绝原假设。

二、原假设与备择假设

统计假设检验是借助样本统计量来检验关于总体的假设是"是"还是"否"。在假设检验中，首先需要根据已知的信息提出两种假设，即原假设和备择假设。

原假设（或称零假设、虚假设、解消假设）通常是研究者想收集证据予以反对的假设，用 H_0 表示。一般来说，原假设建立的依据都是已有的、具有稳定性的。从经验来看，没有发生条件变化的原假设是不会轻易被否定的。换句话讲，进行假设检验的基本目的，就在于做出决策：是接受还是拒绝原假设。

备择假设（或称对立假设）通常是研究者想收集证据予以支持的假设，用 H_1 表示。备择假设是原假设被否定之后应该选择的、与原假设逻辑对立的假设。我们说，原假设一般是稳定的，但这并不能保证原假设永远正确，不会被否定。如果原假设被拒绝，就等于接受了备择假设。备择假设通常是用于支持研究者的想法。例如，假设研究者开发了一种新药以提高疗效，如果研究者想要提供这种药物疗效有显著提高的证据（这自然是研究者想要支持的），就应该把研究者想要支持的说法假设作为备择假设。

三、单侧检验与双侧检验

在假设检验中，研究者感兴趣的备择假设内容，可以是原假设 H_0 在某一特定方向的变化，也可以是一种没有特定方向的变化。根据研究问题的性质，我们可以将统计假设检验分为单侧检验和双侧检验两种类型。

如果备择假设 H_1 具有特定的方向性，并含有"<"或">"符号，这样的假设检验就称为单侧检验或单尾检验。即所要检验的是样本所取自的总体的参数值高于（大于）

或低于（小于）某个特定值时，所选择使用的一种单方面的检验方法。由于研究者感兴趣的方向不同，故可以将单侧检验分为左侧检验和右侧检验。如果研究者感兴趣的备择假设的方向为"<"，则称为左侧检验；如果研究者感兴趣的备择假设的方向为">"，则称为右侧检验。

相反，如果研究者感兴趣的备择假设没有特定的方向，只关心备择假设 H_1 是否不同于原假设 H_0，并不关心是大于还是小于，并含有符号"＝"或"≠"的假设检验，称为双侧检验或双尾检验。即当我们所关心的问题是要检验样本平均数和总体平均数有没有显著性差异，而不关心差异的方向是正还是负时所采取的一种统计检验的方法。

因此，检验方法的基本形式见表7-1。

表7-1　假设检验的基本形式

假设	双侧检验	单侧检验	
		左侧检验	右侧检验
原假设	$\mu = \mu_0$	$\mu \geq \mu_0$	$\mu \leq \mu_0$
备择假设	$\mu \neq \mu_0$	$\mu < \mu_0$	$\mu > \mu_0$

四、假设检验中的两类错误与显著性水平

（一）假设检验中的两类错误

在假设检验中，人们对于总体提出的问题的真实性往往是未知的，因此我们通过从样本获得的信息，用假设检验的方法来对原假设的真实性做出拒绝或接受的判断。这种判断有时会产生关于总体的错误结论，并且要承担一定的风险。

由于样本具有随机性，我们利用样本对两个对立假设进行判断，有可能出现两种情况：否定 H_0，接受 H_1；不否定 H_0，即 H_1 被否定。但一个被否定了的假设可能是真实的，也可能是不真实的。因此我们在检验时所做出的判断将会出现四种可能：否定了不真实的原假设；否定了真实的原假设；接受了不真实的原假设；接受了真实的原假设。以上四种可能可以归纳为表7-2所示的内容。

表7-2　假设检验决策结果

决策结果	实际情况	
	H_0 为真	H_0 不为真
接受 H_0	决策正确（概率为 $1-\alpha$）	第二类错误（概率为 β）
拒绝 H_0	第一类错误（概率为 α）	决策正确（概率为 $1-\beta$）

因此，根据样本做出判断时，有可能会犯两种类型的错误。

第一类错误也称为弃真错误。弃真错误是在拒绝原假设时出现的错误，指的是原假设 H_0 本来正确，但按照检验规则却做出了拒绝原假设 H_0 的判断，即否定了未知的真实情况，把真的当成了假的。其发生的概率称为犯第一类错误的概率，也称为弃真错误的概率，记为

α。在假设检验理论中，α 又被称为显著性水平。

　　第二类错误也称取伪错误。取伪错误是在接受原假设时出现的错误，指的是原假设 H_0 本来不正确，但按照检验规则却做出了接受原假设 H_0 的判断，即接受了未知的不真实状态，把假的当作真的接受了。其发生的概率称为犯第二类错误的概率，也称取伪错误的概率，记为 β。对于检验者来说，当然希望 β 值尽可能小。换言之，就是希望 $1-\beta$ 值尽可能大，即希望 H_0 不真实而被舍弃的概率越大越好。$1-\beta$ 越接近 1，表示不真实的原假设 H_0 几乎都能够被拒绝；相反，$1-\beta$ 越接近于 0，犯第二类错误的可能性就越大。因此，$1-\beta$ 的大小是衡量检验工作做得好坏的一个指标，在统计上称为检验功效。

　　在进行检验决策时，我们当然希望所有真实的原假设都能够被接受，所有不真实的原假设都能被拒绝，做到既降低犯第一类错误的可能性，又减少犯第二类错误的概率水平。但事实上，第一类错误和第二类错误是一对矛盾体。在其他条件不变的情况下，减少犯第一类错误的可能性，势必增加犯第二类错误的可能性。例如，某工厂准备购买一批较便宜的原料，厂家决定，要是这批原材料的次品率达到 5% 以上，就拒绝购买。逐批检验，当检验结果是拒绝购买时，就有可能犯第一类错误，即工厂可能拒购一批便宜的合格材料，而另高价购买原材料，这样便会增加产品成本；相反，如果厂方接受这批原材料，就有可能犯第二类错误，即工厂可能购进一批不合格的原材料，产品的次品率就要上升。显然，工厂决策者有必要搞清哪类错误造成的损失较小，可能减少成本。

　　要想同时减少犯两类错误的可能性，只能采用增加样本容量的办法来解决。但在实际工作中，不可能无限增大样本容量，否则就会使抽样调查失去意义。因此，决策者往往通过权衡犯两种错误所可能花费的代价来决定显著性水平。一般说来，哪一类错误所带来的后果越严重，危害越大，在假设检验中就应把哪一类错误作为首要的控制目标。但在假设检验中，大家都在执行这样一个统一的原则，即首先控制错误原则。这样做的一个原因是大家都遵循一个统一的原则，讨论问题就比较方便；另一个原因在于，从实用的观点看，原假设是什么常常是明确的，而备择假设是什么常常是模糊的。

（二）显著性水平

　　发生第一类错误的概率也常被用于检验结论的可靠程度。假设检验中犯第一类错误的概率被称为显著性水平，记为 α。显著性的意义在这里并不是"重要的"，而是指"非偶然的"。如果样本提供的证据拒绝原假设，则表明检验结果是显著的；如果不拒绝原假设，则表明检验结果是不显著的。一项检验在统计上是"显著的（拒绝原假设）"，意思是这样的（样本）结果不是偶然得到的，或者说，不是靠机遇能够得到的。同样，如果检验结果是不显著的（没有充分的证据拒绝原假设），则表明这样的（样本）结果是偶然得到的。

　　在假设检验过程中，我们可以依据显著性水平的大小把概率分布划分为两个区间：小于给定标准的概率区间称为拒绝域，大于这个标准的概率区间则称为接受域。假如给定的小概率标准为 $\alpha = 0.1$，即凡概率小于 10% 的事件都称为小概率事件，都属于拒绝域。

若事件属于接受域，则原假设成立而无显著差异；若事件属于拒绝域，则拒绝原假设且认为有显著差异。显著性水平 α 所对应的概率度称为 α 的临界值，是原假设拒绝域和接受域的分界线。仅以单侧检验中的右侧检验为例，我们称概率小于 α 的事件为小概率事件，等同于大于临界值的事件就是小概率事件，可以直接利用概率表查找临界值作为判断的依据。

另外，显著性水平并不是一个固定不变的数字，它的大小随着研究问题的性质及对结论准确性的要求不同而变动，主要依据拒绝域所可能承担的风险来决定。著名英国统计学家 Ronald Fisher 在他的研究中把小概率的标准定为 0.05，所以作为一个普遍适用的原则，人们通常选择显著性水平为 0.05 或比 0.05 更小的概率。常用的显著性水平有 $\alpha = 0.01$、$\alpha = 0.05$、$\alpha = 0.1$ 等，当然也可以取其他值。

五、假设检验中的 P 值

在假设检验的过程中，拒绝或接受原假设的决策是在给定的显著性水平下做出的，同一个检验问题选取不同的显著性水平，有可能出现完全相反的结论。例如，在 $\alpha = 0.1$ 时拒绝原假设的问题，在 $\alpha = 0.05$ 时就有可能变为接受原假设。而当给定显著性水平 α 时，由不同的样本计算出不同的检验统计量，即使它们都落在相同的区域内，最后结论也相同，但检验的把握程度或概率实际上是不同的。

如果原假设 H_0 为真，所得到的样本结果会像实际观测结果那么极端或更极端的概率，称为 P 值，也称为观察到的显著性水平。要测量出样本观测数据与原假设中假设的值的偏离程度 μ_0，就需要计算 P 值。

P 值与原假设的对或错的概率无关，它是关于数据的概率。P 值表示在某个总体的许多样本中，某一类数据经常出现的程度。也就是说，P 值是当原假设正确时，得到的所观察的数据的概率。如果原假设是正确的，P 值告诉我们得到这样的观测数据是多么不可能。相当不可能得到的数据，就是原假设不合理的证据。我们永远也不知道，对于总体来说，原假设是否正确。如果取显著性水平为 5%，我们只能说，如果原假设为真，这样的数据只有 5% 的可能会发生。P 值是反映实际观测到的数据与原假设 H_0 之间不一致的程度的概率值。P 值越小，说明实际观测到的数据与 H_0 之间不一致的程度就越大，检验结果也就越显著。以单一总体均值的假设检验为例，设表示根据样本数据计算得到的检验统计量，对于假设检验的三种基本形式，从抽样分布来看，计算 P 值的一般表达式如下：

双侧检验，$H_0: \mu = \mu_0$；$H_1: \mu \neq \mu_0$。

P 值是当时检验统计量大于或等于根据实际观测样本数据计算得到的检验统计量绝对值概率的两倍，即 $P = 2p\{z \geq |z_c| \mid \mu = \mu_0\}$。

左侧检验，$H_0: \mu \geq \mu_0$；$H_1: \mu < \mu_0$。

P 值是当时检验统计量小于或等于根据实际观测样本数据计算得到的检验统计量的概率，即 $P = p\{z \leq z_c \mid \mu = \mu_0\}$。

右侧检验，$H_0: \mu \leqslant \mu_0$；$H_1: \mu > \mu_0$。

P 值是当时检验统计量大于或等于根据实际观测样本数据计算得到的检验统计量的概率，即 $P = p\{z \geqslant z_c | \mu = \mu_0\}$。

在实际应用中，我们常常将 P 值与显著性水平相比来做出接受还是拒绝原假设的判断。当 $P < \alpha$ 时，拒绝原假设；当 $P > \alpha$ 时，不能拒绝原假设。

P 值的计算可以通过查表来求得，但是计算机的使用使 P 值的计算变得十分容易，多数统计软件都能够输出有关假设检验的主要计算结果，其中就包括 P 值。

第二节 假设检验的步骤

一、提出原假设和备择假设

对每个假设检验问题，一般可同时提出两个相反的假设：原假设和备择假设。原假设又称零假设，是正待检验的假设，记为 H_0；备择假设是拒绝原假设后可供选择的假设，记为 H_1。原假设和备择假设是相互对立的，检验结果二者必取其一。接受 H_0 则必须拒绝 H_1；拒绝 H_0 则必须接受 H_1。

原假设和备择假设不是随意提出的，应根据所检验问题的具体背景而定。常常是采取"不轻易拒绝原假设"的原则，即把不能轻易否定的命题作为原假设，而相应地把没有足够把握就不能轻易肯定的命题作为备择假设。

假设的提出一般有三种形式，以总体均值的检验为例。

（1）$H_0: \mu = \mu_0$；$H_1: \mu \neq \mu_0$。

（2）$H_0: \mu \geqslant \mu_0$；$H_1: \mu < \mu_0$。

（3）$H_0: \mu \leqslant \mu_0$；$H_1: \mu > \mu_0$。

具体采用哪种假设，需要根据所研究的实际问题而定。如果对所研究问题只需判断有无显著差异或要求同时注意总体参数偏大还是偏小，则采用第一种方式；如果所关心的是总体参数是否比某个值偏大（或偏小），则宜采用第二种（或第三种）方式。

二、检验统计量的选择与计算

在参数的假设检验中，应选择适当的统计量，并根据样本信息计算检验统计量的值。如同在参数估计中一样，要借助样本统计量进行统计推断。所谓的检验统计量，就是根据样本观测结果计算得到的，并据此对原假设和备择假设做出决策的某个样本的统计量。在具体问题里，选择什么统计量作为检验统计量，需要考虑的因素与参数估计相同。例如，用于进行检验的样本是大样本还是小样本，总体方差已知还是未知等。不同的假设检验问题需要选择不同的统计量作为检验统计量。为叙述方便，通常将标准化检验统计量建成检验统计量。对于总体均值和总体比例的检验，标准化检验统计量可以表示为

$$标准化检验统计量 = \frac{估计量 - 假设值(H_0)}{标准误差}$$

三、选择显著性水平 α，确定临界值

检验统计量是一个随机变量，随着样本观测结果的不同，它的具体数值也是不同的，但只要已知一组特定的样本观测结果，检验统计量的值也就唯一确定了。假设检验的基本原理就是根据检验统计量建立一个准则，依据这个准则和计算得到的检验统计量的值，就可以决定是否拒绝原假设。

显著性水平表示 H_0 为真时拒绝 H_1 的概率。假设检验是围绕对水平假设内容的审定而展开的。如果我们接受了原假设正确（同时也就拒绝了备择假设），或我们拒绝了原假设错误（同时也就接受了备择假设），这表明我们做出了正确的决定。但是，由于假设检验是根据样本提供的信息进行推断的，也就有犯错误的可能。例如，原假设正确，而我们却把它当成错误的加以拒绝，即犯了第一类错误。犯第一类错误的概率用 α 表示，统计上把 α 称为假设检验中的显著性水平，也就是决策中所面临的风险。所以，显著性水平是指当原假设为正确时人们却把它拒绝了的概率或风险。这个概率是由人们确定的，通常取 $\alpha = 0.05$ 或 $\alpha = 0.01$，这表明当做出接受原假设的决定时，其正确的可能性（概率）为95%或99%，即拒绝原假设所冒的风险。假设检验应用小概率事件实际极少发生的原理，这里的小概率就是指 α。给定了显著性水平 α，就可由有关的概率分布表查得临界值，从而确定 H_0 的接受区域和拒绝区域，临界值就是接受区域和拒绝区域的分界点。

对于不同形式的假设，H_0 的接受区域和拒绝区域也有所不同。双侧检验的拒绝区域位于统计量分布曲线的两侧，如图 7-1（a）所示；而在单侧检验中，如果备择假设具有符号"<"，拒绝区域位于统计量分布曲线的左侧称为左侧检验，如图 7-1（b）所示；如果备择假设具有符号">"，拒绝区域位于统计量分布曲线的右侧称为右侧检验，如图 7-1（c）所示。在给定显著性水平 α 的条件下，拒绝域和临界值可用图 7-1 来表示。对标准正态分布而言，常用的显著性水平与单侧、双侧临界值如表 7-3 所示。

表 7-3　标准正态分布常用的显著性水平与单侧、双侧临界值

置信水平 $1-\alpha$	α	$z_{\frac{\alpha}{2}}$	双侧临界值		单侧临界值	
			$z_{\frac{\alpha}{2}}$	$-z_{\frac{\alpha}{2}}$	z_α	$-z_\alpha$
90%	0.10	0.050	1.645	-1.645	1.280	-1.280
95%	0.05	0.025	1.960	-1.960	1.645	-1.645
99%	0.01	0.005	2.580	-2.580	2.330	-2.330

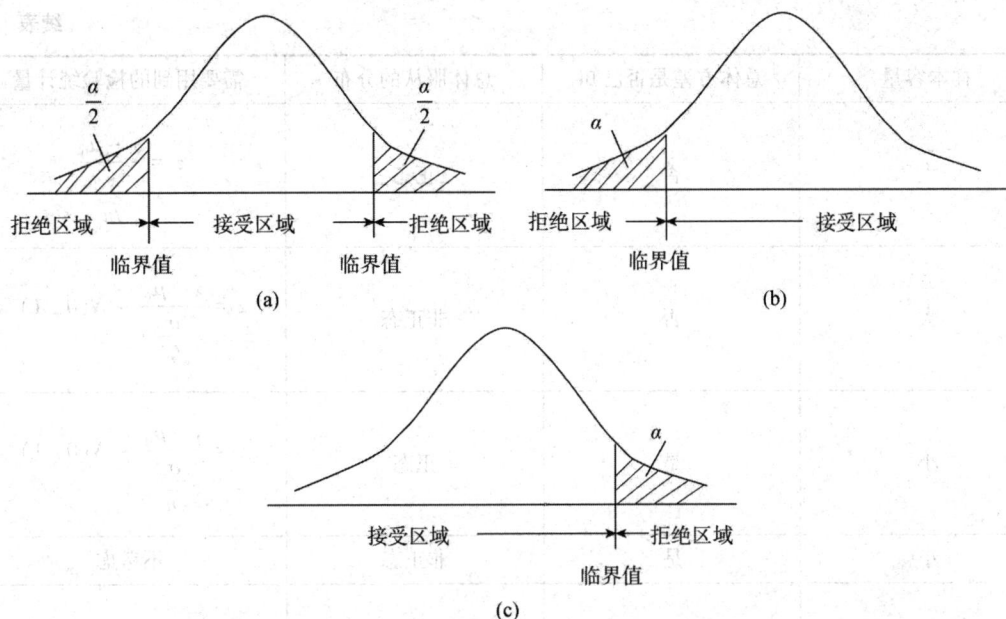

图7-1 假设检验的接受区域和拒绝区域

（a）双侧检验；（b）左侧检验；（c）右侧检验

四、比较检验统计量值与临界值，做出判断

根据样本资料计算出检验统计量的具体值，并与临界值比较，做出接受或拒绝原假设 H_0 的判断。如果检验统计量的值落在拒绝区域内，则说明样本所描述的情况与原假设有显著性差异，应拒绝原假设；反之，则接受原假设。

第三节 单一总体的参数检验

与参数估计类似，当研究一个总体时，要检验的参数主要是总体均值 μ、总体成数 π、总体方差 σ^2。但由于与总体相关的，如总体方差、总体服从的分布及样本容量大小等信息不同，从而导致我们在构造检验统计量时也不同，常用的总体信息及检验统计量的设定如表7-4所示。

表7-4 常用的总体信息及检验统计量的设定

样本容量	总体方差是否已知	总体服从的分布	需要用到的检验统计量
大	是	正态	$z = \dfrac{\bar{x} - \mu_0}{\dfrac{\sigma}{\sqrt{n}}}$
大	是	非正态	$z = \dfrac{\bar{x} - \mu_0}{\dfrac{\sigma}{\sqrt{n}}}$

样本容量	总体方差是否已知	总体服从的分布	需要用到的检验统计量
大	否	正态	$z = \dfrac{\bar{x} - \mu_0}{\dfrac{s}{\sqrt{n}}}$
大	否	非正态	$z = \dfrac{\bar{x} - \mu_0}{\dfrac{\sigma}{\sqrt{n}}} \sim N(0, 1)$
小	是	正态	$z = \dfrac{\bar{x} - \mu_0}{\dfrac{\sigma}{\sqrt{n}}} \sim N(0, 1)$
小	是	非正态	不考虑
小	否	正态	$z = \dfrac{\bar{x} - \mu_0}{\dfrac{\sigma}{\sqrt{n}}} \sim N(0, 1)$
小	否	非正态	不考虑

注：公式中 z 表示标准正态分布，t 表示 t 分布。

一、总体均值的假设检验

(一) 总体方差已知的假设检验

设总体 $X \sim N(0, 1)$，总体方差 σ^2 为已知，$(x_1, x_2, \cdots, x_n)$ 为总体的一个样本，样本平均数为 $\bar{x}$。现在的问题是对总体均值 μ 进行假设检验。$H_0: \mu = \mu_0$（或 $\mu \leqslant \mu_0$，$\mu \geqslant \mu_0$）。

根据抽样分布定理，样本平均数为 $N\left(\mu, \dfrac{\sigma^2}{n}\right)$，如果 H_0 成立，检验统计量 z 及其分布为

$$z = \frac{\bar{x} - \mu_0}{\dfrac{\sigma}{\sqrt{n}}} \sim N(0, 1)$$

检验统计量 z 服从均值为 0、方差为 1 的标准正态分布。

根据已知的总体方差、样本容量 n 和样本平均数 $|z| \geqslant z_{\frac{\alpha}{2}}$，计算出检验统计量 z 的值。对于给定的检验水平，查正态分布表可得临界值，将所计算的 z 值与临界值比较，便可得出检验结论。

1. 双侧检验

在正态分布中，$|z| \geqslant z_{\frac{\alpha}{2}}$ 的概率很小，只有 $\left|z_{\frac{\alpha}{2}}\right| = 1.96$ 大小。例如，$\left|z_{\frac{\alpha}{2}}\right| = 1.96$，临界

值 $\left| z_{\frac{\alpha}{2}} \right| = 1.96$，则 $|z| \geq 1.96$ 的概率只有 5%。从总体中抽取一个样本，计算 $|z|$ 值，如果该值是大于 1.96 的，则小概率事件发生了，有理由认为该样本不是抽取自假设的总体，所以拒绝原假设。综上所述，双侧检验中的决策规则为

当 $|z| \geq z_{\frac{\alpha}{2}}$ 时，拒绝原假设 H_0；

当 $|z| < z_{\frac{\alpha}{2}}$ 时，接受原假设 H_0。

【例 7-1】某医院想了解患者的候诊时间与以往相比是否发生了显著变化。往年的情况是，平均每个患者的候诊时间是 40 分钟，方差为 400 分钟，现在抽取 100 名患者进行调查，其平均候诊时间为 45 分钟。试帮助医院做出决策。（ $\alpha = 0.01$ ）

解：根据题意建立假设。

$H_0 : \mu = 40$；$H_1 : \mu \neq 40$。

总体方差 σ^2 已知，选择 z 作为检验统计量。

$$z = \frac{\bar{x} - \mu_0}{\sigma / \sqrt{n}} = \frac{45 - 40}{20 / \sqrt{100}} = 2.5$$

$\alpha = 0.01$，查标准正态分布表可知 z 的临界值 $z_{\frac{\alpha}{2}} = 2.58$。

因为 $|z| = 2.5 < z_{\frac{\alpha}{2}} = 2.58$，所以接受原假设，即该医院患者候诊的时间无显著变化。

2. 单侧检验

（1）左侧检验。在正态分布中，$z \leq z_{\alpha}$ 的概率很小，只有 α 大小。例如，$\alpha = 0.05$，临界值 $-z_{\alpha} = -1.645$，则 $z \leq -z_{\alpha}$ 的概率只有 5%。若某次抽取样本所计算的 z 值是小于 -1.645 的，则小概率事件发生了，所以拒绝原假设。即左侧检验的决策规则为

当 $z \leq -z_{\alpha}$ 时，拒绝原假设 H_0；

当 $z > -z_{\alpha}$ 时，接受原假设 H_0。

（2）右侧检验。在正态分布中，$z \geq z_{\alpha}$ 的概率很小，只有 α 大小。例如，$\alpha = 0.05$，临界值 $z_{\alpha} = 1.645$，则 $z \geq 1.645$ 的概率只有 5%。若某次抽取样本所计算的 z 值是大于 1.645 的，则小概率事件发生了，所以拒绝原假设。即右侧检验的决策规则为

当 $z \geq z_{\alpha}$ 时，拒绝原假设 H_0；

当 $z < z_{\alpha}$ 时，接受原假设 H_0。

【例 7-2】根据过去大量资料可知，某厂生产产品的使用寿命服从正态分布 $N(1\,020, 100^2)$。现从最近生产的一批产品中随机抽取 16 件，测得样本平均寿命为 1 080 小时。试在 0.05 的显著性水平下判断这批产品的使用寿命是否有显著提高。

解：根据题意，提出假设。

$H_0 : \mu \leq 1\,020$；$H_1 : \mu > 1\,020$。

检验统计量 $z = \dfrac{\bar{x} - \mu_0}{\sigma / \sqrt{n}} = \dfrac{1\,080 - 1\,020}{100 / \sqrt{16}} = 2.4$；

查表得临界值 $z_{\alpha} = 1.645$。

由于 $z = 2.4 > z_{\alpha} = 1.645$，因此应拒绝 H_0 而接受 H_1，即这批产品的使用寿命确有显著

提高。

（二）总体方差未知的假设检验

设总体 $X \sim N(\mu, \sigma^2)$，但总体方差 σ^2 未知，检验统计量 z 中包含了未知参数 σ，此时对总体均值的检验不能与上述检验相同。为了得到一个不含未知参数的检验统计量，很自然会用总体方差的无偏估计量——样本方差 $s^2 = \dfrac{\sum\limits_{i=1}^{n}(x_i - \bar{x})^2}{n-1}$ 来代替总体方差 σ^2。此时，样本平均数 $\bar{x}$ 服从期望为 μ、方差为 s^2/n、自由度为 $n-1$ 的 t 分布，因此可以选择 t 作为检验统计量，计算公式为

$$t = \frac{\bar{x} - \mu_0}{s/\sqrt{n}} \sim t(n-1)$$

根据题意提出假设，构造检验统计量 t，并根据样本信息计算其具体值；对于给定的检验水平 α，由 t 分布表查得临界值；将所计算的 t 值与临界值比较，得出检验结论。

双侧检验时，若 $|t| \geqslant t_{\frac{\alpha}{2}}$，则拒绝 H_0。

左侧检验时，若 $t \leqslant -t_\alpha$，则拒绝 H_0。

右侧检验时，若 $t \geqslant t_\alpha$，则拒绝 H_0。

【例 7-3】从长期的资料可知，某厂生产的某种电子元件服从均值为 200 小时、标准差未知的正态分布。通过改变部分生产工艺后，抽得 10 件为样本，数据（小时）为 202，209，213，198，206，210，195，208，200，207。试在 0.05 的显著性水平下判断在新工艺下，这种电子元件的平均值是否有所提高。

解：根据题意，可建立如下假设。

$H_0: \mu \leqslant 200$；$H_1: \mu > 200$。

根据已知数据求得 $\bar{x} = 204.8$，$S = 5.789$。

检验统计量 $\quad t = \dfrac{\bar{x} - \mu_0}{s/\sqrt{n}} = \dfrac{204.8 - 200}{5.789/\sqrt{10}} = 2.622$。

由 $\alpha = 0.05$，查表得临界值 $t_\alpha(n-1) = t_{0.05}(10-1) = 1.8331$。

由于 $t = 2.622 > t_\alpha(n-1) = 1.8331$，因此拒绝 H_0 接受 H_1，即可以接受"在新工艺下，这种电子元件的平均值有所提高"的假设。

t 检验统计量适用于小样本且总体方差未知的情况下对正态总体均值的假设检验。随着样本容量 n 的增大，t 分布趋近于标准正态分布。所以在大样本（$n>30$）且总体方差未知时，对正态总体均值 μ 的假设检验通常近似采用 z 检验统计量。同理，在大样本情况下对非正态分布总体均值的检验也可用 z 检验统计量。这时，根据大样本的抽样分布定理，总体分布形式不明或为非正态总体时，样本平均数趋近于正态分布。检验统计量 z 中的总体标准差 σ 用样本标准差 S 来代替。

二、总体比例的假设检验

由比例的抽样分布定理可知，样本比例服从二项分布，因此可由二项分布来确定对总体比例进行假设检验的临界值，但其计算往往十分烦琐。在大样本情况下，二项分布近似服从正态分布。因此，对总体比例的检验通常是在大样本条件下进行的，根据正态分布来近似确定临界值。其检验步骤与均值检验时的步骤基本相同，只是参数和检验统计量的形式不同。

总体比例检验的三种基本形式如下：

双侧检验，$H_0: \pi = \pi_0$；$H_1: \pi \neq \pi_0$。

左侧检验，$H_0: \pi \geqslant \pi_0$；$H_1: \pi < \pi_0$。

右侧检验，$H_0: \pi \leqslant \pi_0$；$H_1: \pi > \pi_0$。

当 np 和 nq 都大于 5 时，样本比例 p 的抽样分布近似服从正态分布，于是构造检验统计量为

$$z = \frac{p - \pi_0}{\sqrt{\dfrac{\pi_0(1 - \pi_0)}{n}}} \sim N(0, 1)$$

给定显著性水平 α 的条件下，总体比例检验的显著性水平、拒绝域和临界值的图示可参考图 7-1。表 7-5 总结了在大样本情况下总体比例检验的一般方法。

表 7-5　在大样本情况下总体比例检验的一般方法

项目	双侧检验	左侧检验	右侧检验
假设形式	$H_0: \pi = \pi_0$ $H_1: \pi \neq \pi_0$	$H_0: \pi \geqslant \pi_0$ $H_1: \pi < \pi_0$	$H_0: \pi \leqslant \pi_0$ $H_1: \pi > \pi_0$
检验统计量	$z = \dfrac{p - \pi_0}{\sqrt{\dfrac{\pi_0(1 - \pi_0)}{n}}}$		
α 与拒绝域	$\lvert Z \rvert > Z_{\frac{\alpha}{2}}$	$Z < -Z_\alpha$	$Z > Z_\alpha$

【例 7-4】调查人员在调查某企业的主要生产线时，被告知性能良好、生产稳定，产品合格率可达 99%。调查人员随机抽查了 200 件产品，其中 195 件产品合格，能否判断厂方的宣称可信？（$\alpha = 10\%$）。

解：依题意，可建立如下假设：

$H_0: \pi = 0.99$；$H_1: \pi \neq 0.99$。

样本比例 $p = \dfrac{m}{n} = \dfrac{195}{200} = 0.975$。

由于样本容量相当大，所以可构建 z 检验统计量为

$$z = \frac{p - \pi_0}{\sqrt{\dfrac{\pi_0(1 - \pi_0)}{n}}} = \frac{0.975 - 0.99}{\sqrt{\dfrac{0.99 \times 0.01}{200}}} = -2.132$$

给定 $\alpha = 0.1$，查正态分布表得 $z_{\frac{\alpha}{2}} = z_{0.05} = 1.645$。

由于 $|z| > z_{\frac{\alpha}{2}}$，应拒绝原假设，即认为厂方的宣称不可信。

本章小结

假设检验是推断统计的一项重要内容，是根据样本对关于总体的假设作判断。它根据原资料做出一个总体指标是否等于某一个数值，或某一随机变量是否服从某种概率分布的假设，然后利用样本资料采用一定的统计方法计算出有关检验的统计量，依据一定的概率原则，以较小的风险来判断估计数值与总体数值（或者估计分布与实际分布）是否存在显著差异，是否应当接受原假设选择的一种检验方法。

本章介绍了原假设与备择假设、检验中的两类错误、显著性水平及 P 值等概念，介绍了假设检验的步骤。以检验假设 $H_0: \mu = \mu_0$ 为例，μ 的真值一般是未知的，检验的目的是判断 μ 的真值与被检验值 μ_0 是否存在统计意义上的显著差异，而不是去证明 μ 是否等于 μ_0。原假设与备择假设的地位是不同的，两者不能随便互换。原假设受到保护，不会被轻易否定，否定必须要有充分的理由，这表现在犯第一类错误的概率 α 一般会得到严格的控制。

关键术语

假设检验、原假设、备择假设、第一类错误、第二类错误、双侧检验、左侧检验、右侧检验、显著水平、P 值、拒绝域、接受域、z 检验统计量和 t 检验统计量。

拓展案例

中国人有更多的休闲时间吗？

2015 年 11 月初，某招聘网站发布《2015 年白领 8 小时生存质量调研报告》，列出了杭州、南京、武汉、深圳、北京、广州、上海等十大加班最多的城市。这份报告中，杭州成为白领加班最多的城市，72% 的上班族都有过加班经历；深圳白领加班的比例和北京白领加班的比例都是 54%。从行业分布来看，IT、通信、电子、互联网行业的从业者加班时间最多，平均每周加班 9.3 小时。

调研数据显示，从上班途中的时间来看，北京平均上班要 52 分钟，上海要 51 分钟，广州需 46 分钟，深圳需 40 分钟。每天早晚高峰各堵 1 小时，从 22 岁到 80 岁，会有 30 624 个小时，相当于 10.48 年。另外，值得注意的是，北京晚上 8 点以后回家的人群，占到了 30%；广州其次，为 22.12%；深圳为 19.71%。

2015 年央视发布的《中国经济生活大调查》数据显示，中国人每天的休闲时间平均是 2.55 小时，较 3 年前 2012 年的 2.16 小时有所增加，但仍只有发达经济体的一半。

（资料来源：中国日报中文网）

案例讨论

1. 假定《中国经济生活大调查》的家庭样本为 1 000 个，且每天休闲时间的样本标准差为 1.5 小时，在显著性水平 $\alpha = 0.05$ 下，能否认为 2015 年中国人每天的休闲时间与 2012 年相比有显著的增加？

2. 在显著性水平 $\alpha = 0.01$ 下，上面的检验结论是否有变化？

统 计 实 训 ——————————————————————————o

课 后 练 习 ——————————————————————————o

【实操练习 用 Excel 进行假设检验】

在总体方差已知的情况下创建总体均值假设检验的 Excel 工作表。

具体操作步骤如下：

第 1 步，构造工作表。如图 1 所示，首先在各个单元格输入以下内容，其中左边是变量名，右边是相应的计算公式。

	A	B
1		总体均值的假设检验
2	样本统计量	
3	样本个数	=COUNT(样本数据)
4	样本均值	=AVERAGE(样本数据)
5	用户输入	
6	总体标准差	
7	总体均值假设值	
8	置信水平	
9	计算结果	
10	抽样标准误	='总体标准差'/SQRT('样本个数')
11	计算Z值	=('样本均值'-'总体均值假设值')/'抽样标准误'
12	单侧检验	
13	单侧Z值	=NORMSINV(1-'置信水平')
14	检验结果	=IF(ABS('计算Z值')>ABS('单侧Z值'),"拒绝Ho","接收Ho")
15	单侧显著水平	=1-NORMSDIST(ABS('计算Z值'))
16	双侧检验	
17	双侧Z值	=NORMSINV((1-'置信水平')/2)
18	检验结果	=IF(ABS('计算Z值')>ABS('双侧Z值'),"拒绝Ho","接收Ho")
19	双侧显著水平	=IF('计算Z值'>0,2*(1-NORMSDIST('计算Z值')),2*NORMSDIST('计算Z值'))

图 1 构造工作表

第 2 步，为表格右边的公式计算结果定义左边的变量名。选定 A3：B4，A6：B8，A10：B11，A13：B15 和 A17：B19 单元格，选择"插入"菜单的"名称"子菜单的"指定"选项，用鼠标单击"最左列"选项，然后单击"确定"按钮。

第3步，输入样本数据，以及总体标准差、总体均值假设、置信水平，如图2所示。

第4步，为样本数据命名。选定 C1：C11 单元格，选择"插入"菜单的"名称"子菜单的"指定"选项，用鼠标单击"首行"选项，然后单击"确定"按钮，得到如图2所示的计算结果。

	A	B	C
1		总体均值的假设检验	样本数据
2	样本统计量		28.5
3	样本个数	10	26.4
4	样本均值	31.4	33.5
5	用户输入		34.3
6	总体标准差	5.56	35.9
7	总体均值假设值	35	29.6
8	置信水平	0.95	31.3
9	计算结果		31.1
10	抽样标准误	1.758226379	30.9
11	计算Z值	−2.047517909	32.5
12	单侧检验		
13	单侧Z值	−1.644853	
14	检验结果	拒绝H_0	
15	单侧显著水平	0.020303562	
16	双侧检验		
17	双侧Z值	−1.959961082	
18	检验结果	拒绝H_0	
19	双侧显著水平	0.0≤0607125	

图2 计算结果

结果说明：如图2所示，该例子的检验结果不论是单侧检验还是双侧检验均为拒绝 H_0 假设。所以，根据样本的计算结果，在 $\alpha=0.05$ 的显著水平下，拒绝总体均值为35的假设。同时，由单侧显著水平的计算结果还可以看出，在总体均值为35的假设之下，样本均值小于等于31.4的概率仅为2%。

第八章

相关与回归分析

▰▰▰ 学习目标

- 熟悉拟合优度的评价。
- 学会回归模型的显著性检验方法。
- 掌握相关关系的概念和种类。
- 掌握相关系数的概念、计算方法和性质。
- 掌握回归分析的概念和一元线性回归分析的最小二乘法估计。

★知识导览

社会经济现象除了自身的变动以外，与其他现象之间还可能会有一定的依存关系。这种现象间的相互依存关系常表现为不确定的统计关系，也称为相关关系。相关与回归分析是研究变量之间不确定性统计关系的重要方法。相关分析主要是判断两个或两个以上变量之间是否存在相关关系，并分析变量间相关关系的形态和程度。回归分析主要是对存在相关关系的现象间数量变化的规律性做出测定。本章主要讨论相关分析与回归分析的基本理论和方法。

本章重点：函数关系和相关关系的联系和区别、分类、相关分析和回归分析的联系与区别、线性相关系数的判定标准与计算、一元线性回归模型的最小二乘法估计、拟合优度的评价、回归模型的显著性检验。

本章难点：一元线性回归模型的最小二乘法估计、拟合优度的评价、回归模型的显著性检验。

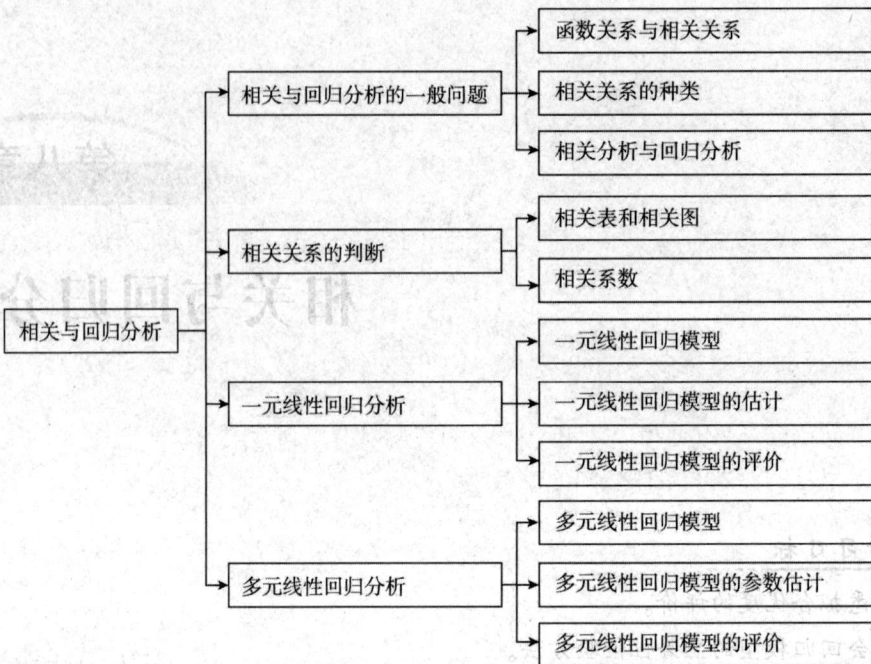

```
                                              ┌─ 函数关系与相关关系
                        ┌─ 相关与回归分析的一般问题 ─┼─ 相关关系的种类
                        │                     └─ 相关分析与回归分析
                        │
                        │                     ┌─ 相关表和相关图
                        ├─ 相关关系的判断 ──────┤
                        │                     └─ 相关系数
   相关与回归分析 ────────┤
                        │                     ┌─ 一元线性回归模型
                        ├─ 一元线性回归分析 ────┼─ 一元线性回归模型的估计
                        │                     └─ 一元线性回归模型的评价
                        │
                        │                     ┌─ 多元线性回归模型
                        └─ 多元线性回归分析 ────┼─ 多元线性回归模型的参数估计
                                              └─ 多元线性回归模型的评价
```

★引导案例

"回归" 一词的由来

"回归" 一词是由英国著名生物学家兼统计学家高尔顿 (Francis Galton, 1822—1911年) 在研究人类遗传问题时提出来的。为了研究父代与子代身高的关系,高尔顿搜集了 1 078 对父子的身高数据。他发现这些数据的散点图大致呈直线状态,也就是说,总的趋势是父亲的身高增加时,儿子的身高也倾向于增加。但是,高尔顿对试验数据进行了深入的分析,发现了一个很有趣的现象——回归效应。当父亲高于平均身高时,他们的儿子身高比他更高的概率要小于比他更矮的概率;当父亲矮于平均身高时,他们的儿子身高比他更矮的概率要小于比他更高的概率。它反映了一个规律,即儿子的身高,有向他们父辈的平均身高回归的趋势。对于这个一般结论的解释是:大自然具有一种约束力,使人类身高的分布相对稳定而不产生两极分化,即回归效应。

1855 年,高尔顿发表《遗传的身高向平均数方向的回归》一文,他和他的学生卡尔·皮尔逊 (Karl·Pearson) 通过观察 1 078 对夫妇的身高数据,以每对夫妇的平均身高作为自变量,他们的一个成年儿子的身高作为因变量,分析儿子身高与父母身高之间的关系,发现父母的身高可以预测子女的身高,两者的关系近乎一条直线。当父母越高或越矮时,子女的身高会比一般儿童高或矮。他将儿子与父母身高的这种现象拟合出一种线形关系,分析出儿子的身高 y 与父母的身高 x 大致可归结为如下关系:

$$y = 0.856\ 7 + 0.516 \cdot x \quad (单位:米)$$

假如父母辈的平均身高为 1.750 0 米,则预测子女的身高为 1.759 7 米。

这种趋势及回归方程表明父母身高每增加 1 个单位,其成年儿子的身高平均增加 0.516

个单位。这就是"回归"一词最初在遗传学上的含义。

案例启示

子女的身高与父母的身高高度相关，两者之间的数量关系可以通过回归分析来解决。本章将在相关分析的基础上，探索用回归分析揭示变量间具体的数量关系式。

第一节　相关与回归分析的一般问题

一、函数关系与相关关系

变量之间的关系可以是确定性的关系，也可以是非确定性的关系。例如，电路中的欧姆定律表述了电压、电阻和电流之间的关系为

$$电压 = 电流 \times 电阻$$

已知其中两个量，另一个量就完全确定了。又如，一个正方形的边长（a）确定了，它的面积（$S = a^2$）随之确定等。这是变量间确定性关系的例子，数学上称为函数关系。社会经济活动中确定性的函数关系有很多。例如，在计件工资制中，工人的工资额由加工的零件件数确定；在销售价格一定的情况下，商品销售额完全由商品销售量确定；当利率是常数时，本息和由本金及贷款周期数确定等。但这不是统计学讨论的内容。

客观世界中，在很多情况下，变量间的关系没有那么简单。例如，农业生产中，农作物的产量与施肥量的关系。在一定范围内，施肥量多，作物产量就高，但是不能完全由施肥量确定农作物的产量。又如，企业规模与经营费用的关系，工资增长与劳动生产率变动的关系，家庭收入水平与支出的关系，人的年龄与其身高、体重的关系，合成纤维的强度与拉伸倍数之间的关系等。可以举出许许多多关于工、农业生产及社会经济生活中的相互依存、相互制约、相互影响的变量的例子。这些变量之间既存在着密切的关系，又不能完全由一个（或几个）变量的值确定另一个变量的值。这种变量之间的非确定性关系称为相关关系。这才是统计学所要研究的内容。

相关关系与函数关系不同，不能像函数关系那样由一种（或几种）变量的数值精确地计算出另一变量的数值。但变量之间也有联系。在对具有相关关系的现象进行分析时，必须利用相应的函数关系数学表达式来表明现象之间的关系。

变量之间的相关关系有的表现为因果关系，有的则不是。例如，在其他条件不变的前提下，机器的维修费用与使用年限之间有相关关系。在这里，使用年限是起决定性作用的变量，称为自变量，一般用 x 表示；维修费用是随使用年限变化的变量，称之为因变量，一般用 y 表示。x 与 y 之间的关系就是因果关系，两者的作用不能互换，即因变量随自变量的变动而变动。有时两个变量之间虽存在相关关系，但并非明显的因果关系。例如，小学生的语文成绩与数学成绩之间有相关关系，很难确定哪个是因、哪个是果，此时，需要根据研究的目的加以确定。假如要研究语文成绩提高对数学成绩的影响，则语文成绩是自变量 x，数学

成绩是因变量 y；假如要研究数学成绩的提高对语文成绩的影响，则数学成绩是自变量 x，语文成绩是因变量 y，即两个变量是可以互换的。

二、相关关系的种类

（一）按相关的程度分

按相关的程度，相关关系可分为完全相关、不相关和不完全相关。

完全相关是指在两个变量中，当一个变量变化时，另一个变量的变化随之完全确定，二者之间实际上就是确定性的函数关系。

不相关是指两个变量互不影响、各自独立。例如，市场上西红柿的销售量与毛衣的销售量不存在相关关系，即不相关。

介于完全相关与不相关之间的关系称为不完全相关。一般的相关现象都属于这种情况，这是相关分析的主要研究对象。

（二）按相关的方向分

按相关的方向，相关关系可分为正相关和负相关。

正相关是指两个变量变动方向相同，即自变量 x 增加，因变量 y 也随之增加；自变量 x 减少，因变量 y 也随之减少。例如，身高和体重，居民的收入和支出，粮食的施肥量与产量等。

负相关是指两个变量变动方向相反，即自变量 x 增加，因变量 y 随之减少；自变量 x 减少，因变量 y 却随之增加。例如，产品总产量和产品单位成本，商品销售价格与商品销售量，商品的流通费用与销售利润额等。

（三）按相关的表现形式分

按相关的表现形式，相关关系可分为直线相关和曲线相关。

直线相关是指根据两个变量对应的数值确定的点（即相关点）的分布，在平面直角坐标图中大致呈一条直线的相关表现形式。直线相关也称为线性相关。

曲线相关是指根据两个变量对应的数值确定的点（即相关点）的分布，在平面直角坐标图中大致呈一条曲线的相关表现形式，如抛物线、指数曲线、双曲线等。曲线相关也称为非线性相关。

（四）按影响因素的多少分

按影响因素的多少，相关关系可分为单相关和复相关。

单相关是指现象之间的相关因素只涉及一个自变量和一个因变量，如身高和体重，降雨量与单位面积产量，总产量与单位成本。单相关也称为一元相关。

复相关是指现象之间的相关因素涉及多个自变量和因变量，如降雨量、施肥量与粮食产量，资金周转速度、流通费用、销售量、销售价格与利润。复相关也称为多元相关。

三、相关分析与回归分析

从前面的分析可知，相关关系是现象与现象之间由于受多种因素的复杂影响，其量变关系不能完全确定，当一种现象的数量确定以后，另一种现象的数量只在一定范围内变化，现象之间的关系存在不确定性。但现象之间的这种不确定性关系并不是杂乱无章、无规律可循的，大量的偶然性中蕴含着必然性的规律，经过多次实践和调查研究能够发现变量之间存在的某种客观规律。讨论变量之间是否相关及其相关程度，寻求其量变规律，就是相关分析与回归分析的任务。相关分析与回归分析都是研究关于度量相关变量之间关系的统计方法。在进行分析时，需选择其中之一作为因变量，而其余变量作为自变量，然后根据资料，研究测定自变量与因变量之间的关系，确定其相关程度。

（一）相关分析与回归分析之间的联系与区别

从广义上讲，相关分析包括回归分析。在研究现象之间的相互依存关系时，一般先进行相关分析，测定相关现象之间的相关程度大小，再决定是否需要进行回归分析。因此，相关分析是回归分析的基础和前提，回归分析是相关分析的深入和继续。

严格来说，相关分析与回归分析又有区别。相关分析是研究各个变量之间有无相关关系及相关关系的密切程度的方法。如果变量之间存在密切的相关关系，则可通过求回归方程式的方法找出它们之间的经验公式。回归分析是借助于函数关系式建立变量相关关系的数学表达式，以此来研究变量之间的数量变动关系。再者，相关分析反映变量之间的密切程度，不需明确自变量和因变量；而回归分析是借助函数关系式反映自变量的变动对因变量的影响，必须明确自变量和因变量，当自变量与因变量位置互换时所得的回归方程不同。

（二）相关分析与回归分析的主要内容

相关分析与回归分析的主要目的，是对现象之间的相互关系的密切程度及表现的规律性进行数量上的推断和认识，进一步找出相互关系的数学模型，以便进行统计预测和推算，为制订计划、决策提供统计资料。因此，其主要应解决以下四个问题：

（1）确定变量之间是否存在相关关系。只有明确变量之间存在相关关系，才可能进行相关分析。可运用定性分析的方法，通过编制相关表或绘制相关图来确定变量之间是否存在相关关系。

（2）确定相关关系的表现形式、密切程度和相关方向。如果判定现象间存在相关关系，则需通过定量分析，找出它们之间依存关系的适当数学模型，即回归方程，确定相关关系的表现形式、密切程度及相关方向，这是进行判断、推算和预测的基础。

（3）根据一个或几个变量的值预测或控制另一个变量的值，并估计预测或控制的精确程度。建立回归方程之后，通过测定因变量估计值和实际观测值之间的差异大小，检验因变量估计值的代表性，以此来判定回归方程的拟合精度。

（4）进行因素分析。若有多个因素（变量）影响一个因素（变量），找出因素的主次，分析因素间的关系。

第二节　相关关系的判断

一、相关表和相关图

在进行相关分析之前，需要运用定性分析的方法，通过编制相关表和绘制相关图来判断现象之间是否存在相关关系。

（一）相关表

相关表就是将自变量和对应的因变量数值一一对应排列所形成的统计表格。通过相关表可初步看出相关关系的形式、密切程度和相关方向。相关表有简单相关表和分组相关表两种。

1. 简单相关表

按两组相对应的变量值编制的统计表称为简单相关表。

【例 8-1】某地 12 个企业的工业总产值与税利总额的有关数据如表 8-1 所示。

表 8-1　某地 12 个企业的工业总产值与税利总额

企业编号	工业总产值 x/万元	税利总额 y/万元
1	150	24
2	350	80
3	420	84
4	450	86
5	660	240
6	700	270
7	820	305
8	930	328
9	1 380	365
10	1 430	388
11	1 690	398
12	2 300	472

该表是一张简单相关表，从中可看出，随着工业总产值的增加，税利总额呈现增长的趋势。

2. 分组相关表

若原始资料很多，就不便采用简单相关表表示，而应首先对资料进行分组，然后编制分组相关表。分组相关表包括单变量分组表和双变量分组表。

（1）单变量分组表。当原始资料较多时，仅对自变量数值进行分组而编制的相关表就是单变量分组表。

【例8-2】某地区商品销售额与流通费用率资料如表8-2所示。

表8-2 某地区商品销售额与流通费用率

分组序号	销售额/万元	商家数量/个	平均流通费用率/%
1	50 以下	10	9.8
2	50 ~ 100	20	7.6
3	100 ~ 150	36	7.3
4	150 ~ 200	48	7.1
5	200 ~ 250	67	6.7
6	250 ~ 300	52	6.6
7	300 ~ 350	36	6.4

由表8-2可以看出，所有商家按销售额分为7组，每组商家数量不等，其平均流通费用率也不相同。所列资料表明，随销售额的增加，平均流通费用率呈下降之势。该表仅按自变量销售额分组，而未对平均流通费用率分组，属单变量分组表。

（2）双变量分组表。双变量分组表是对两种变量进行分组，并交叉排列，列出两种变量各组间的共同次数。编制双变量分组表的方法是：将自变量放在纵栏标题上，并将变量值从小到大、自左至右排列；将因变量放在横栏标题上，并将变量值从大到小、自上而下排列。这种编制方法可使相关表与相关图保持一致，便于进行相关分析。

【例8-3】沿用表8-1资料，对某地企业按工业总产值与税利进行分组，如表8-3所示。

表8-3 某地企业工业总产值与税利

单位：万元

税利 y	工业总产值 x					
	100 ~ 500	500 ~ 1 000	1 000 ~ 1 500	1 500 ~ 2 000	2 000 ~ 2 500	合计
450 ~ 600	—	—	—	—	1	1
300 ~ 450	—	2	2	1	—	5
150 ~ 300	—	2				2
0 ~ 150	4	—	—			4
合　计	4	4	2	1	1	12

该表为一张双变量分组表，是按照相关图的形式进行设计的，形成图表相结合的模式，可据此初步判断两种变量间相关关系的形式、程度和方向。

（二）相关图

相关图也称散点图。在坐标图中，用横轴表示自变量 x，纵轴表示因变量 y，将两种变量对应的数值标在图中表示其分布状况。根据表8-1的资料绘制的相关图如图8-1所示。

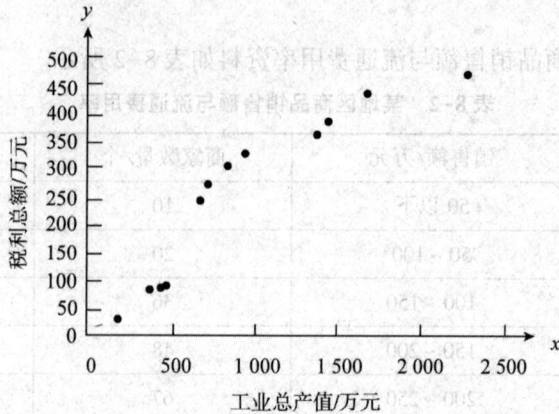

图8-1 工业总产值与税利总额的关系

通过相关图可以大致看出两个变量之间是否存在相关关系及相关关系的表现形式、方向和密切程度。相关点分布的越密集，表明相关关系越紧密；若相关点分布毫无规律，则表明现象之间没有相关关系或存在低度的相关关系。由图8-1可看出，两变量的相关表现形式大致为一条直线，表明工业总产值与税利总额之间存在相关关系且为正相关。

二、相关系数

（一）相关系数的范围及判定标准

线性相关关系的密切程度是通过相关系数来测量的。相关系数是在直线相关的条件下说明两个现象之间相关关系密切程度的统计分析指标，通常用r表示。

相关系数的取值范围在-1到$+1$之间，即$-1 \leqslant r \leqslant +1$，或$|r| \leqslant 1$。$|r|$越接近于$1$，表明相关的密切程度越高；$|r|$越接近于$0$，表明相关的密切程度越低。$r$的符号表示相关的方向，$r$为正，表示正相关关系；$r$为负，表示负相关关系。下面用图示的方法加以说明。

（1）$|r|=1$，表示变量之间是完全的线性相关关系。其中，$r=1$表示完全正相关，如图8-2所示；$r=-1$表示完全负相关，如图8-3所示。

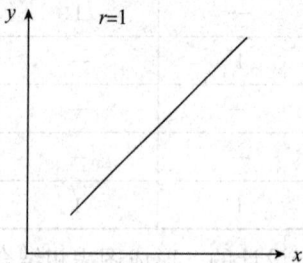

图8-2 完全正相关

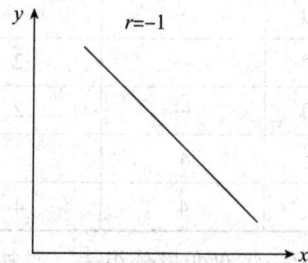

图8-3 完全负相关

（2）$r=0$，表示变量之间完全无线性相关关系，如图8-4所示。但并不表示变量之间不存在其他非线性的相关关系。

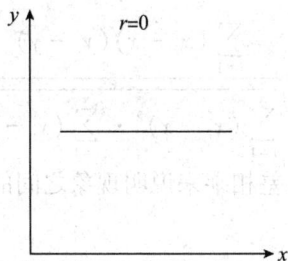

图 8-4 无线性相关

（3）|r|<1，表示变量之间是不完全相关关系。其中，0<r<1 表示变量之间是不完全正相关，如图 8-5 所示；-1<r<0 表示变量之间是不完全负相关，如图 8-6 所示。

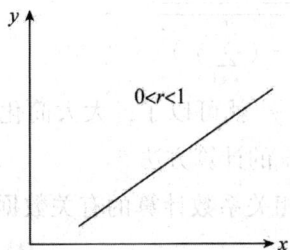

图 8-5 不完全正相关

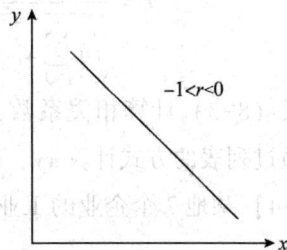

图 8-6 不完全负相关

在根据 r 取值判定相关关系的密切程度时，通常的划分标准为 |r|<0.3，视为无线性相关；|r|在 0.3~0.5，视为低度线性相关；|r|在 0.5~0.8，视为显著相关；|r|在 0.8 以上，则是高度的密切相关。

（二）相关系数的计算

根据相关系数的定义，可按以下公式计算：

$$r = \frac{\delta_{xy}^2}{\delta_x \delta_y} = \frac{\dfrac{\sum\limits_{i=1}^{n} (x_i - \bar{x})(y_i - \bar{y})}{n}}{\sqrt{\dfrac{\sum\limits_{i=1}^{n} (x_i - \bar{x})^2}{n}} \cdot \sqrt{\dfrac{\sum\limits_{i=1}^{n} (y_i - \bar{y})^2}{n}}} \tag{8-1}$$

式中　n ——资料项数；

　　　$\bar{x}$ ——x 变量数列的算术平均数；

　　　$\bar{y}$ ——y 变量数列的算术平均数；

　　　δ_x ——x 变量数列的标准差；

　　　δ_y ——y 变量数列的标准差；

　　　δ_{xy} ——x、y 两个变量数列的协方差。

将式（8-1）的分子、分母同时约掉公因子 $\dfrac{1}{n}$，则公式变形为

$$r = \frac{\sum_{i=1}^{n}(x_i - \bar{x})(y_i - \bar{y})}{\sqrt{\sum_{i=1}^{n}(x_i - \bar{x})^2 \cdot \sum_{i=1}^{n}(y_i - \bar{y})^2}} \qquad (8-2)$$

由于相关系数是通过将各个离差相乘来说明现象之间的线性相关程度的，因此这种方法通常也被称为"积差法"。

按定义公式计算相关系数的过程运算量大，计算烦琐。因此，在实际分析中多采用由定义公式推导出的简捷公式计算相关系数。其简捷公式为

$$r = \frac{n\sum_{i=1}^{n}x_i y_i - \sum_{i=1}^{n}x_i \sum_{i=1}^{n}y_i}{\sqrt{n\sum_{i=1}^{n}x_i^2 - \left(\sum_{i=1}^{n}x_i\right)^2} \cdot \sqrt{n\sum_{i=1}^{n}y_i^2 - \left(\sum_{i=1}^{n}y_i\right)^2}} \qquad (8-3)$$

按照式（8-3）计算相关系数，只需计算出 xy、x^2、y^2 就可以了，大大简化了运算过程。通常通过列表的方式计算 xy、x^2、y^2。下面举例说明 r 的计算方法。

【例8-4】某地7个企业的工业总产值、税利总额及相关系数计算的有关数据如表8-4所示。

表8-4　相关系数计算

单位：万元

序号	工业总产值 x	税利总额 y	xy	x^2	y^2
1	150	24	3 600	22 500	576
2	350	80	28 000	122 500	6 400
3	420	84	35 280	176 400	7 056
4	450	86	38 700	202 500	7 396
5	660	240	158 400	435 600	57 600
6	700	270	189 000	490 000	72 900
7	820	305	250 100	672 400	93 025
合计	3 550	1 089	703 080	2 121 900	244 953

根据表8-4所列数据，计算相关系数如下。

$$\begin{aligned} r &= \frac{n\sum_{i=1}^{n}x_i y_i - \sum_{i=1}^{n}x_i \sum_{i=1}^{n}y_i}{\sqrt{n\sum_{i=1}^{n}x_i^2 - \left(\sum_{i=1}^{n}x_i\right)^2} \cdot \sqrt{n\sum_{i=1}^{n}y_i^2 - \left(\sum_{i=1}^{n}y_i\right)^2}} \\ &= \frac{7 \times 703\,080 - 3\,550 \times 1\,089}{\sqrt{7 \times 2\,121\,900 - (3\,550)^2} \cdot \sqrt{7 \times 244\,953 - (1\,089)^2}} \\ &= 0.967\,6 \end{aligned}$$

据此可判断工业总产值 x 与税利总额 y 有高度的线性相关关系。

第三节　一元线性回归分析

英国生物学家高尔顿在研究中建立的数学公式被称为回归方程式，其真正含义是关系方程式或估计方程式。

在统计分析中，如果运用相关分析的方法判断出现象存在线性相关关系，且相关程度较高，就可依据相关数列配合一条直线反映变量之间的数量关系。统计上把这条直线称为回归直线，把这条直线的数学关系式叫作回归方程。回归分析的主要内容是根据相关数列的资料配合直线方程、检验直线方程的拟合精度，并进行预测。在回归分析中，所研究的各个变量不是对等关系，必须先根据研究目的确定自变量和因变量。自变量是可控制变量，因变量是随机变量。在相关分析中，各个变量都是随机变量。

由于变量之间关系的复杂性，回归方程有多种类型和形式，本节将介绍最基本的一元线性回归方程。

一、一元线性回归模型

一元线性回归模型又称简单回归模型，是用来描述因变量 y 依赖于自变量 x 和误差项 ε 的方程。一元线性回归模型可表示为

$$y = \alpha + \beta x + \varepsilon \tag{8-4}$$

在一元线性回归模型中，y 是 x 的线性函数（ $\alpha + \beta x$ 部分）加上误差项 ε。$\alpha + \beta x$ 反映了由于 x 的变化而引起的 y 的线性变化；ε 被称为随机误差项，反映了除 x 和 y 之间的线性关系之外的其他因素对 y 的影响，是不能由 x 和 y 之间的线性关系所解释的变异性。通常假定误差项 ε 是一个服从正态分布的随机变量，且相互独立，即 $\varepsilon \sim N(0, \sigma^2)$。对于所有的 x 值，ε 的均值均为零，方差 σ^2 都相同。式中的 α 和 β 称为模型的参数。

由于 ε 的均值均为零，故一元线性回归模型还可以表现为如下均值的形式：

$$E(y) = \alpha + \beta x \tag{8-5}$$

式（8-5）也称为一元线性回归方程，在图形上表示为一条截距为 α、斜率为 β 的直线，这条直线称为一元线性回归直线。斜率 β 表示 x 每变动一个单位时 y 的均值的变化，即当 x 每增加一个单位时，y 平均变化 β 个单位。回归分析的主要任务之一就是对参数 α 和 β 进行估计。

一元线性回归模型应具备以下三个条件：

（1）两个变量之间确定存在着显著的相关关系。如果相关关系不显著或没有相关关系，则配合的回归模型就没有意义。

（2）两个变量之间确定存在着直线相关关系。表现在相关图中，相关点的分布大致呈直线形，才能配合一元回归直线模型。

（3）必须具备一定数量的变量观测值。若观测值太少，受随机因素的影响较大，则不

易观察出现象变动的规律性。

二、一元线性回归模型的估计

(一) 估计的回归方程

设有两个变量 x 与 y，x 是可以控制的变量，作为自变量；y 表示因变量，即随机变量。取 x 的 n 个样本观测数值 x_1，x_2，$\cdots$，x_n，通过试验或观测得到 y 的 n 个样本观测值 y_1，y_2，$\cdots$，y_n。习惯上，把（x_i，y_i）（$i = 1$，2，$\cdots$，n）统称为样本观测值。

为了对一元线性回归方程中的参数 α 和 β 进行估计，我们把这 n 对数据（x_1，y_1），（x_2，y_2），$\cdots$，（x_n，y_n）描绘在直角坐标系中，即为相关图，又称散点图，如图 8-1 所示。从图中可以看出，这些点大体在一个带形区域内，即 x 与 y 呈简单的线性相关关系。假设它们之间有如下关系：

$$\hat{y} = a + bx \tag{8-6}$$

式中，$\hat{y}$ 表示对 y 的期望值 $E(y)$ 的回归估计值或拟合值；a 和 b 是对一元线性回归模型中的参数 α 和 β 的估计，式（8-6）称为一元线性经验或估计的回归方程，在图形中表示为样本回归直线。

其实，$\hat{y}$ 不仅可以作为 y 的期望值 $E(y)$ 的回归估计值，也可以作为 y 的估计值。y 与 $\hat{y}$ 的偏差称为残差项，用 e 表示，则 $y - \hat{y} = e$，残差项 e 可以当作对随机误差项 ε 的估计。

(二) 参数 α 和 β 的最小二乘法估计

通常采用最小二乘法的原理，计算得到回归模型参数 α 和 β 的估计值 a 和 b。

根据最小二乘法原理，实际观测值 y 与估计值 $\hat{y}$ 的残差平方和等于最小值，即

$$\sum_{i=1}^{n}(y_i - \hat{y}_i)^2 = \sum_{i=1}^{n}(y_i - a - bx_i)^2 = \sum_{i=1}^{n}e_i^2 = 最小值。$$

由二元函数极值原理有下列标准方程组成立：

$$\begin{cases} na + b\sum_{i=1}^{n}x_i = \sum_{i=1}^{n}y_i \\ a\sum_{i=1}^{n}x_i + b\sum_{i=1}^{n}x_i^2 = \sum_{i=1}^{n}x_iy_i \end{cases} \tag{8-7}$$

记 $\bar{x} = \dfrac{1}{n}\sum x_i$，$\bar{y} = \dfrac{1}{n}\sum y_i$，则上面的方程组变为

$$\begin{cases} a + b\bar{x} = \bar{y} \\ a\bar{x} + b \cdot \dfrac{1}{n}\sum_{i=1}^{n}x_i^2 = \dfrac{1}{n}\sum_{i=1}^{n}x_iy_i \end{cases} \tag{8-8}$$

求解此方程组可得

$$b = \frac{n\sum_{i=1}^{n}x_iy_i - \sum_{i=1}^{n}x_i\sum_{i=1}^{n}y_i}{n\sum_{i=1}^{n}x_i^2 - \left(\sum_{i=1}^{n}x_i^2\right)} = \frac{\sum_{i=1}^{n}x_iy_i - n\bar{x}\bar{y}}{\sum_{i=1}^{n}x_i^2 - n\bar{x}^2} \tag{8-9}$$

$$a = \frac{\sum\limits_{i=1}^{n} y_i}{n} - b \cdot \frac{\sum\limits_{i=1}^{n} x_i}{n} = \bar{y} - b \cdot \bar{x} \tag{8-10}$$

式中，a 和 b 是对一元线性回归模型中的参数 α 和 β 的估计，$\bar{x}$ 和 $\bar{y}$ 分别为样本观测值 x_i 和 y_i 的平均值。

【例8-5】某地区8个企业生产产品的月产量和生产费用，以及确定回归方程所需数据资料如表8-5所示。

（1）计算该地区生产产品产量与生产费用之间的相关系数，说明二者之间的相关程度及方向。

（2）根据表中资料配合该地区企业生产产品产量与生产费用推导估计的一元线性回归方程。

（3）如果下年度该地区生产产品的月产量为9千吨，请预测其生产费用。

表8-5 某地区8个企业月产量和生产费用

月产量 x_i/千吨	生产费用 y_i/万元	x_iy_i	x_i^2	y_i^2
1.2	62	74.4	1.44	3 844
2.0	86	172.0	4.00	7 396
3.1	80	248.0	9.61	6 400
3.8	110	418.0	14.44	12 100
5.0	115	575.0	25.00	13 225
6.1	132	805.2	37.21	17 424
7.2	135	972.0	51.84	18 225
8.0	160	1 280.0	64.00	25 600
36.4	880	4 544.6	207.54	104 214

（1）该地区生产产品产量与生产费用之间的相关系数为

$$
\begin{aligned}
r &= \frac{n\sum\limits_{i=1}^{n} x_iy_i - \sum\limits_{i=1}^{n} x_i \sum\limits_{i=1}^{n} y_i}{\sqrt{n\sum\limits_{i=1}^{n} x_i^2 - \left(\sum\limits_{i=1}^{n} x_i\right)^2} \cdot \sqrt{n\sum\limits_{i=1}^{n} y_i^2 - \left(\sum\limits_{i=1}^{n} y_i\right)^2}} \\
&= \frac{8.0 \times 4\,544.6 - 36.4 \times 880}{\sqrt{8.0 \times 207.54 - 36.4^2} \cdot \sqrt{8.0 \times 104\,214 - 880^2}} \\
&= 0.97
\end{aligned}
$$

计算结果说明，该地区产品生产产量与生产费用之间存在高度的正相关关系，可以采用一元线性回归模型。

（2）一元线性估计的回归方程为 $\hat{y}_i = a + bx_i$。

$$b = \frac{n\sum_{i=1}^{n} x_i y_i - \sum_{i=1}^{n} x_i \sum_{i=1}^{n} y_i}{n\sum_{i=1}^{n} x_i^2 - \left(\sum_{i=1}^{n} x_i\right)^2} = \frac{8.0 \times 4\,544.6 - 36.4 \times 880}{8.0 \times 207.54 - 36.42^2} = 12.986$$

$$a = \frac{\sum_{i=1}^{n} y_i}{n} - b \cdot \frac{\sum_{i=1}^{n} x_i}{n} = \frac{880}{8.0} - 12.986 \times \frac{36.4}{8.0} = 51.323$$

因此，估计的直线回归方程为

$$\hat{y}_i = 51.323 + 12.896\, x_i$$

回归方程的经济意义是，当月产量每增加 1 千吨时，生产费用平均增加 12.896 万元。

（3）利用估计的回归方程可以进行预测，如果该企业下一年月产量为 9 千吨，在其他条件相对稳定时，其生产费用将达到 $\hat{y}_i = 51.323 + 12.896 \times 9 = 167.387$（万元）。

三、一元线性回归模型的评价

（一）拟合优度的评价

拟合优度是指估计出的样本回归方程（样本回归直线）对样本观测值数据拟合的优劣程度，即样本观测值聚集在样本回归线周围的紧密程度。

1. 可决系数

最常用的拟合优度评价指标是可决系数 R^2，又称判定系数，它是建立在对因变量 y 总离差平方和进行分解的基础上的。

在直线回归中，观测值 y 的取值大小是上下波动的，但这种波动总是围绕其均值在一定范围内。统计上将 y 取值的这种波动现象称为变差，这种变差的产生是由两方面原因引起的。

（1）受自变量变动的影响。

（2）随机因素的影响。

为了分析这两个方面的影响，需要对总的变差进行分解。

$$\sum_{i=1}^{n} (\bar{y}_i - \bar{y})^2 = \sum_{i=1}^{n} (\hat{y}_i - \bar{y})^2 + \sum_{i=1}^{n} (y_i - \hat{y}_i)^2 \qquad (8\text{--}11)$$

式中，因变量 y 的样本观测值与其平均值的离差平方和 $\sum_{i=1}^{n} (y_i - \bar{y})^2$ 称为总离差平方和 SST（Total Sum of Squares）；因变量 y 的样本估计值与其平均值的离差平方和 $\sum_{i=1}^{n} (\hat{y}_i - \bar{y})^2$ 称为可解释平方和 SSR（Residual Sum of Squares），也可称为回归平方和，是由回归直线做出解释的离差平方和；因变量 y 的样本观测值与估计值之差的平方和 $\sum_{i=1}^{n} (y_i - \hat{y}_i)^2$ 称为残差平方和 SSE（Explained Sum of Squares），是回归线未做出解释的离差平方和。可以证明，SST = SSR + SSE。

　　显然，在总的离差平方和中，回归解释的平方和所占的比重越大，则回归效果越好，说明回归直线与样本观测值拟合得好；如果残差平方和所占的比重大，则回归直线与样本观测值拟合得不理想。把回归解释平方和与总离差平方和之比定义为可决系数（判决系数）R^2。

$$R^2 = \frac{\text{SSE}}{\text{SST}} = \frac{\sum\limits_{i=1}^{n} (\hat{y}_i - \bar{y})^2}{\sum\limits_{i=1}^{n} (y_i - \bar{y})^2} \tag{8-12}$$

　　可决系数是对回归模型拟合程度的综合度量，可决系数越大，回归模型拟合程度越高。R^2表示全部偏差中有百分之几的偏差可由x与y的回归关系来解释。可决系数具有非负性，取值范围为0到1之间，即$0 \leq r^2 \leq 1$，r^2越接近1，说明回归方程对样本观测值的拟合效果越好；反之，则越差。在一元线性回归中，可决系数在数值上是简单相关系数的平方，即$R^2 = r^2$。

　　2. 估计标准误差

　　估计标准误差也称为估计标准差或估计标准误，也是用来反映估计出的回归方程对实际样本观测值拟合优度的指标。估计标准误差越大，说明估计的回归方程的拟合度越差。

　　（1）估计标准误差的计算方法。

　　估计标准误差是因变量的实际值与估计值的残差的平均数。其定义公式为

$$S_e = \sqrt{\frac{\sum\limits_{i=1}^{n} (y_i - \hat{y}_i)^2}{n-2}} = \sqrt{\frac{\text{SSR}}{n-2}} = \sqrt{\frac{\sum\limits_{i=1}^{n} e_i^2}{n-2}} \tag{8-13}$$

　　式中，S_e表示估计标准误差；SSR是残差平方和；e_i是估计残差；$n-2$是自由度；n是样本观测值个数；2是一元线性回归中要估计的回归个数。式（8-13）除以自由度$n-2$的原因是想得到对随机误差项ε的标准差σ的无偏估计。回归估计标准误差S_e不仅可以衡量样本回归方差的拟合效果，更是回归预测所必须了解的一个指标。S_e越小，平均来看回归估计的误差就越小。对预测来说，只要影响变量的因素没有重大变化，S_e越小，预测误差通常也会越小。

　　（2）估计标准误差与相关系数的关系。

　　根据相关系数和估计标准误差的计算公式可以推导出二者之间的如下关系式：

$$r = \sqrt{1 - \frac{S_y^2}{\sigma_y^2}} \tag{8-14}$$

$$S_e = \sigma_y \sqrt{1 - r^2} \tag{8-15}$$

式中　r——相关系数；

　　σ_y——因变量的标准差；

　　S_e——估计标准误差。

　　从以上公式可以看出，r与S_e的变化方向相反，r越大，S_e就越小，表明变量间的相关关系越密切，估计的回归方程拟合优度就越高；r越小，S_e就越大，表明变量间的相关关系越不密切，估计的回归方程对样本观测值的拟合优度就越低。

（二）一元线性回归模型的显著性检验

对线性回归模型的显著性检验包括两个方面：一个是对整个回归方程的显著性检验（F 检验）；另一个是对各回归系数的显著性检验（t 检验）。就一元线性回归模型而言，上述两个检验是等价的。

1. 回归方程的显著性检验

检验自变量与因变量之间的线性关系是否显著，利用回归解释平方和 SSE 与剩余离差平方和 SSR 的比较，应用 F 检验来分析二者之间的差别是否显著。

检验步骤有如下四个：

（1）提出假设。$H_0: \beta = 0$；$H_1: \beta \neq 0$。

（2）构建 F 检验统计量，即方差分析表，如表 8-6 所示。

表 8-6　F 检验统计量的构建

离差来源	平方和 SS	自由度 df	均方 MS	F 值
回归解释	SSR	1	$\text{MSR} = \dfrac{\text{SSR}}{1}$	$F = \dfrac{\text{SSR}/1}{\text{SSE}/(n-2)}$
残差解释	SSE	$n-2$	$\text{MSE} = \dfrac{\text{SSE}}{n-2}$	$= \dfrac{\text{MSR}}{\text{MSE}} \sim F(1, n-2)$
总计	SST	$n-1$		

（3）通过给定的显著性水平 α，确定临界值 $F_\alpha(1, n-2)$。

（4）若 $F > F_\alpha(1, n-2)$，则拒绝 H_0，说明回归参数 $\beta \neq 0$，即回归方程是显著的。

2. 回归系数的显著性检验

检验自变量 x 对因变量 y 的影响是否显著，理论基础是最小二乘估计 b 的抽样分布，应用 t 检验来分析自变量 x 对因变量 y 的影响是否显著。

检验步骤有如下四个：

（1）提出假设。$H_0: \beta = 0$；$H_1: \beta \neq 0$。

（2）构建 t 检验统计量。$t_b = \dfrac{b - \beta}{S_b} \sim t(n-2)$，其中，$S_b$ 是最小二乘估计 b 的标准差，也称为标准误差。

（3）通过给定的显著性水平 α，确定临界值 $t_{\frac{\alpha}{2}}(n-2)$。

（4）若 $|t| > t_{\frac{\alpha}{2}}(n-2)$，则拒绝 H_0，说明回归参数 $\beta \neq 0$，即自变量 x 对因变量 y 的影响是显著的。

第四节　多元线性回归分析

一元线性回归模型只涉及一个因变量和一个自变量的线性关系。但是，由于社会经济现象的复杂性，现象之间的联系方式和性质各不相同，影响因变量变化的自变量往往不止一个，而是有多个。因此，有必要将一个因变量与多个自变量联系起来进行分析，这就需要借助于多元线性回归模型进行分析。

一、多元线性回归模型

描述因变量 y 依赖于自变量 x_1，x_2，$\cdots$，x_p 和误差项 ε 的方程，称为多元回归线性模型。多元回归模型可表示为

$$y = \beta_0 + \beta_1 x_1 + \beta_2 x_2 + \cdots + \beta_p x_p + \varepsilon \tag{8-16}$$

式中，β_0，β_1，β_2，$\cdots$，β_p 是 $p+1$ 个未知参数，称为回归系数；x_1，x_2，$\cdots$，x_p 是 p 个解释变量；ε 是随机误差项，表示除了 p 个解释变量以外的其他因素对因变量 y 的影响。与一元回归模型一样，通常假定误差项 ε 是一个均值均为零、方差 σ^2 都相同、相互独立且服从正态分布的随机变量。

多元线性回归模型还可以表现为如下均值的形式：

$$E(y) = \beta_0 + \beta_1 x_1 + \beta_2 x_2 + \cdots + \beta_p x_p \tag{8-17}$$

式（8-17）也称为多元线性回归方程，β_1，β_2，$\cdots$，β_p 称为偏回归系数。β_i 表示假定其他变量不变，当 x_i 每变动一个单位时，因变量 y 的平均变动值。

二、多元线性回归模型的参数估计

多元线性回归方程中未知参数 β_0，β_1，β_2，$\cdots$，β_p 的估计与一元线性回归方程的参数估计原理一样，均采用最小二乘法，即使得估计值 $\hat{y}$ 与观测值 y 之间的残差平方和达到最小。

估计的多元线性回归方程可表示为

$$\hat{y} = \hat{\beta}_0 + \hat{\beta}_1 x_1 + \hat{\beta}_2 x_2 + \cdots + \hat{\beta}_p x_p \tag{8-18}$$

式中，$\hat{y}$ 表示对 y 的期望值（均值）$E(y)$ 的回归估计值或拟合值；$\hat{\beta}_0$，$\hat{\beta}_1$，$\hat{\beta}_2$，$\cdots$，$\hat{\beta}_p$ 是对多元线性回归模型中 $p+1$ 个参数的估计。最小二乘法要求 $\sum\limits_{i=1}^{n}(y_i - \hat{y}_i)^2 = \sum\limits_{i=1}^{n}(y_i - \hat{\beta}_0 - \hat{\beta}_1 x_{1i} - \hat{\beta}_2 x_{2i} - \cdots - \hat{\beta}_p x_{pi})^2 = \sum\limits_{i=1}^{n} e_i^2 =$ 最小值，由多元函数求极值的方法求出 β_0，β_1，β_2，$\cdots$，β_p 的估计值。

三、多元线性回归模型的评价

（一）拟合优度的评价

1. 多重可决系数

与一元回归模型的拟合优度评价相同，多元线性回归模型的拟合度评价仍然采用可决系数 R^2，即

$$R^2 = \frac{\text{SSR}}{\text{SST}} = \frac{\sum\limits_{i=1}^{n}(\hat{y}_i - \bar{y})^2}{\sum\limits_{i=1}^{n}(y_i - \bar{y})^2} \tag{8-19}$$

多元回归模型的可决系数称为多重可决系数，是介于 0 和 1 之间的一个数。R^2 越接近 1，模型对数据的拟合程度就越好。

在样本量一定的条件下，总离差平方和与自变量的个数无关，而残差平方和则会随着方程中自变量个数的增加而减小，因此，R^2 是自变量个数的非递减函数。在多元线性回归模型中，在比较因变量相同而自变量个数不同的模型的拟合程度时，不能简单地对比多重可决系数，而应采用修正多重可决系数 R_a^2，其计算公式为

$$R_a^2 = 1 - (1 - R^2) \times \frac{n-1}{n-p-1} \tag{8-20}$$

由式（8-20）可以看出，当解释变量的个数 $p > 1$ 时，$R_a^2 < R^2$，意味着随着自变量个数增加，R_a^2 将小于 R^2。

在多元线性回归方程，估计标准误的计算公式为

$$S_e = \sqrt{\frac{\sum_{i=1}^{n}(y_i - \hat{y}_i)^2}{n-p-1}} = \sqrt{\frac{SSE}{n-p-1}} \tag{8-21}$$

式中，p 是解释变量的个数。估计标准误越小，多元回归方程的拟合度就越好，估计残差就越小。

（二）多元线性回归模型的显著性检验

对多元线性回归模型的显著性检验包括两个方面：一是对整个回归方程的显著性检验（F 检验）；另一个是对各回归系数的显著性检验（t 检验）。

1. 回归方程的显著性检验

检验所有自变量与因变量之间的线性关系是否显著，利用回归解释平方和 SSE 与剩余离差平方和 SSR 的比较，应用 F 检验来分析二者之间的差别是否显著。

检验步骤有如下四个：

（1）提出假设。$H_0: \beta_1 = \beta_2 = \cdots = \beta_p = 0$；$H_1: \beta_i$ 不全为 0。

（2）构建 F 检验统计量，即方差分析表，如表 8-7 所示。

表 8-7 F 检验统计量的构建

离差来源	平方和 SS	自由度 df	均方 MS	F 值
回归解释	SSR	p	$MSR = \dfrac{SSR}{p}$	$F = \dfrac{SSR/p}{SSE/(n-p-1)}$
残差解释	SSE	$n-p-1$	$MSE = \dfrac{SSE}{n-p-1}$	$= \dfrac{MSR}{MSE} \sim F(p, n-p-1)$
总计	SST	$n-1$		

（3）通过给定的显著性水平 α，确定临界值 $F_\alpha(p, n-p-1)$。

（4）若 $F > F_\alpha(p, n-p-1)$，则拒绝 H_0，说明回归参数 β_i 至少有一个不为 0，即回归方程是显著的。

2. 回归系数的显著性检验

回归方程的线性关系检验通过后，还需要检验每个自变量 x 对因变量 y 的影响是否显著。理论基础是最小二乘估计 $\hat{\beta}_i$ 的抽样分布，应用 t 检验来分析自变量 x_i 对因变量 y 的影响是否显著。

检验步骤有如下四个：

（1）提出假设。$H_0：\beta_i = 0$；$H_1：\beta_i \neq 0$。

（2）构建 t 检验统计量。$t = \dfrac{\hat{\beta}_i - \beta_i}{S_{\hat{\beta}_i}} \sim t(n-p-1)$，其中，$S_{\hat{\beta}_i}$ 是最小二乘估计 $\hat{\beta}_i$ 的标准差，也称为标准误差。

（3）通过给定的显著性水平 α，确定临界值 $t_{\frac{\alpha}{2}}(n-p-1)$。

（4）若 $|t| > t_{\frac{\alpha}{2}}(n-p-1)$，则拒绝 H_0，说明回归参数 $\beta_i \neq 0$，即某个自变量 x_i 对因变量 y 的影响是显著的。

本章小结

相关分析和回归分析是常用的基本统计分析方法。

相关分析可以解决客观事物之间是否具有相关性，以及相关关系的表现形式和紧密程度，线性相关系数度量了客观事物之间线性相关的形态和密切程度。

回归分析是在相关分析的基础上，对变量之间的相互关系形式作进一步的研究，力求用回归模型来表达它们之间的相互关系。最小二乘法是求解线性回归模型中回归系数的基本方法。

线性回归模型可以利用拟合优度来进行评价，拟合优度常用的指标是可决系数和估计标准误差。线性回归模型需要从回归方程的线性关系和回归系数两个方面进行显著性检验。

关键术语

函数关系、相关关系、相关系数、线性相关、完全正相关、完全负相关、无线性相关、曲线相关、一元线性回归分析、回归系数、最小二乘法、可决系数和估计标准误差。

拓展案例

中国居民收入和消费水平的回归分析

一、调查背景

012 年，我国城乡居民收入水平继续提高，但城乡收入增幅变化不同。据有关部门统计，前三季度，农村居民的人均现金收入实际增长 12.3%，与上年同期相比增幅回落 1.3%；城镇居民的收入实际增长 9.8%，比上年同期提高 2%。预计 2012 年农村居民家庭人均纯收入实际增长将略低于 2011 年的水平，而城镇居民家庭人均可支配收入的实际增长则将高于 2011 年的水平，增长率达到 10% 左右。特别值得一提的是，2012 年农村居民家庭人均收入增长幅度将连续三年超过 GDP 年均增长幅度和城镇居民家庭人均收入增长幅度。

国家调节收入分配的力度继续加大。截至 2012 年 9 月底，全国有 18 个省份调整最低工资标准，平均调增幅度为 19.4%。同时，由于劳动力市场供求关系的改善，大量用工单位自行提高工资水平。这些因素推动了城镇居民家庭人均可支配收入增速的加快。

城乡居民消费水平继续提高。据国家统计局的统计，2012 年前三季度，社会消费品零售总额达 149 422 亿元，与上年同期相比名义增长 14.1%，扣除价格因素后实际增长 11.6%，实际增幅比上年同期略有提高。城镇社会消费品零售总额达 129 332 亿元，同比增长 14.0%；乡村社会消费品零售总额达 20 090 亿元，同比增长 14.4%。分项目来看，文化办公用品、家具、通信器材、建筑及装潢材料的社会零售额同比增幅都接近或超过 20%，呈现出城乡居民现代生活品质继续提高的趋势。

收入和消费两者之间存在紧密的相关关系，对收入和消费的关系进行相关分析和回归分析是非常重要和有价值的。

二、数据搜集

为了反映居民收入和消费水平的变化，本案例搜集了 1990—2011 年的相关数据，包括城镇居民家庭人均可支配收入、农村居民家庭人均纯收入、农村居民消费水平和城镇居民消费水平，如表 8-8 所示。

表 8-8　1990—2011 年中国居民收入和消费水平

年份	城镇居民家庭人均可支配收入绝对数/元	农村居民家庭人均纯收入绝对数/元	农村居民消费水平/元	城镇居民消费水平/元
1990	1 510.2	686.3	560	1 596
1991	1 700.6	708.6	602	1 840
1992	2 026.6	784.0	688	2 262
1993	2 577.4	921.6	805	2 924
1994	3 496.2	1 221.0	1 038	3 852
1995	4 283.0	1 577.7	1 313	4 931
1996	4 838.9	1 926.1	1 626	5 532
1997	5 160.3	2 090.1	1 722	5 823
1998	5 425.1	2 162.0	1 730	6 109
1999	5 854.0	2 210.3	1 766	6 405
2000	6 280.0	2 253.4	1 860	6 850
2001	6 859.6	2 366.4	1 969	7 161
2002	7 702.8	2 475.6	2 062	7 486
2003	8 472.2	2 622.2	2 103	8 060

续表

年份	城镇居民家庭人均可支配收入绝对数/元	农村居民家庭人均纯收入绝对数/元	农村居民消费水平/元	城镇居民消费水平/元
2004	9 421.6	2 936.4	2 319	8 912
2005	10 493.0	3 254.9	2 657	9 593
2006	11 759.5	3 587.0	2 950	10 618
2007	13 785.8	4 140.4	3 347	12 130
2008	15 780.8	4 760.6	3 901	13 653
2009	17 174.7	5 153.2	4 163	14 904
2010	19 109.4	5 919.0	4 700	16 546
2011	21 809.8	6 977.3	5 633	18 750

（数据来源：2012年中国统计年鉴）

三、中国居民收入和消费水平相关的初步分析

分别以城镇居民和农村居民为研究对象，描绘了收入和消费水平的散点图，分别如图8-7和图8-8所示。

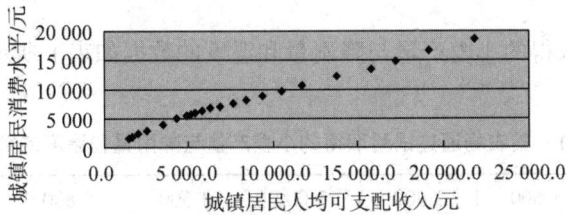

图8-7　城镇居民收入和消费水平

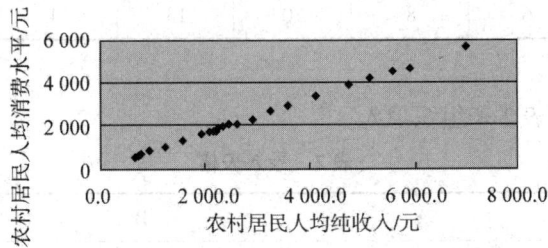

图8-8　农村居民收入和消费水平

由图8-7和图8-8可以很明显地看出，无论是城镇居民还是农村居民，收入和消费水平之间均呈现非常明显的正线性相关关系。

（资料来源：作者收集编写）

案例讨论

1. 相关分析和回归分析有哪些联系和区别？

2. 如何定量分析居民收入和消费水平的相关关系？

3. 如何建立收入和消费水平的回归模型？如何对估计的回归方程进行评价？

4. 请分别对城镇居民和农村居民的收入和消费水平的关系进行分析。

统计实训 ---------------------------------o

课后练习 ---------------------------------o

【实操练习 用 Excel 进行回归分析】

本练习讲述如何使用 Excel 2010 进行数据的回归分析。下面通过一个例子来讲解分析的步骤。

某农场通过试验取得的小麦产量与降雨量和温度的数据如表 1 所示，请计算回归参数和检验统计量。

表1 某农场通过试验取得的小麦产量与降雨量和温度的数据

产量/kg	1 500	2 300	3 000	4 500	4 800	5 000	5 500
降雨量/mm	25	33	45	105	110	115	120
温度/(℃)	6	8	10	13	14	16	17

具体操作步骤如下：

第 1 步，将数据按表 2 来组织录入。

表2 录入表格

	A	B	C
1	收获量 y/kg	降雨量 $X1$/mm	温度 $X2$/(℃)
2	1 500	25	6
3	2 300	33	8
4	3 000	45	10
5	4 500	105	13
6	4 800	110	14
7	5 000	115	16
8	5 500	120	17

第2步，选择"数据"下拉菜单。

第3步，选择"数据分析"选项。

第4步，在分析工具中选择"回归"。

第5步，当出现对话框后，在"Y值输入Y区域（Y）"后的方框内键入"A2：A8"；在"X值输入X区域（X）"后的方框内键入"B2：C8"；在"输出选项"中选择输出区域（这里选择"新工作表组（P）"）；单击"确定"。

输出的回归结果如图1所示。表中回归统计部分给出了判定系数、调整后的、估计标准误差等；方差分析部分给出了回归方程的显著性检验，F 值很大或 Significance F 很小（<0.05），表明回归方程是显著的；最后一个表给出了参数的点估计值、区间估计和变量的显著性检验结果。变量是否显著，可以观察 p-value，即 p 值，如果 $p<0.05$，则表明变量的影响是显著的。

	A	B	C	D	E	F	G	H	I
1	SUMMARY OUTPUT								
2									
3	回归统计								
4	Multiple R	1.00							
5	R Square	0.99							
6	Adjusted R Squa	0.99							
7	标准误差	174.29							
8	观测值	7.00							
9									
10	方差分析								
11		df	SS	MS	F	Significance F			
12	回归分析	2.00	13878495.67	6939247.83	228.44	0.00			
13	残差	4.00	121504.33	30376.08					
14	总计	6.00	14000000.00						
15									
16		Coefficients	标准误差	t Stat	P-value	Lower 95%	Upper 95%	下限 95.0%	上限 95.0%
17	Intercept	-0.39	336.67	0.00	1.00	-935.14	934.35	-935.14	934.35
18	X Variable 1	14.92	6.40	2.33	0.08	-2.85	32.69	-2.85	32.69
19	X Variable 2	218.45	65.87	3.32	0.03	35.58	401.32	35.58	401.32

图1　回归结果

第九章

动态数列

- 掌握动态数列的概念和种类。
- 掌握动态数列的各种水平指标和速度指标的含义、计算方法及其应用条件。
- 掌握现象发展长期趋势的测定方法。

★**知识导览**◢◣

  社会经济现象总是随着时间的变化而不断发展变化的，在不同的时期，影响其发展变化的因素各不相同。而动态数列通过反映现象发展的动态数据资料，可以描绘社会经济现象发展变化的过程，并进行动态的对比分析和统计预测。因此，动态数列在经济研究和统计分析中具有重要的作用。

  本章重点：平均发展水平、增长量与平均增长量的计算，环比、定基发展速度的含义与计算，平均发展速度与平均增长速度的计算，长期趋势测定的移动平均法、最小平方法的应用。

  本章难点：平均发展水平的计算、平均发展速度与平均增长速度的计算、长期趋势测定的最小平方法。

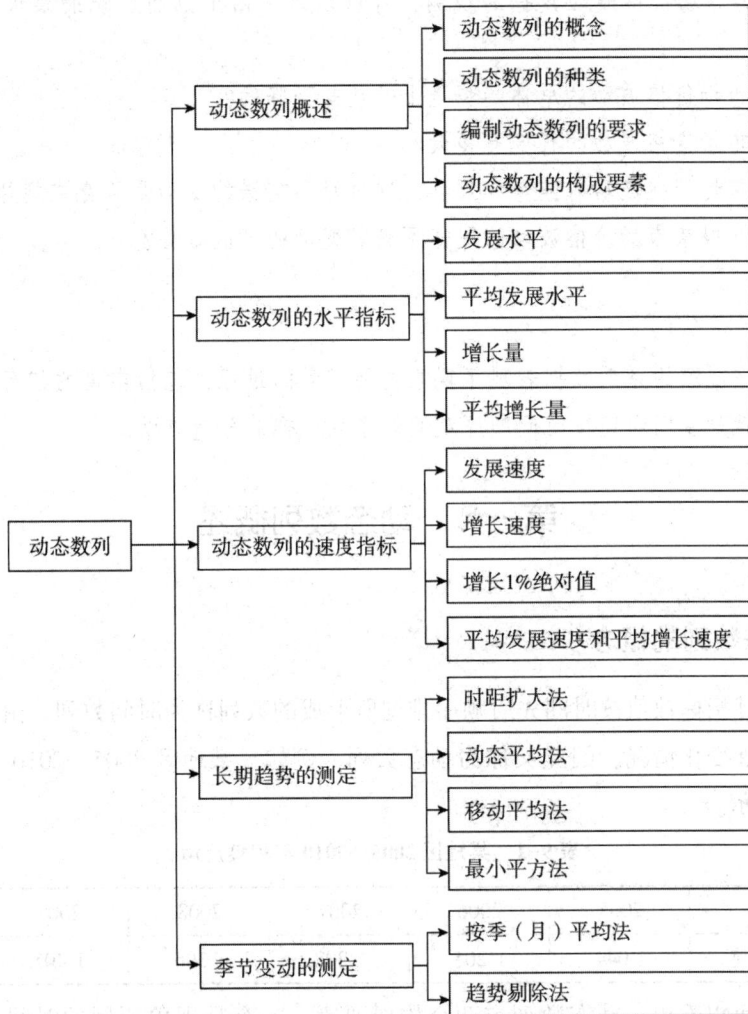

```
                                          ┌─ 动态数列的概念
                                          │
                                          ├─ 动态数列的种类
                          ┌─ 动态数列概述 ──┤
                          │               ├─ 编制动态数列的要求
                          │               │
                          │               └─ 动态数列的构成要素
                          │
                          │                   ┌─ 发展水平
                          │                   │
                          │                   ├─ 平均发展水平
                          ├─ 动态数列的水平指标 ─┤
                          │                   ├─ 增长量
                          │                   │
                          │                   └─ 平均增长量
                          │
                          │                   ┌─ 发展速度
                          │                   │
                          │                   ├─ 增长速度
          动态数列 ────────┤─ 动态数列的速度指标 ─┤
                          │                   ├─ 增长1%绝对值
                          │                   │
                          │                   └─ 平均发展速度和平均增长速度
                          │
                          │                 ┌─ 时距扩大法
                          │                 │
                          │                 ├─ 动态平均法
                          ├─ 长期趋势的测定 ──┤
                          │                 ├─ 移动平均法
                          │                 │
                          │                 └─ 最小平方法
                          │
                          │                 ┌─ 按季（月）平均法
                          └─ 季节变动的测定 ──┤
                                            └─ 趋势剔除法
```

★引导案例

股票市场价格波动有规律可循吗？

受到各种经济和非经济因素的影响，股票市场价格总是处于波动之中。图9-1所示为上海证券交易所的上证指数从1991—2013年的变动情况。

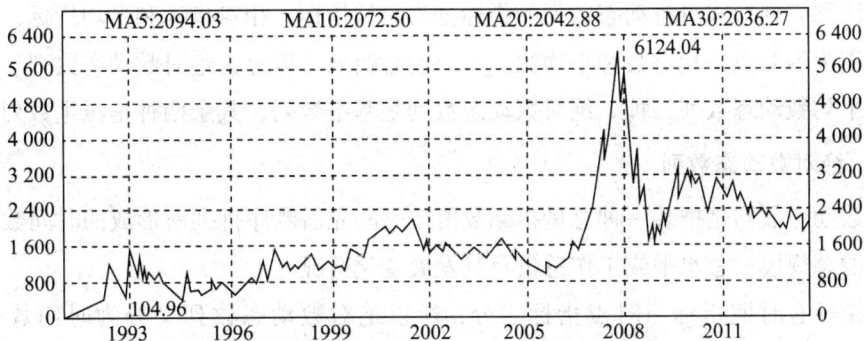

图9-1 上证指数1991—2013年收盘动态数列

通过对股票市场价格波动数据的观测，可以从以下四个方面认识股票市场价格波动的规律：

（1）股票市场价格波动的总体趋势是上升还是下降的？

（2）股票市场价格波动的程度有多大？

（3）股票市场价格波动有波峰和波谷，这种峰谷交错的变动是否存在规律？

（4）能否从股票市场价格波动的规律预测其变动的可能趋势？

案例启示

按时间顺序观测的系列数据表现了现象发展变动的过程，包括丰富的信息。本章要学习的动态数列，就是专门研究按时间顺序观测的系列数据的分析方法。

第一节　动态数列概述

一、动态数列的概念

把某种统计指标数值按时间先后顺序排列所形成的数列称为时间数列，由于它从动态上反映现象的发展变化情况，因此又称为动态数列。例如，某地区 2005—2010 年粮食产量资料如表 9-1 所示。

表 9-1　某地区 2005—2010 年粮食产量

年　份	2005	2006	2007	2008	2009	2010
粮食产量/万吨	1 044	1 205	1 308	1 396	1 405	1 506

从表 9-1 可以看出，动态数列有两个构成要素：一个是现象所属的时间，另一个是具体时间对应的统计指标数值，也称为发展水平。通过动态数列可以回顾过去的情况，从而把握现在，进一步预测未来。

二、动态数列的种类

按作用和表现形式可将动态数列的指标分为总量指标、相对指标和平均指标，它们的数值表现分别为绝对数、相对数和平均数，所以动态数列可以分为绝对数动态数列、相对数动态数列和平均数动态数列三种。绝对数动态数列是基本数列，其余两种是派生数列。

（一）绝对数动态数列

绝对数动态数列是把某一种总量指标数值按时间先后顺序排列所形成的时间数列，可以反映现象的总规模、总水平或工作总量及其发展变化情况。

总量指标有时期指标与时点指标之分，所以绝对数动态数列又分为时期数列与时点数列。

1. 时期数列

时期数列是把某种时期的指标数值按时间先后顺序排列形成的时间数列，如表9-1就是时期数列。时期数列具有如下三个特点：

（1）时期数列中，各个指标数值可以累计相加。

（2）时期数列中，各个指标数值的大小与时期长短有直接联系。一般来说，时期越长，指标数值越大。这里的"时期"是指数列中每个指标数值包含的时间长度。

（3）时期数列中，各个指标数值是通过定期登记取得的。

2. 时点数列

时点数列是把时点指标数值按时间先后顺序排列形成的时间数列。例如，表9-2列示了某企业2004—2010年年末在岗职工人数。

表9-2　某企业2004—2010年年末在岗职工人数

年　份	2004	2005	2006	2007	2008	2009	2010
在岗职工人数/人	358	365	374	368	360	350	342

从表9-2可以看出，时点数列具有如下三个特点：

（1）时点数列中，各个指标数值不能累计相加。

（2）时点数列中，各指标数值大小与时点的间隔长短无直接联系，"间隔"指相邻两个指标数值在时间上的距离。

（3）时点数列中，各指标数值是通过不定期登记取得的。

（二）相对数动态数列

把某种相对指标数值按时间先后顺序排列所形成的时间数列叫相对数动态数列，它可以反映现象数量对比关系的发展变化过程。例如，表9-3列示了某企业2005—2010年产品合格率。

表9-3　某企业2005—2010年产品合格率

年　份	2005	2006	2007	2008	2009	2010
合格率/%	80.5	83.3	85.0	88.2	93.5	95.4

（三）平均数动态数列

将平均指标数值按时间先后顺序排列形成的时间数列称为平均数动态数列，它反映了现象一般水平的发展变化趋势。例如，表9-4列示了某地区2005—2010年职工平均工资。

表9-4　某地区2005—2010年职工平均工资

年　份	2005	2006	2007	2008	2009	2010
平均工资/元	5 000	5 300	5 620	5 730	5 800	5 862

三、编制动态数列的要求

编制动态数列的基本要求是动态数列的两个构成要素（现象所属的时间和对应的统计

指标数值）缺一不可。除此以外，还需保证指标数值的可比性，可比性具体表现为以下四个方面：

1. 时期长短一致

对于时期数列，其指标数值大小与时期长短有直接关系。一般情况下，只有时期相等，各指标数值才有可比性。对于时点数列，为便于研究现象的变化规律，其间隔期应尽可能相等。

2. 总体范围一致

总体范围通常是指现象的空间范围。例如，某地区的行政区划发生变更，其变化前后的各指标数值不能直接进行对比，必须进行调整，保证其总体范围的一致性。

3. 经济内容相同

指标的经济内容是指标所反映的经济性质。例如，在发生重大的政治经济体制改革时，某些指标的名称虽没有变化，但其计算内容已发生变化，此时编制动态数列就应适当调整内容。

4. 计算方法、计算价格和计量单位一致

计算方法也叫计算口径。在一个动态数列中，各指标的计算方法、计算价格、计量单位若不相同，其指标数值就没有可比性。有的指标只有一个名称，但因研究内容不同，其计算口径也会有多个。例如，劳动生产率指标，有的按全部职工计算，有的按生产工人计算。再如，计算价格，有的按现行价格计算，有的按不变价格计算。实物指标的计量单位更是多种多样。

四、动态数列的构成要素

动态数列受多种因素的相互作用和影响，使得动态序列的变化趋势呈现不同的特点。影响动态序列的因素大致可分为四种：长期趋势、季节变动、循环变动及不规则变动。

（一）长期趋势

长期趋势是指现象在相当长的一段时期内，受某种长期的、决定性的因素影响而呈现出的持续上升或持续下降的趋势，通常以 T 表示。例如，近年来，我国的国内生产总值持续上升。

（二）季节变动

季节变动是指现象在一年内，由于受到自然条件或社会条件的影响而形成的以一定时期为周期（通常指一个月或季）的有规则的重复变动，通常以 S 表示。如时令商品的产量与销售量，旅行社的旅游收入等。应注意的是，这里提到的"季节"并非通常意义上的四季。季节变动中所提及的主要指广义的概念，可以理解为一年中的某个时间段，如一个月，一个季度，或任何一个周期。

（三）循环变动

循环变动是指现象持续若干年的周期变动，通常用 C 表示。循环变动的周期长短不一，没有规律，而且通常周期较长，不像季节变动有明显的变动周期（小于一年）。循环变动不是单一方向的持续变动，而是涨落相间的交替波动，如经济周期。

（四）不规则变动

不规则变动是指现象由于受偶然性因素影响而呈现的无规律、不规则的变动，如受到自然灾害等不可抗力的影响等，通常以 I 表示，这种变动一般无法解释。

动态序列各影响因素之间的关系用一定的数学关系式表示出来，就构成动态序列的分解模型，我们可以从动态序列的分解模型中将各因素分离出来并进行测定，了解各因素的具体作用。

通常，我们采用加法模型和乘法模型来描述动态序列的构成。加法模型的表达式为 $Y = T + S + C + I$，式中 Y 表示时间序列的指标数值，T、S、C、I 分别表示长期趋势、季节变动、循环变动、不规则变动。使用加法模型的基本假设前提是各个影响因素对时间序列的影响是可加的，并且是相互独立的。而乘法模型的表达式为 $Y = T \times S \times C \times I$，使用乘法模型的基本假设前提是各影响因素对时间序列的影响是相互不独立的。

第二节　动态数列的水平指标

动态数列的水平指标主要有发展水平、平均发展水平、增长量和平均增长量四种。

一、发展水平

发展水平即动态数列中具体时间对应的统计指标数值，可以是绝对数、相对数或平均数，但通常是绝对数。按在动态数列中的次序不同，发展水平可分为最初水平、中间水平和最末水平。第一个数值叫最初水平，用 a_0 表示；最后一个数值叫最末水平，用 a_n 表示；中间各项数值叫中间水平，用 a_1、a_2、$\cdots$、a_{n-1} 表示。

发展水平按其在动态分析中所处的地位不同，可以分为报告期水平和基期水平。报告期水平是调查研究时期的水平，基期水平是指作为对比基础的时期的水平。发展水平从动态数列中可以直接读出来，不需要任何计算。

二、平均发展水平

平均发展水平是以时间为单位，以发展水平为标志值计算出来的一种平均数，又称序时平均数或动态平均数。动态平均数与静态平均数既有区别又有联系。二者的共同点在于，都是通过将现象的数量差异抽象化而概括出其一般水平。二者的不同之处在于：第一，指标计算所依据的资料不同，前者依据的是动态数列，后者依据的是变量数列；第二，平均的对象不同，前者平均的是不同时间上的指标数值，后者平均的是同一总体各单位某一数量标志的标志值；第三，说明的问题不同，前者从动态上说明现象的一般水平，后者从静态上说明现象的一般水平。

平均发展水平的计算有如下两种形式：

（一）由绝对数动态数列计算平均发展水平

1. 由时期数列计算平均发展水平

由于数列中各指标数值可以累计相加，因此可用简单算术平均数计算。计算公式为

$$\bar{a} = \frac{a_1 + a_2 + \cdots + a_n}{n} = \frac{\sum_{i=1}^{n} a_i}{n} \qquad (9\text{-}1)$$

其中，$\bar{a}$ 表示平均发展水平；n 表示时期项数；a_i 表示时期发展水平。

【例9-1】以表9-1中的资料为例，计算该地区2005—2010年平均粮食产量。

$$\bar{a} = \frac{\sum_{i=1}^{n} a_i}{n}$$

$$= \frac{1\ 044 + 1\ 205 + 1\ 308 + 1\ 396 + 1\ 405 + 1\ 506}{6}$$

$$= 1\ 310.67\ （万吨）$$

2. 由时点数列计算平均发展水平

根据掌握资料的时点不同，时点数列可分为连续时点数列和间断时点数列。如果掌握整个时期中每天的资料，则理解为连续时点数列；如果只掌握研究期中、期初或期末的资料，则理解为间断时点数列。根据间隔期是否相等，又分为间隔相等与间隔不等两种情况。

（1）由连续时点数列计算平均发展水平。

1）间隔相等的连续时点数列的平均发展水平，计算公式如下：

$$\bar{a} = \frac{\sum_{i=1}^{n} a_i}{n} \qquad (9\text{-}2)$$

其中，$\bar{a}$ 代表平均发展水平；n 代表日历日数；a_i 代表时点指标。

由间隔相等的连续时点数列计算平均发展水平，有关资料需逐日登记、逐日排列。

【例9-2】某企业某年1月上旬职工出勤人数如表9-5所示。

表9-5　某企业某年1月上旬职工出勤人数

日期	1	2	3	4	5	6	7	8	9	10
出勤人数/人	50	51	49	48	49	50	52	47	50	54

该企业1月上旬平均出勤人数为

$$\bar{a} = \frac{\sum_{i=1}^{n} a_i}{n}$$

$$= \frac{50 + 51 + 49 + 48 + 49 + 50 + 52 + 47 + 50 + 54}{10}$$

$$= 50 \text{（人）}$$

2）间隔不等的连续时点数列的平均发展水平，计算公式如下：

$$\bar{a} = \dfrac{\sum\limits_{i=1}^{n} a f_i}{\sum\limits_{i=1}^{n} f_i} \tag{9-3}$$

其中，f 代表时间间隔长度。

【例9-3】某企业某年1月份人数如表9-6所示。

表9-6　某企业某年1月份人数

日期	1—4	5—8	9—14	15—23	24—31
人数/人	120	124	110	112	115

则该企业1月份的平均人数为

$$\bar{a} = \dfrac{\sum\limits_{i=1}^{n} a_i f_i}{\sum\limits_{i=1}^{n} f_i}$$

$$= \dfrac{120 \times 4 + 124 \times 4 + 110 \times 6 + 112 \times 9 + 115 \times 8}{4 + 4 + 6 + 9 + 8}$$

$$= 115 \text{（人）}$$

（2）由间断时点数列计算平均发展水平。

由间断时点数列计算平均发展水平，有关资料以期初或期末的形式给出。

1）间隔相等的间断时点数列的平均发展水平。间隔相等的间断时点数列的平均发展水平的计算过程用公式表示为

$$\bar{a} = \dfrac{\dfrac{a_1}{2} + a_2 + a_3 + \cdots + \dfrac{a_n}{2}}{n - 1} \tag{9-4}$$

其中，n 代表时间数列的项数。该公式称为首末折半法。

【例9-4】某商场第二季度各月末商品库存额资料如表9-7所示。要求计算该企业第二季度月平均商品库存。

表9-7　某商场第二节度各月末商品库存额资料

月　份	3	4	5	6
月末商品库存额/万元	120	140	144	150

首先，计算各月的平均库存。

4月份平均商品库存 $= \dfrac{120 + 140}{2}$；

5月份平均商品库存 $= \dfrac{140 + 144}{2}$；

6 月份平均商品库存 $= \dfrac{144 + 150}{2}$。

其次，计算第二季度的月平均商品库存。

$$第二季度月平均库存 = \dfrac{\dfrac{120 + 140}{2} + \dfrac{140 + 144}{2} + \dfrac{144 + 150}{2}}{3}$$

$$= \dfrac{\dfrac{120}{2} + 140 + 144 + \dfrac{150}{2}}{4 - 1}$$

$$= 139.67 （万元）$$

2）间隔不等的间断时点数列的平均发展水平。间隔不等的间断时点数列的平均发展水平计算过程用公式表示如下

$$\bar{a} = \dfrac{\dfrac{a_1 + a_2}{2}f_1 + \dfrac{a_2 + a_3}{2}f_2 + \cdots + \dfrac{a_{n-1} + a_n}{2}f_{n-1}}{\sum_{i=1}^{n} f_i} \tag{9-5}$$

该计算方法为加权平均法。

【例 9-5】某公司某年职工人数如表 9-8 所示。

表 9-8　某公司某年职工人数

日期	1 月 1 日	3 月 1 日	7 月 1 日	10 月 1 日	12 月 31 日
人数/人	900	600	700	1 000	800

则该企业 2010 年平均职工人数为

$$\bar{a} = \dfrac{\dfrac{a_1 + a_2}{2}f_1 + \dfrac{a_2 + a_3}{2}f_2 + \cdots + \dfrac{a_{n-1} + a_n}{2}f_{n-1}}{\sum_{i=1}^{n} f_i}$$

$$= \dfrac{\dfrac{900 + 600}{2} \times 2 + \dfrac{600 + 700}{2} \times 4 + \dfrac{700 + 1\,000}{2} \times 3 + \dfrac{1\,000 + 800}{2} \times 3}{2 + 4 + 3 + 3}$$

$$= 779 （人）$$

（二）由相对数或平均数动态数列计算平均发展水平

由于相对数动态数列和平均数动态数列都是绝对数动态数列派生出来的，因此由相对数或平均数动态数列计算平均发展水平时，必须找出形成相对数或平均数动态数列的两个绝对数动态数列，然后分别算出子项和母项的平均发展水平，再用子项和母项的平均发展水平对比，用公式表示为

$$\bar{c} = \dfrac{\bar{a}}{\bar{b}} \tag{9-6}$$

式中　$\bar{c}$——相对数或平均数动态数列的平均发展水平；

$\overline{a}$——分子数列的平均发展水平；

$\overline{b}$——分母数列的平均发展水平。

由于绝对数动态数列有时期数列与时点数列之分，因此由相对数或平均数动态数列计算平均发展水平，有以下三种情况：

（1）由两个时期数列对比以后形成的相对数或平均数动态数列计算平均发展水平。计算公式有如下三种形式：

$$\overline{c} = \frac{\overline{a}}{\overline{b}} = \frac{\sum\limits_{i=1}^{n} a_i/n}{\sum\limits_{i=1}^{n} b_i/n} = \frac{\sum\limits_{i=1}^{n} a_i}{\sum\limits_{i=1}^{n} b_i} \tag{9-7}$$

$$\overline{c} = \frac{\sum\limits_{i=1}^{n} b_i c_i}{\sum\limits_{i=1}^{n} b_i} \tag{9-8}$$

$$\overline{c} = \frac{\sum\limits_{i=1}^{n} a_i}{\sum\limits_{i=1}^{n} \dfrac{a_i}{c_i}} \tag{9-9}$$

【例9-6】某商业企业商品销售计划完成情况如表9-9所示。

表9-9　某商业企业商品销售计划完成情况

月　份	1	2	3	合　计
实际销售额 a/万元	94	128	68	290
计划销售额 b/万元	90	120	60	270
计划完成程度 c/%	104.44	106.67	113.33	—

资料栏　　　　　　计算栏

则该企业第一季度平均计划完成程度为

$$\overline{c} = \frac{\sum\limits_{i=1}^{n} a_i}{\sum\limits_{i=1}^{n} b_i} = \frac{290}{270} = 107.41\%$$

如果已知计划销售额和计划完成百分比，则用式（9-8）计算平均计划完成程度；如果已知实际销售额与计划完成百分比，则用式（9-9）计算平均计划完成程度。

【例9-7】某企业第一季度各月某产品情况如表9-10所示。要求计算第一季度该产品平均单位成本。

表 9-10 某企业第一季度各月某产品情况

月 份	1	2	3
产品总成本 a/元	2 000	2 200	2 420
产品产量 b/件	160	180	200
产品单位成本 c/(元·件$^{-1}$)	12.50	12.22	12.10

第一季度该产品平均单位成本为

$$\bar{c} = \frac{\bar{a}}{\bar{b}} = \frac{\sum\limits_{i=1}^{n} a_i / n}{\sum\limits_{i=1}^{n} b_i / n} = \frac{\sum\limits_{i=1}^{n} a_i}{\sum\limits_{i=1}^{n} b_i}$$

$$= \frac{2\ 000 + 2\ 200 + 2\ 420}{160 + 180 + 200}$$

$$= 12.26 \ (元/件)$$

（2）由两个时点数列对比以后形成的相对数或平均数动态数列计算平均发展水平。

【例 9-8】某企业生产工人数、全部职工人数及生产工人占全部职工人数的比重资料如表 9-11 所示。要求计算该厂第四季度生产工人占全部职工的比重。

表 9-11 某厂生产工人占全部职工人数的比重资料

时 间	9 月末	10 月末	11 月末	12 月末
生产工人数 a/人	800	820	830	860
全部职工人数 b/人	1 000	1 030	1 040	1 100
生产工人占全部职工比重 c/%	80.00	79.61	79.81	78.18

第四季度生产工人占全部职工的比重如下：

$$\bar{c} = \frac{\bar{a}}{\bar{b}} = \frac{\left(\dfrac{a_1}{2} + a_2 + \cdots + \dfrac{a_n}{2}\right) / (n-1)}{\left(\dfrac{b_1}{2} + b_2 + \cdots + \dfrac{b_n}{2}\right) / (n-1)}$$

$$= \frac{\dfrac{800}{2} + 820 + 830 + \dfrac{860}{2}}{\dfrac{1\ 000}{2} + 1\ 030 + 1\ 040 + \dfrac{1\ 100}{2}}$$

$$= 79.49\%$$

（3）由两个性质不同的数列对比以后形成的相对数或平均数动态数列计算平均发展水平。

【例 9-9】某企业 2010 年 1—4 月的销售额、月初人数及劳动生产率资料如表 9-12 所示。要求计算该企业第一季度月平均劳动生产率。

表 9-12　某企业 2010 年 1—4 月的销售额、月初人数及劳动生产率

月份	1	2	3	4
销售额 a/元	450 000	500 000	520 000	560 000
月初人数 b/人	40	44	42	46
劳动生产率 c/(元·人$^{-1}$)	10 714.29	11 627.91	11 818.18	—

该企业第一季度月平均劳动生产率为

$$\bar{c} = \frac{\bar{a}}{\bar{b}} = \frac{\dfrac{\sum\limits_{i=1}^{n} a_i}{n-1}}{\dfrac{\dfrac{b_1}{2} + b_2 + \cdots + \dfrac{b_n}{2}}{n-1}} = \frac{\dfrac{450\ 000 + 500\ 000 + 520\ 000}{(4-1)}}{\dfrac{\dfrac{40}{2} + 44 + 42 + \dfrac{46}{2}}{4-1}}$$

$$= 11\ 395.35\ (\text{元/人})$$

此外，根据动态平均数时间数列计算平均发展水平时，如果时期相等，则用简单算术平均数计算；如果时期不等，则用加权算术平均数计算。

三、增长量

增长量是报告期水平与基期水平之差，反映现象在一定时期内增加或减少的绝对数量。计算公式为增长量=报告期水平-基期水平。

按照采用基期的不同，增长量可分为逐期增长量与累计增长量。

1. 逐期增长量

逐期增长量是指报告期水平与前一期水平之差，反映现象在相邻两个时期增加或减少的绝对数量。计算公式为

$$\text{逐期增长量=报告期水平-前一期水平} \qquad (9\text{-}10)$$

即 $a_1 - a_0$、$a_2 - a_1$、$a_3 - a_2$、$\cdots$、$a_n - a_{n-1}$。

2. 累计增长量

累计增长量是指报告期水平与某一固定基期水平之差，反映现象在一段时期内增加或减少的绝对数量。计算公式为

$$\text{累计增长量=报告期水平-固定基期水平} \qquad (9\text{-}11)$$

即 $a_1 - a_0$、$a_2 - a_0$、$a_3 - a_0$、$\cdots$、$a_n - a_0$。

因为 $(a_1 - a_0) + (a_2 - a_1) + (a_3 - a_2) + \cdots + (a_n - a_{n-1}) = a_n - a_0$，所以逐期增长量之和等于相应的累计增长量。

因为 $(a_n - a_0) - (a_{n-1} - a_0) = a_n - a_{n-1}$，所以相邻两项累计增长量之差等于相应的逐期增长量。

【例 9-10】某企业 2005—2010 年生产某种产品的产量及增长量如表 9-13 所示。

表 9-13　某企业 2005—2010 年生产某种产品的产量及增长量

年份		2005	2006	2007	2008	2009	2010
产量/台		2 000	2 060	2 100	2 240	2 180	2 300
增长量/台	逐期	—	60	40	140	-60	120
	累计	—	60	100	240	180	300

四、平均增长量

平均增长量是逐期增长的序时平均数，反映现象在一定时期内平均每期增长的数量。平均增长量等于各逐期增长量之和除以逐期增长量的项数，或等于累计增长量除以动态数列的项数减 1。计算公式为

$$平均增长量 = \frac{逐期增长量之和}{逐期增长量的项数}$$

$$= \frac{累计增长量}{动态数列的项数 - 1} \tag{9-12}$$

【例 9-11】沿用【例 9-10】的资料，计算该企业 2005—2010 年产量的平均增长量。

$$平均增长量 = \frac{60 + 40 + 140 - 60 + 120}{5} = \frac{300}{5} = 60（台）$$

$$或\ 平均增长量 = \frac{300}{6 - 1} = 60（台）$$

第三节　动态数列的速度指标

一、发展速度

发展速度是报告期水平与基期水平之比，反映某种现象在一定时期内的发展程度，一般用百分数或倍数表示。计算公式为

$$发展速度 = \frac{报告期水平}{基期水平} \tag{9-13}$$

根据采用的基期不同，发展速度分为环比发展速度和定基发展速度两种。

1. 环比发展速度

环比发展速度是报告期水平与前一期水平之比，它反映现象在相邻两个时期发展变化的情况。计算公式为

$$环比发展速度 = \frac{报告期水平}{前一期水平} \tag{9-14}$$

即 $\frac{a_1}{a_0}$、$\frac{a_2}{a_1}$、$\frac{a_3}{a_2}$、$\cdots$、$\frac{a_n}{a_{n-1}}$。

2. 定基发展速度

定基发展速度是报告期水平与某一固定基期水平之比，它反映现象在一段时期内发展变化的情况。计算公式为

$$定基发展速度 = \frac{报告期水平}{固定基期水平} \tag{9-15}$$

即 $\dfrac{a_1}{a_0}$、$\dfrac{a_2}{a_0}$、$\dfrac{a_3}{a_0}$、$\cdots$、$\dfrac{a_n}{a_0}$。

因为 $\dfrac{a_1}{a_0} \cdot \dfrac{a_2}{a_1} \cdot \dfrac{a_3}{a_2} \cdot \ldots \cdot \dfrac{a_n}{a_{n-1}} = \dfrac{a_n}{a_0}$，所以环比发展速度的连乘积等于相应的定基发展速度。

因为 $\dfrac{a_n}{a_0} \div \dfrac{a_{n-1}}{a_0} = \dfrac{a_n}{a_{n-1}}$，所以相邻两项定基发展速度之比等于相应的环比发展速度。

【例9-12】某地区2006—2010年钢产量及发展速度的资料如表9-14所示。

表9-14　某地区2006—2010年钢产量及发展速度

时间		2006	2007	2008	2009	2010
钢产量/吨		50	58	62	65	70
发展速度/%	环比	—	116.00	106.90	104.84	107.69
	定基	100.00	116.00	124.00	130.00	140.00

该地区2010年钢产量的定基发展速度计算如下：

$$116.00\% \times 106.90\% \times 104.84\% \times 107.69\% = 140.00\%$$

二、增长速度

增长速度是增长量与基期水平之比，它是反映某种现象增长程度的动态指标。计算公式为

$$增长速度 = \frac{增长量}{基期水平} = \frac{报告期水平 - 基期水平}{基期水平}$$
$$= 发展速度 - 1 \tag{9-16}$$

根据采用的基期不同，增长速度又分为环比增长速度和定基增长速度两种。

1. 环比增长速度

环比增长速度是逐期增长量与前一期水平之比，说明现象在相邻两个时期的增长程度。计算公式为

$$环比增长速度 = \frac{逐期增长量}{前一期水平}$$
$$= \frac{报告期水平 - 前一期水平}{前一期水平}$$
$$= 环比发展速度 - 1 \tag{9-17}$$

2. 定基增长速度

定基增长速度是累计增长量与固定基期水平之比，说明现象在一段时期内的增长程度。

计算公式为

$$定基增长速度 = \frac{累计增长量}{固定基期水平}$$

$$= \frac{报告期水平 - 固定基期水平}{固定基期水平}$$

$$= 定基发展速度 - 1 \qquad (9-18)$$

三、增长1%绝对值

增长速度是一个抽象化的数值，掩盖了现象的实际水平，有可能高速度背后是低水平或低速度背后是高水平。为了全面认识现象的发展变化情况，要把速度指标与增长量结合起来，计算增长1%绝对值。

增长1%绝对值是逐期增长量与环比增长速度之比的1%，它反映现象每增长1%所包含的绝对量。计算公式为

$$增长1\%绝对值 = \frac{逐期增长量}{环比增长速度} \times 1\%$$

$$= \frac{逐期增长量}{\dfrac{逐期增长量}{前一期水平} \times 100}$$

$$= \frac{前一期水平}{100}$$

用符号表示为

$$增长1\%绝对值 = \frac{a_n - a_{n-1}}{\dfrac{a_n - a_{n-1}}{a_{n-1}} \times 100} = \frac{a_{n-1}}{100} \qquad (9-19)$$

【例9-13】某地区2006—2010年工业总产值及其增长量、发展速度、增长速度、增长1%绝对值数据如表9-15所示。

表9-15 某地区2006—2010年工业总产值及相关指标

时间		2006	2007	2008	2009	2010
工业总产值/万元		677	732	757	779	819
增长量 /万元	逐期	—	55	25	22	40
	累计	—	55	80	102	142
发展速度 /%	环比	—	108.12	103.42	102.91	105.13
	定基	100.00	108.12	111.82	115.07	120.97
增长速度 /%	环比	—	8.12	3.42	2.91	5.13
	定基	—	8.12	11.82	15.07	20.97
增长1%绝对值/万元		—	6.77	7.32	7.57	7.79

四、平均发展速度和平均增长速度

1. 平均发展速度

平均发展速度是各期环比发展速度的序时平均数，它说明某种现象在一个较长时期中逐年平均发展变化的程度。平均发展速度有水平法和累计法两种计算方法。

（1）水平法。

水平法又称几何平均法。该方法假定现象从最初水平 a_0 出发，每期都按平均发展速度 $\bar{x}$ 发展，经过 n 期后达到最末水平 a_n。若以 $\bar{x}$ 代表平均发展速度，x 代表各期环比发展速度，n 代表环比发展速度的个数，则根据上述假设，有如下三个等式成立：

$$\bar{x} = \sqrt[n]{x_1 \cdot x_2 \cdot x_3 \cdot \cdots \cdot x_n} = \sqrt[n]{\prod_{i=1}^{n} x_i} \qquad (9-20)$$

$$\bar{x} = \sqrt[n]{\frac{a_n}{a_0}} \qquad (9-21)$$

式中，a_0 代表最初水平；a_n 代表最末水平。

$$\bar{x} = \sqrt[n]{R} \qquad (9-22)$$

式中，R 代表总速度。

【例9-14】根据表9-15，该地区2007—2010年各年工业总产值的环比发展速度分别为108.12%、103.42%、102.91%、105.13%，则该地区2007—2010年工业总产值的平均发展速度为

$$\bar{x} = \sqrt[n]{\prod_{i=1}^{n} x_i} = \sqrt[4]{108.12\% \times 103.42\% \times 102.91\% \times 105.13\%} = 104.88\%$$

又知2006年工业总产值为677万元，2010年工业总产值为819万元，则该期间的平均发展速度为

$$\bar{x} = \sqrt[n]{\frac{a_n}{a_0}} = \sqrt[4]{\frac{819}{677}} = 104.88\%$$

或已知该地区2010年工业总产值是2006年的120.97%，则平均发展速度为

$$\bar{x} = \sqrt[n]{R} = \sqrt[4]{120.97\%} = 104.87\%$$

用式（9-22）和式（9-20）、式（9-21）计算的结果有0.01%的误差。

（2）累计法。

累计法又称为代数方程法。该方法假定现象从最初水平 a_0 出发，每期都按平均发展速度发展，经过 n 期后，各期的推算水平之和等于各期的实际水平之和

$$a'_1 + a'_2 + a'_3 + \cdots + a'_n = a_1 + a_2 + \cdots + a_n \qquad (9-23)$$

各期推算水平代入式（9-23）得：

$$a_0\bar{x} + a_0\bar{x}^2 + a_0\bar{x}^3 + \cdots + a_0\bar{x}^n = \sum_{i=1}^{n} a_i \qquad (9-24)$$

$$a_0(\bar{x} + \bar{x}^2 + \bar{x}^3 + \cdots + \bar{x}^n) = \sum_{i=1}^{n} a_i$$

$$\bar{x} + \bar{x}^2 + \bar{x}^3 + \cdots + \bar{x}^n = \frac{\sum_{i=1}^{n} a_i}{a_0}$$

$$\bar{x} + \bar{x}^2 + \bar{x}^3 + \cdots + \bar{x}^n - \frac{\sum_{i=1}^{n} a_i}{a_0} = 0 \qquad (9\text{-}25)$$

求解（9-25）这个一元高次方程，得出 $\bar{x}$ 的正根，就是所求的平均发展速度。在实际工作中，一般运用"平均增长速度查对表"来求解上述高次方程。

2. 平均增长速度

平均增长速度说明现象在较长时期内逐年平均增减的程度。计算公式为

$$平均增长速度 = 平均发展速度 - 1 \qquad (9\text{-}26)$$

第四节　长期趋势的测定

长期趋势是指现象在较长时期内持续上升或持续下降的发展变化趋势。如随着生产力的发展和科技的进步，工农业生产及人民生活水平持续增长，人口死亡率持续下降。由于现象受到偶然性因素的影响，故有时不易看出现象的变化趋势，为了消除偶然性因素的影响，就需要对原来的数列进行修匀，这种分析的方法称为动态数列的修匀。修匀的主要方法有时距扩大法、动态平均法、移动平均法和最小平方法等。

一、时距扩大法

时距扩大法是对原来的动态数列扩大时距，以消除偶然性因素的影响，使其明显反映现象发展趋势的方法。例如，表9-16为某企业某年各月的销售额。

表9-16　某企业某年各月的销售额

月　份	销售额/万元	月　份	销售额/万元
1	150	7	158
2	152	8	160
3	148	9	156
4	150	10	160
5	156	11	162
6	154	12	164

从表9-16中能够发现，该企业销售额的变化趋势不够明显。

若将时距扩大为一个季度，重新编制数列，如表9-17所示。

表9-17 某企业某年各季销售额

季 度	一	二	三	四
销售额/万元	450	460	474	486

从表9-17中能够发现，该企业季度销售额的发展趋势十分明显。

时距扩大多少要根据现象及原数列的特点而定，以能明显反映现象的发展趋势为准。

二、动态平均法

由于时点数列各指标数值相加后无独立存在的意义，因此时点数列不能直接用时距扩大法修匀，必须利用序时平均法消除偶然性因素的影响，以反映现象的变化趋势；时期数列则直接用简单平均法即可。以表9-17中的数据为例，进一步计算各季的平均销售额。

表9-18 某企业某年各季平均销售额

季 度	一	二	三	四
平均销售额/万元	150.00	153.33	158.00	162.00

三、移动平均法

移动平均法是通过扩大时距、计算其移动平均数来消除偶然性因素的影响。例如，表9-19所示是某地区2000—2010年的钢产量。

表9-19 某地区2000—2010年的钢产量

年 份	2000	2001	2002	2003	2004	2005	2006	2007	2008	2009	2010
钢产量/万吨	60.0	63.0	61.0	64.0	67.0	65.0	70.0	74.0	76.0	73.0	80.0
三项移动平均/万吨	—	61.3	62.7	64.0	65.3	67.3	69.7	73.3	74.3	76.3	—
五项移动平均/万吨	—	—	63.0	64.0	65.4	68.0	70.4	71.6	74.6	—	—

表9-19中的钢产量动态数列是原数列。分析该数列可以发现，个别年份产量有所下降，现象的变化趋势不明显。

三项移动平均和五项移动平均是两个经修匀的数列。从这两个数列可以看出，该地区2000—2010年钢产量呈明显的上升趋势。

三年移动平均的第一个数 $= \dfrac{60.0 + 63.0 + 61.0}{3} = 61.3$，第二个数 $= \dfrac{63.0 + 61.0 + 64.0}{3} =$
62.7，依次类推，所得的移动平均数写在时距最中央的那一年位置上。五项移动与三项移动方法相同，只是时距更大一些。

采用移动平均法时，两项或三项移动，首尾各少一项；四项或五项移动，首尾各少两项；六项或七项移动，首尾各少三项。

四、最小平方法

当现象的发展大体是以相同的逐期增长量上升（或下降）时，其发展趋势可视为直线趋势。根据最小平方法的要求，实际观察值 y 与趋势值 y_c 离差的平方和等于最小值，即

$$\sum (y - y_c)^2 = \text{最小值}。$$

根据数学运算，通过上式可导出下列两个标准方程组：

$$\begin{cases} \sum_{i=1}^{n} y_i = na + b \sum_{i=1}^{n} t_i \\ \sum_{i=1}^{n} t_i y_i = a \sum_{i=1}^{n} t_i + b \sum_{i=1}^{n} t_i^2 \end{cases} \tag{9-27}$$

解此方程组可得

$$\begin{cases} b = \dfrac{n \sum_{i=1}^{n} t_i y_i - \sum_{i=1}^{n} t_i \sum_{i=1}^{n} y_i}{n \sum_{i=1}^{n} t_i^2 - \left(\sum_{i=1}^{n} t_i \right)^2} \\[4mm] a = \dfrac{\sum_{i=1}^{n} y_i}{n} - b \dfrac{\sum_{i=1}^{n} t_i}{n} \end{cases} \tag{9-28}$$

将 a、b 代回方程 $y_c = a + bt$ 就是所求的直线趋势方程。

【例9-15】某企业2001—2010年生产某产品产量资料如表9-20所示。请用最小平方法配合直线趋势方程，预测2011年该产品产量。

表9-20 某企业2001—2010年生产某产品产量

年份	2001	2002	2003	2004	2005	2006	2007	2008	2009	2010
产量/吨	60	64	67	72	76	79	84	88	93	94

根据以上资料可知，该产品产量逐期增长量大体相同，因此可配合直线趋势方程。方程式为

$$y_c = a + bt$$

计算过程如表9-21所示。

表9-21 最小平方计算过程

年份	序号 t	产量 y/吨	t^2	ty	y_c
2001	1	60	1	60	59.46
2002	2	64	4	128	63.58
2003	3	67	9	201	67.70
2004	4	72	16	288	71.82
2005	5	76	25	380	75.94

续表

年份	序号 t	产量 y/吨	t^2	ty	y_c
2006	6	79	36	474	80.06
2007	7	84	49	588	84.18
2008	8	88	64	704	88.30
2009	9	93	81	837	92.42
2010	10	97	100	970	96.54
合计	55	780	385	4 630	780.00

将表中的合计数代入公式，则

$$b = \frac{n\sum_{i=1}^{n} t_i y_i - \sum_{i=1}^{n} t_i \sum_{i=1}^{n} y_i}{n\sum_{i=1}^{n} t_i^2 - \left(\sum_{i=1}^{n} t_i\right)^2} = \frac{10 \times 4\,630 - 55 \times 780}{10 \times 385 - 55^2} = 4.12$$

$$a = \frac{\sum_{i=1}^{n} y_i}{n} - b\frac{\sum_{i=1}^{n} t_i}{n} = \frac{780}{10} - 4.12 \times \frac{55}{10} = 55.34$$

将计算出的 a、b 值代入公式，可得直线方程为

$$y_c = 55.34 + 4.12t$$

将时间顺序 1、2、3、…、10 分别代替该直线趋势方程中的 t，可得该企业 2001—2010 年产量的趋势值，见表 9-21 中的 y_c 栏。由计算结果可以看出，根据该趋势方程预测的各年产量的趋势值与其实际值比较接近，可以据此预测 2011 年的产量。2011 年该产品产量为

$$y_c = 55.34 + 4.12 \times 11 = 100.66 \, (\text{吨})$$

第五节 季节变动的测定

季节变动是指现象在一定时期内形成的有规律的周期性变动，这种变动的强度在各年大体相同且重复出现。测定季节变动的目的在于了解现象季节变动的规律并且能进行预测。

季节变动的测定主要是计算一系列季节指数，又称季节比率，其设计思想是：以总平均水平为对照物，用各季节的平均数与之比较，来反映季节变动的高低程度。季节指数是各季（月）平均数与全时期总平均数的比率，它由一系列数值组成，个数由资料的时间间隔决定，且季节指数之和也与数据资料有关。例如，数据资料为月份资料，则有 12 个季节指数，季节指数之和为 1 200%。又如，数据资料为季度资料，则有 4 个季节指数，季节指数之和为 400%。

下面从时间序列是否包含长期趋势来介绍测定季节变动的方法。

一、按季（月）平均法

若时间序列中不包含长期趋势和循环变动，则直接利用原序列进行同期平均和总平均，

消除不规则变动，计算出季节指数。常用按季（月）平均法，其基本步骤有如下四步：

（1）分别将每年各月的数字加总后，求各年的月平均数。

（2）各年同月数字加总，求若干年内同月的平均数。

（3）若干年内每个月的数字加总，求总的月平均数。

（4）将若干年内同月的平均数与总的平均数相比，即得季节比率，也称为季节指数。

$$季节比率 = 各月（季）的平均数除以总平均数 \qquad (9-29)$$

按月或季平均法计算季节比率需要至少三个周期以上的资料。具体来说，按月平均不能少于 36 个月的资料，按季平均不能少于 12 个季的资料。

【例9-16】某品牌电脑从 2011—2018 年的月度销售量如表9-22 所示，请计算同月的平均数、总月平均数及季节指数。

表9-22　按季（月）平均法计算

年份	1月	2月	3月	4月	5月	6月	7月	8月	9月	10月	11月	12月	合计
2011	16.1	14.4	14.2	15.1	15.5	14.3	13.8	14.7	17.2	18.4	20.2	19.9	193.8
2012	16.2	15.0	15.1	14.2	13.4	13.7	14.5	15.6	17.5	17.9	18.7	19.0	190.8
2013	16.7	16.3	15.3	14.5	14.5	13.9	14.6	15.8	18.0	19.3	21.4	20.3	200.6
2014	17.0	17.8	16.7	16.3	15.2	15.9	17.1	18.4	20.0	21.6	19.6	211.2
2015	17.1	17.3	16.5	16.4	15.7	16.2	17.4	18.8	20.3	21.9	19.8	213.0
2016	17.4	16.1	15.4	15.4	15.0	14.3	13.2	12.8	14.2	16.3	17.8	17.5	185.2
2017	14.8	15.0	15.1	14.8	14.6	15.3	14.9	15.5	16.2	17.0	17.8	17.8	188.8
2108	13.6	13.2	12.7	13.1	13.6	13.0	14.2	14.7	15.6	17.2	18.2	18.1	177.2
合计	128.9	125.0	120.8	119.8	117.8	115.4	117.3	123.6	135.9	146.4	157.6	152.0	1 560.6
季节平均数	16.11	15.6	15.1	14.98	14.73	14.43	14.66	15.45	16.99	18.3	19.7	19.0	16.26
季节指数 /%	99.1	96.2	92.9	92.1	90.6	88.8	90.1	95.0	104.5	112.6	121.2	116.9	1 200.0

计算步骤如下：

（1）计算同月的平均数，计算结果见表9-22 "季节平均数" 一栏。

（2）计算全部数据的总月平均数，即 $\dfrac{1\,560.6}{8 \times 12} = 16.26$。

（3）计算季节指数，即季节指数 $= \dfrac{各月平均数}{总平均数}$，计算结果见表9-22。

从季节指数上可以判断，9月、10月、11月、12月是该品牌电脑的销售旺季，尤其在后三个月，而6月是销售淡季。需要注意的是，如果季节指数之和不等于400%或1 200%，就需要调整，调整的方法是首先计算调整系数，然后用调整系数分别乘以各月（季）季节指数，即得调整后的季节指数。调整系数的公式为调整系数=1 200（400）/各月（季）季节指数之和。

二、趋势剔除法

趋势剔除法的特点是将移动平均数作为长期趋势加以剔除，再测定季节变动，所以又称为移动平均趋势剔除法。

趋势剔除法的具体计算步骤有如下四步：

（1）据各年的月（季）资料 Y 计算 12 项（或 4 项）移动平均 T。

（2）用动态数列中各月（季）的数值 Y 与其相对应的趋势值 T 对比，计算 Y/T。

（3）将 Y/T 按月（季）排列，求同月（季）的平均值，再与总平均比即得季节比率。

（4）如果全年 12 个月（4 个季度）的季节比率和不等于 1 200%（或 400%），可以进一步计算调整系数，用这个系数分别乘以各月的季节比率即可得到调整后的季节比率。

显然，季节变动分析中的两种方法各有特点。前者计算简便，但所求出的季节比率包含长期趋势的影响；后者计算较繁，但却得到了一个反映现象发展过程中季节变动的影响——剔除长期趋势后的季节比率。

【例9-17】某饲料生产企业销售量的季节变动分析如表9-23所示，请利用简单平均法计算季节指数。

表9-23　某饲料生产企业销售量的季节变动分析　　　　单位：万斤

年份	季度	时间标号	销售量	4期移动平均	比值
2010	一	1	30		
	二	2	38		
	三	3	42	37.7	1.114 058
	四	4	30	40.6	0.738 916
2011	一	5	29	41.5	0.698 795
	二	6	39	39.6	0.984 848
	三	7	50	40.5	1.234 568
	四	8	35	43.7	0.800 915
2012	一	9	30	44.7	0.671 141
	二	10	39	41.3	0.944 310
	三	11	51	41.4	1.231 884
	四	12	37	45.1	0.820 339
2013	一	13	29	46.6	0.622 318
	二	14	42	43.3	0.969 977
	三	15	55	43.3	1.272 080
	四	16	38	47.2	0.805 085

续表

年份	季度	时间标号	销售量	4 期移动平均	比值
2014	一	17	31	48.3	0.641 822
	二	18	43	44.7	0.961 969
	三	19	54	44.9	1.202 673
	四	20	41	49.0	0.836 735
2015	一	21	33	50.4	0.654 762
	二	22	45	47.2	0.953 390
	三	23	58	47.0	1.234 043
	四	24	42	51.0	0.823 529
2016	一	25	34	52.5	0.647 619
	二	26	46	45.4	1.013 216
	三	27	60		
	四	28	45		

注：1 斤 =500 g。

表中"4 期移动平均"一栏的数值是将数据进行一次 4 期移动平均后，再做一次 2 期移动平均，将平均值中心化移动后得到的，如表 9-24 所示。

表 9-24 某饲料生产企业销售量的季节指数计算表

季度	一	二	三	四
2010			1.114 058	0.738 916
2011	0.698 795	0.984 848	1.234 568	0.800 915
2012	0.671 141	0.944 310	1.231 884	0.820 399
2013	0.622 318	0.969 977	1.270 208	0.805 085
2014	0.641 822	0.961 969	1.202 673	0.836 735
2015	0.654 762	0.953 390	1.234 043	0.823 529
2016	0.647 619	0.647 619		
平均	0.656 076	0.910 352	1.214 572	0.804 263
季节指数	73.20%	101.57%	135.51%	89.73%

从季节指数上可以判断该饲料生产企业每年二季度、三季度销售量高于一季度、四季度。

本章小结

动态数列是动态分析的基础，用以反映社会经济现象在不同时间上发展变化的趋势和规律，分为绝对数的动态数列、相对数的动态数列和平均数的动态数列三种。

动态数列分析从发展水平、发展速度和长期趋势等方面对客观事物的发展状况进行动态分析。

动态数列的水平指标分析，包括发展水平、平均发展水平、增长量和平均增长量等指标。根据掌握的数据资料的不同，计算平均发展水平和平均增长量的方法也有所不同。

速度指标可以描述客观事物发展变动的相对水平。发展速度、增长速度分别反映了客观事物在特定时间内发展的相对程度和增长的相对程度。如果要描述客观事物不受偶然因素影响的发展速度，可以计算平均发展速度和平均增长速度。计算平均发展速度有两种方法，即水平法和累计法。

长期趋势反映了客观事物发展的内在本质规律，常用的测定方法有时距扩大法、动态平均法、移动平均法和最小平方法。

关键术语

动态数列、绝对数动态数列、相对数动态数列、平均数动态数列、发展水平、增长量、序时平均数、发展速度、增长速度、平均发展速度、平均增长速度、移动平均法和最小平方法。

拓展案例

西安市啤酒产量的动态数列分析

一、背景调查

从 2006 年开始，中国啤酒工业连续 5 年居世界首位，2006 年啤酒产量大幅攀升，2007年这一趋势有增无减，中国啤酒工业处于高速成长期。作为西部的桥头堡，陕西啤酒工业也进入了黄金时代。自从深圳金威啤酒在西安的工厂正式投产，青岛啤酒、华润雪花等我国啤酒工业的强势品牌似乎开始酝酿一场短兵相接的战役。

青岛啤酒西安汉斯集团有限公司在全国有 11 家工厂，仅陕西就有 5 家，分别建在陕西的 5 个城市。金威啤酒进入西北的第一家工厂也选在了陕西。在金威啤酒西安公司建成投产时，就有业内人士分析，在西安建厂近可抢占陕西市场，远可辐射西北、中原等地，势必成为以西安为基地，辐射周边地区的啤酒生产、销售中心。

从国家统计局的数据能够看到，2006 年我国啤酒产量达 3 515.15 万吨，比上年有14.7% 的增长，实际增加产量为 453.5 万吨；2006 年全国啤酒税金总额超过 140 亿元，同比增长 14.11%，实现利润比上年大幅度增长 25.8%。

陕西啤酒市场的增长量更大。"西北地区的增幅为 20%，而西安的增幅达到了 16%！"青岛啤酒西安汉斯集团有限公司某负责人给了这样一个数据。这些增长比例的背后是庞大的啤酒销售额：2006 年汉斯的销售量为 72 万吨，在 2007 年，汉斯每个月在陕西的产量超过了 8 万吨。金威啤酒的工作人员也曾透露，在西安建厂后，他们的销售额翻了几番。

陕西的啤酒市场，青啤旗下的品牌汉斯占有绝对的主导地位。即使是在深圳响当当的品牌金威和在成都有绝对话语权的华润雪花，都承认这一点：在6元钱以下的啤酒主流消费市场，汉斯几乎占到了垄断的地位。

在西安市场，汉斯的市场占有率达90%以上，在陕西市场的平均占有率为82%左右。就西北五省而言，虽然汉斯在局部区域内不占优势，比如在甘肃的一部分区域，黄河啤酒占有市场的主要份额，但是就整个品牌的影响力和规模而言，汉斯仍然占据第一的位置，汉斯在西北市场的平均占有率也在30%以上。

二、数据来源

为了安排2012年下半年西安市啤酒生产的原材料采购计划、人力资源计划和市场销售工作，预测2012年下半年各月份的啤酒市场销售和生产数据是十分必要的。

啤酒的生产除了受原材料、能源等因素影响以外，很大程度上取决于市场销售，需要"以销定产"。而啤酒的市场销售有很强的季节性，因此，对啤酒生产量的预测必须考虑季节因素，这也为对啤酒销售的预测带来一定的困难。

由西安市省统计局得到2009—2012年西安市啤酒生产量的月度数据，如表9-25所示。

表9-25 2009—2012年西安市啤酒生产量的月度数据

月份	各年的生产量/万升			
	2009	2010	2011	2012
1	2.299 3	2.890 0	3.790 0	5.250 0
2	3.030 0	4.250 0	6.050 0	6.120 0
3	6.425 9	6.850 0	7.620 0	8.770 0
4	9.164 3	8.410 0	9.800 0	11.130 0
5	8.104 9	8.750 0	12.060 0	14.790 0
6	11.582 4	11.900 0	13.310 0	15.030 0
7	14.392 0	13.980 0	14.320 0	
8	9.996 0	13.700 0	15.680 0	
9	9.958 3	9.040 0	9.330 0	
10	5.050 1	3.960 0	5.670 0	
11	2.608 5	3.530 0	5.230 0	
12	1.959 9	2.440 0	4.520 0	

能否根据西安市啤酒生产量的时间序列数据，对未来生产量进行预测呢？

案例讨论

1. 如何分析西安市啤酒生产发展变化的基本态势？
2. 西安市啤酒生产发展变化是否存在季节变动？如何分析季节变动？
3. 如何对包括季节变动因素的西安市啤酒生产发展变化进行预测？

统计实训 ----------------------------------○

课后练习 ----------------------------------○

【实操练习 用 Excel 进行动态数列分析】

本附录将说明如何利用 Excel 2010 进行动态数列的预测。通过表 1 中的数据来进行移动平均和趋势线拟合分析。

表 1　某企业 2012—2018 年销售净利润

年份	销售净利润/万元
2012	19
2013	20
2014	22
2015	24
2016	27
2017	29
2018	30

具体的操作步骤有如下五步：

第 1 步，选择"数据"下拉菜单。

第 2 步，选择"数据分析"选项。

第 3 步，在分析工具中选择"移动平均"。

第 4 步，Excel 的移动平均对话框如图 1 所示，当出现"移动平均"对话框后，在"输入区域（I）"后的方框内键入 B1：B8；勾选"标志位于第一行（L）"；在"输出选项"中"输出区域（O）"后键入 C2；勾选"图表输出（C）"，单击"确定"。

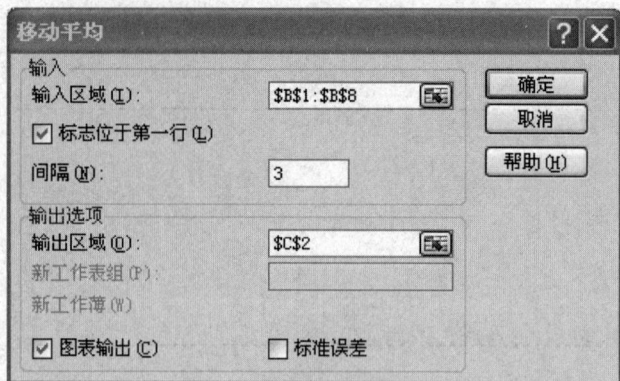

图 1　Excel 的移动平均对话框

第 5 步，选择"插入"菜单下的"散点图"选项，单击图中数据点，右键，弹出菜单中选择"添加趋势线"，在对话框中选择"线性"，并在选项中选中"显示公式（E）"和"显示 R 平方值（B）"，Excel 的趋势拟合对话框如图 2 所示，拟合出的趋势线如图 3 所示。

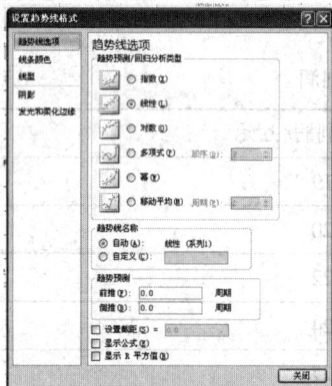

图 2　Excel 的趋势线拟合对话框

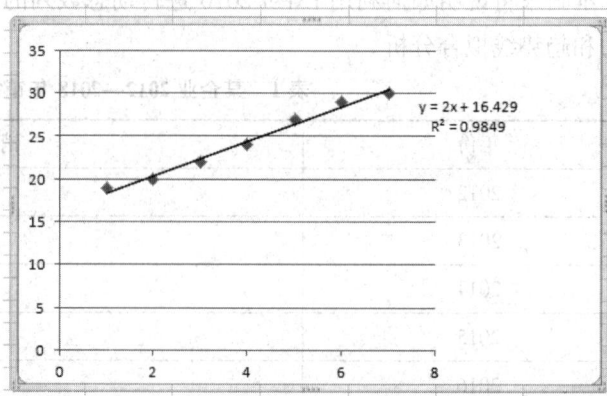

$y = 2x + 16.429$
$R^2 = 0.9849$

图 3　拟合出的趋势线

第十章

统计指数

学习目标

- 了解实际工作中常见的几种指数的编制方法。
- 理解统计指数基本原理及有关理论。
- 分清综合指数和平均指数之间的联系和区别。
- 掌握综合指数和平均数指数的编制原理和方法。
- 掌握统计指数体系及利用指数体系进行因素分析的方法。

★知识导览

统计指数是社会经济统计中常用的一种经济分析方法，它可以反映社会经济现象在不同时间或空间上发展变化的状况，为制定宏观经济政策提供重要的决策依据。例如，居民消费价格指数（CPI）、生产者物价指数（PPI）、采购经理指数（PMI）和股价综合指数等。通过统计指数分析，我们可以研究社会经济现象的长期变动趋势，分析和测定各个因素对现象总变动的影响方向和程度，对社会经济现象进行综合评价和测定。

本章重点：统计指数的定义、作用和分类，数量指标综合指数和质量指标综合指数的编制，平均指数的计算和应用，指数体系与因素分析。

本章难点：加权算术平均指数的计算、加权调和平均数指数的计算、总量指标的两因素指数分析法、总量指标的多因素指数分析法、平均指标指数体系的因素分析。

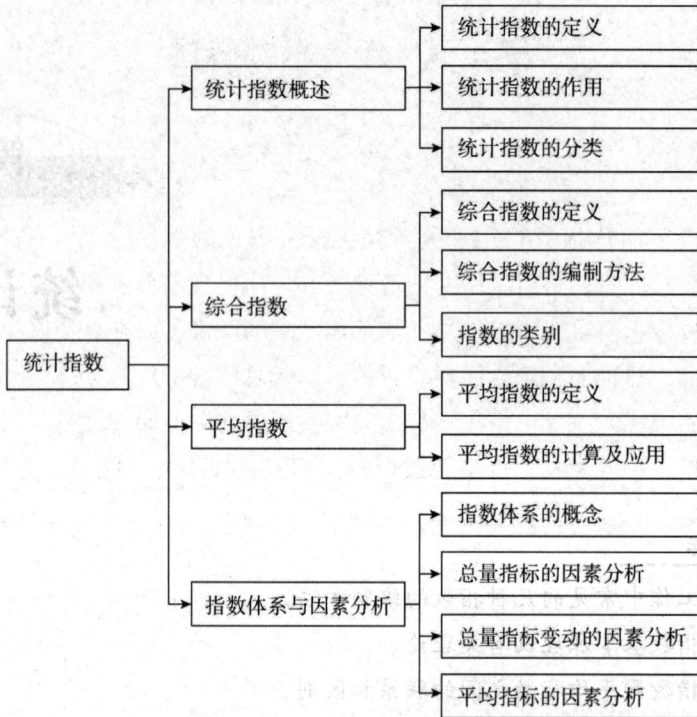

```
                                          ┌─────────────────────┐
                                    ┌────▶│   统计指数的定义    │
                    ┌──────────────┐│     └─────────────────────┘
                    │ 统计指数概述 │┼────▶│   统计指数的作用    │
                    └──────────────┘│     └─────────────────────┘
                                    └────▶│   统计指数的分类    │
                                          └─────────────────────┘
                                          ┌─────────────────────┐
                                    ┌────▶│   综合指数的定义    │
                    ┌──────────────┐│     └─────────────────────┘
                    │   综合指数   │┼────▶│ 综合指数的编制方法  │
                    └──────────────┘│     └─────────────────────┘
       ┌──────────┐                 └────▶│   指数的类别        │
       │ 统计指数 │                       └─────────────────────┘
       └──────────┘  ┌──────────────┐     ┌─────────────────────┐
                     │   平均指数   │┬───▶│   平均指数的定义    │
                     └──────────────┘│    └─────────────────────┘
                                     └───▶│ 平均指数的计算及应用│
                                          └─────────────────────┘
                                          ┌─────────────────────┐
                                    ┌────▶│   指数体系的概念    │
                  ┌──────────────────┐│   └─────────────────────┘
                  │ 指数体系与因素分析 │┼─▶│  总量指标的因素分析 │
                  └──────────────────┘│   └─────────────────────┘
                                      ├──▶│总量指标变动的因素分析│
                                      │   └─────────────────────┘
                                      └──▶│  平均指标的因素分析 │
                                          └─────────────────────┘
```

★引导案例

CPI 重回 "1" 时代？

国家统计局周日公布，2016 年 6 月居民消费价格指数（CPI）同比上涨 1.9%，高于路透调查的预估中值 1.8%。重回 "1" 时代的 CPI 舒缓了市场对通货膨胀的忧虑。

国家统计局数据显示，2016 年 6 月工业生产者出厂价格指数（PPI）同比下降 2.6%，降幅大于路透调查预估中值的下跌 2.5%，但依然是 2014 年 10 月以来的最小降幅，当时为下跌 2.2%。

2016 年 6 月 CPI 环比下跌 0.1%，PPI 环比下降 0.2%。CPI 中的食品价格同比上涨 4.6%，非食品价格同比上涨 1.2%。CPI 涨幅回落主要受食品价格影响，随着天气转暖，蔬菜、水果等供应充足，价格回落。而 PPI 则受国际市场初级产品价格回升影响，跌幅持续收窄。

（资料来源：作者搜集整理）

案例启示

CPI 和 PPI 分别反映了居民家庭一般所购买的消费商品和服务价格水平变动情况和工业企业产品出厂价格变动趋势和变动程度的指数，这些指数是制定有关经济政策和国民经济核算的重要依据。指数的含义是什么？指数是如何编制的？如何利用指数方法对现象总量的变动进行因素分析？这些就是本章指数分析的主要内容。

第一节 统计指数概述

一、统计指数的定义

统计指数（以下简称指数）用于分析社会经济现象的数量变动，有广义和狭义之分。为了阐明指数的概念，我们将所要研究的现象区分为简单现象总体和复杂现象总体。在前者中，总体单位数或标志值可以直接加总，如某种产品的产量、成本、产值、利税、销量，某种农作物的收获量、播种面积等。而在后者中，构成总体的单位及标志值不能直接加总，如不同的产品或商品构成的总体，由于具有不同的使用价值和不同的计量单位，因此在统计其实物产量、销售量、单位成本、价格等数量时，不能直接加总，就像不能把 10 000 台彩电和 8 000 辆汽车直接相加，也不能直接计算它们的平均价格。由不同产品或商品组成的总体便是一个复杂总体。

广义的指数是指社会经济现象数量变动的比较指标。以上两种现象总体数量的变动都是指数，我们前面讨论过的动态相对数、比较相对数、计划完成程度相对数都是广义指数。狭义的指数仅指不能直接相加和对比的复杂社会经济现象总体在数量上综合变动的相对数。运用这种专门的、特殊的方法可以反映不同产品或商品的实物产量、价格等的综合变动情况，编制出实物产量指数、价格指数等。

指数的广义和狭义两种含义在实际工作中都被广泛应用，本章主要对狭义指数的编制方法进行研究，阐述其基本计算原理、原则、方法及在分析中的应用。

二、统计指数的作用

统计指数具有以下三个方面的作用：

（一）综合反映社会经济现象总体变动方向及变动程度

在经济管理及研究中，经常要研究多种商品或产品的价格综合变动情况、多种商品的销售量或产品产量的总变动、多种产品成本总变动、多种股票价格综合变动等，而由于各种商品或产品的使用价值不同，各种股票价格涨跌幅度和成交量也不同，因而在量上不能直接综合。为了分析其总的变动情况，必须利用指数这一方法，把不能直接相加对比的现象过渡到可以相加对比，从而反映复杂现象总体的数量变动情况。

（二）分析现象总变动中各种因素变动的影响方向及程度

一方面，社会经济现象总体的数量变化往往由两个或两个以上因素的变动构成。例如，销售额＝价格×销售量。运用指数分析法可以分析在两期销售额的变化中，价格和销售量两个构成因素对销售额的影响方向和程度。

另一方面，平均指标的变动往往取决于各组平均水平和总体结构的变动。例如，某单位职工平均工资的变动是由各组职工工资水平变动和各组职工人数比重变动两个因素构成的。

运用指数法可以分析这两个因素变动对全部职工平均工资的影响方向和程度。

（三）通过编制指数数列可以反映现象的长期变动趋势

连续编制指数的时间数列可以从动态上反映事物发展变化的趋势。由于指数是用相对数表达的综合指标，故用它来对比分析性质不同而又有密切联系的时间数列之间的变动关系更具有实际意义。

三、统计指数的分类

（一）按研究对象的范围分

按研究对象的范围，统计指数可分为个体指数、总指数和组（类）指数。

1. 个体指数

个体指数是表明复杂现象总体中个别要素变动情况的相对数，它是个别现象的报告期水平与基期水平之比。例如，个体产品产量指数是反映一种产品产量变动的指数；个体产品成本指数是反映一种产品成本变动的指数；个体产品价格指数是反映一种产品价格变动的指数。个体指数的计算方法如下：

$$个体产品产量指数 K_q = \frac{q_1}{q_0}$$

$$个体产品单位成本指数 K_Z = \frac{Z_1}{Z_0}$$

$$个体产品价格指数 K_P = \frac{P_1}{P_0}$$

式中，K 为个体指数；q_1 为报告期产品产量；q_0 为基期产品产量；Z_1 为报告期单位成本；Z_0 为基期单位成本；P_1 为报告期价格；P_0 为基期价格。

2. 总指数

总指数是表明复杂经济现象中多种要素综合变动情况的相对数。例如，工业生产指数、商品零售价格指数、社会商品零售量指数和居民消费价格指数等，都是反映现象综合变动的指数。

总指数与个体指数有密切联系。例如，工业产品产量指数是综合反映总体中各个产品产量的平均变动情况的；销售价格指数是综合反映各个商品销售价格平均变动情况的。所以，总指数也可以说是各个个体指数的平均数。

3. 组（类）指数

组（类）指数是介于总指数与个体指数之间，用以说明总体中某一组（类）社会经济现象变动情况的相对数。它的编制方法与总指数相同。例如，在零售商品中，食品类商品的零售物价指数等。编制组（类）指数可以更深入地反映各类社会经济现象的发展情况，研究总体中各部分现象的发展变化规律。

（二）按指数性质分

按指数性质，统计指数可分为数量指标指数和质量指标指数。

1. 数量指标指数

数量指标指数是用来反映社会经济现象的数量或规模变动方向和程度的指数，如产品产量指数、商品销量指数和职工人数指数等。

2. 质量指标指数

质量指标指数是用以反映社会经济现象质量、内涵变动情况的指数，如单位成本指数、物价指数、税率指数和劳动生产率指数等。

（三）按采用基期指数分

按采用基期指数，统计指数可分为定基指数和环比指数。

1. 定基指数

定基指数是指各个时期指数都是采用同一固定时期为基期计算的指数。

2. 环比指数

环比指数是依次以前一时期为基期计算的指数。

定基指数和环比指数是各个时期的指数按时间顺序排列而成的，也称为指数数列。

第二节　综合指数

一、综合指数的定义

总指数的编制有综合指数和平均指数两种方法。其中，综合指数是编制总指数的基本形式，它是由两个总量指标对比而计算的。一般来说，凡是一个总量指标可以分解为两个或两个以上的因素，为观察某个因素指标的变动情况，将其他的一个或两个以上因素固定下来计算出的指数就是综合指数。

综合指数具有以下两方面的特点：

（1）能够将不能直接加总的现象的指标，通过另一个因素转化为可以直接加总的总量指标进行对比，以研究该现象的变动程度。

（2）综合指数的计算方法包含一定程度的假定性，采用科学的抽象方法，固定一个或多个因素来研究另一个因素的变动情况。因为影响现象变动的各个因素之间是互相制约的，在研究一个因素的变动时，不得不人为地把这种相互制约性孤立起来。只有这样，才能清晰地测定所要研究的因素变动作用的程度。

根据这些特点，在编制综合指数时，必须从所研究现象的经济内容出发，按照它们之间的内部联系，选择一个媒介因素，使那些不能直接加总的现象变得能够直接加总，这个因素被称为"同度量因素"。它在综合指数的计算公式中既起"同度量"即过渡或媒介作用，也起"权数"的作用。同度量因素有报告期与基期之分，为了使指数能正确反映所表明现象的变动程度，必须把它固定在同一时期上。

总之，编制综合指数有两个要点：一是要确定同度量因素；二是要固定同度量因素的时期。

二、综合指数的编制方法

综合指数有数量指标综合指数和质量指标综合指数两类，其编制方法有所不同。

（一）数量指标综合指数的编制

数量指标综合指数用来综合反映经济现象总体数量的变动。例如，工业产品产量、商品销售量和农副产品收购量的变动等。下面以工业产品产量指数为例，说明数量指标综合指数的编制原理和方法。

要计算产量指数，必须把各种因使用价值不同而不能直接加总的实物量通过"同度量因素"过渡到能够加总对比的价值量。通常以价格作为同度量因素，则表达式为

$$产品产量 \times 价格 = 产值$$

用符号表示为

$$q \times P = Pq$$

这里，产量是指数化指标。

以价格为同度量因素计算产值时，须把它固定在同一个时期水平上，通过产品产值的变动来反映产量的变动。这个固定的时期可以有不同的选择，根据不同时期计算出的产品产量指数是不同的，其反映的经济内容也不相同。

（1）用报告期出厂价格作为同度量因素。其计算公式为

$$产量综合指数 \ \overline{K_q} = \frac{\sum q_1 P_1}{\sum q_0 P_1}$$

（2）用基期出厂价格作为同度量因素。其计算公式为

$$产量综合指数 \ \overline{K_q} = \frac{\sum q_1 P_0}{\sum q_0 P_0}$$

【例 10-1】 某工厂主要产品产量与价格资料如表 10-1 所示。

表 10-1　某工厂主要产品产量与价格

产品名称	计量单位	产　量		出厂价格/元	
		基期 q_0	报告期 q_1	基期 P_0	报告期 P_1
甲	吨	3 000	3 600	2 200	2 100
乙	千米	400	500	3 000	3 200
丙	千克	5	6	4 000	3 800
合计	—	—	—	—	—

（1）用报告期出厂价格作为同度量因素，计算方法为

$$\overline{K_q} = \frac{\sum q_1 P_1}{\sum q_0 P_1} = \frac{3\,600 \times 2\,100 + 500 \times 3\,200 + 6 \times 3\,800}{3\,000 \times 2\,100 + 400 \times 3\,200 + 5 \times 3\,800}$$

$$= \frac{9\,179\,000}{7\,599\,000} = 120.79\%$$

计算结果表明，按报告期出厂价格计算，全部产品产量总体上升了20.79%。$\sum q_1 P_1$ 表明报告期实际产值，$\sum q_0 P_1$ 是按报告期出厂价格计算的基期假定产值。由于产量增加而增加的产值为

$$\sum q_1 P_1 - \sum q_0 P_1 = 9\,179\,000 - 7\,599\,000 = 1\,580\,000 \text{（元）}$$

（2）用基期出厂价格作为同度量因素，计算方法为

$$\overline{K_q} = \frac{\sum q_1 P_0}{\sum q_0 P_0} = \frac{3\,600 \times 2\,200 + 500 \times 3\,000 + 6 \times 4\,000}{3\,000 \times 2\,200 + 400 \times 3\,000 + 5 \times 4\,000} = \frac{9\,444\,000}{7\,820\,000} = 120.77\%$$

计算结果表明，按基期出厂价格计算，全部产品产量总体上升了20.77%。$\sum q_1 P_0$ 表示按基期出厂价格计算的报告期假定产值，$\sum q_0 P_0$ 表示基期的实际产值。由于产量增加而增加的产值为

$$\sum q_1 P_0 - \sum q_0 P_0 = 9\,444\,000 - 7\,820\,000 = 1\,624\,000 \text{（元）}$$

以上两种方法，无论是产量增长的幅度，还是产值增长的绝对额，都不相同，原因就在于计算产量总指数时使用了不同时期的价格作为同度量因素。

在实际工作中，计算产品产量总指数时，一般采用基期价格作为同度量因素。原因是编制产量指数的目的是排除价格因素变动的影响，单纯反映产品产量的总变动，如果把同度量因素价格固定在报告期，计算出的产量综合指数就不能单纯反映产量的变化，它包含了价格由基期到报告期的变化。因此，学术界普遍认为，计算产量综合指数应用基期价格作为同度量因素。推广开来，商品销售量综合指数、农产品产量综合指数、播种面积综合指数等的计算都照此办法。

综上所述，编制数量指标指数的原则是，要反映数量指标指数的综合变动应将同度量因素固定在质量指标的基期。

（二）质量指标综合指数的编制

质量指标综合指数是综合反映经济工作质量水平的变动，如商品销售价格指数、出厂价格指数、工业产品单位成本指数、工人劳动生产率指数等。下面以产品单位成本指数为例，说明质量指标综合指数的编制原理和方法。

要计算单位产品成本指数，必须把不能直接加总的各种不同产品的单位成本通过同度量因素过渡到另一个可以加总对比的总量。通常选择产量作为同度量因素，则公式为

$$单位产品成本 \times 产品产量 = 总成本$$

用符号表示为

$$Z \times q = Zq$$

把不同产品的单位成本转化为总成本就可以加总了，但总成本的变动除了受单位成本变动的影响外，还受产品产量变动的影响。要单纯反映产品单位成本的变动，就要将产品产量固定在同一时期，以排除产品产量变动的影响，即两个时期的总成本是按同一时期的产量计算出来的。使用不同时期的销售量作为同度量因素计算出的单位成本指数是不同的，也具有不同的经济意义。

（1）用报告期产量作为同度量因素，其计算公式为

$$\text{产品单位成本综合指数 } \overline{K_z} = \frac{\sum Z_1 q_1}{\sum Z_0 q_1}$$

（2）用基期产量作为同度量因素，其计算公式为

$$\text{产品单位成本综合指数 } \overline{K_z} = \frac{\sum Z_1 q_0}{\sum Z_0 q_0}$$

【例 10-2】某企业的主要产品成本资料如表 10-2 所示。

表 10-2　某企业的主要产品成本

产品名称	计量单位	单位成本/元		产品产量	
		基期 Z_0	报告期 Z_1	基期 q_0	报告期 q_1
甲	吨	200	180	3 600	4 000
乙	千米	320	300	540	560
丙	千克	350	340	6	5
合计	—	—	—	—	—

（1）用报告期产量作为同度量因素，计算方法为

$$\overline{K_z} = \frac{\sum Z_1 q_1}{\sum Z_0 q_1} = \frac{180 \times 4\,000 + 300 \times 560 + 340 \times 5}{200 \times 4\,000 + 320 \times 560 + 350 \times 5}$$

$$= \frac{889\,700}{980\,950} = 90.7\%$$

$$\sum Z_1 q_1 - \sum Z_0 q_1 = 889\,700 - 980\,950 = -91\,250 \text{（元）}$$

计算结果表明，将同度量因素产量固定在报告期，该企业全部产品单位成本综合指数为 90.7%。由于单位产品成本下降，总成本减少 91 250 元。

（2）用基期产量作为同度量因素，计算方法为

$$\overline{K_z} = \frac{\sum Z_1 q_0}{\sum Z_0 q_0} = \frac{180 \times 3\,600 + 300 \times 540 + 340 \times 6}{200 \times 3\,600 + 320 \times 540 + 350 \times 6}$$

$$= \frac{812\,040}{894\,900} = 90.74\%$$

$$\sum Z_1 q_0 - \sum Z_0 q_0 = 812\ 040 - 894\ 900 = -82\ 860(元)$$

计算结果表明，将同度量因素产量固定在基期，该企业全部产品单位成本综合指数为90.74%，单位成本下降使总成本减少 82 860 元。

两种方法的结果是有差别的，原因在于采用了不同时期的产量作为同度量因素。一般来讲，计算成本指数是要研究报告期所生产的产品成本的变动和新产生的经济效益，那么，作为同度量因素的产量应固定在报告期水平上。因此，学术界普遍认为，用报告期产量作为同度量因素计算单位成本综合指数更具有现实意义。

综上所述，编制质量指标指数的原则是，要反映质量指标综合指数的变动，应将同度量因素固定在数量指标的报告期。

应当强调，立足于现实经济意义来确定综合指数中同度量因素的所属时期具有普遍的应用意义，但这不是固定不变的原则，不能机械地加以应用，需考虑所研究的现象总体的不同情况，以及分析任务的具体要求。

三、指数的类别

1864 年，德国统计学家拉斯佩雷斯主张采用基期权数计算总指数；1874 年，德国另一位统计学家派许主张采用报告期权数计算总指数。因此，后人对于任何指数，只要权数固定在基期，就称为拉氏指数；权数固定在报告期，就称为派氏指数。

拉氏公式：$\overline{K_q} = \dfrac{\sum q_1 P_0}{\sum q_0 P_0}$，$\overline{K_P} = \dfrac{\sum P_1 q_0}{\sum P_0 q_0}$。

派氏公式：$\overline{K_q} = \dfrac{\sum q_1 P_1}{\sum q_0 P_1}$，$\overline{K_P} = \dfrac{\sum P_1 q_1}{\sum P_0 q_1}$。

对比指数编制的一般方法可以看出，数量指标指数是按拉氏公式编制的，质量指标指数是按派氏公式编制的。

第三节　平均指数

一、平均指数的定义

采用综合指数的方法计算总指数时，需要获取相对应的不同时期全面的数量指标和质量指标资料。而在实际工作中，要搜集全部资料通常存在一定困难，因此，一般会采用总指数的其他形式来反映某现象的变动程度，平均指数就是一种。平均指数是个体指数的加权平均数，它是先计算出数量指标或质量指标的个体指数，然后进行加权平均计算来测定现象的总变动程度。

二、平均指数的计算及应用

平均指数有两种常用的基本形式：一种是加权算术平均指数，另一种是加权调和平均指数。又由于所采用的权数不同，这两种平均指数可分为综合指数的变形和固定权数。

（一）根据综合指数的变形计算加权平均指数

1. 加权算术平均指数

加权算术平均指数是以个体指数为变量值，以一定时期的总值资料为权数，对个体指数加权算术平均以计算总指数的方法。一般来说，数量指标的综合指数大都可以变形为加权算术平均指数。

【例10-3】某商场商品销售情况如表10-3所示，请计算销售量总指数。

表10-3　某商场商品销售情况及销售量总指数计算

商品名称	计量单位	销售量		基期销售额 $P_0 q_0$ /万元	个体销量指数 $K_q = \dfrac{q_1}{q_0}$	$K_q \cdot P_0 q_0$
		基期 q_0	报告期 q_1			
甲	台	600	540	2	0.9	1.8
乙	辆	500	600	3	1.2	3.6
丙	件	1 000	1 100	5	1.1	5.5
合计	—	—	—	10	—	10.9

由于受所掌握资料的限制，无法直接采用综合指数的计算方法，需将综合指数的公式变形使用。在表10-3中，K_q 是各种商品销售量的个体指数，由 $K_q = \dfrac{q_1}{q_0}$，可得 $q_1 = K_q \cdot q_0$，将其代入综合指数计算公式，可得

$$\overline{K_q} = \frac{\sum q_1 P_0}{\sum q_0 P_0} = \frac{\sum K_q \cdot q_0 P_0}{\sum q_0 P_0}$$

此公式与加权算术平均数的形式相似，可以看作以个体指数 K_q 为变量值，以销售额 $P_0 q_0$ 为权数所计算的 K_q 的加权算术平均数，故称之为加权算术平均指数。

根据表10-3中的资料，销售量综合指数 $\overline{K_q}$ 的计算方法为

$$\overline{K_q} = \frac{\sum K_q q_1 P_0}{\sum q_0 P_0} = \frac{10.9}{10} = 109\%$$

$$\sum K_q q_1 P_0 - \sum q_0 P_0 = 10.9 - 10 = 0.9(万元)$$

上式表明，该商店全部商品销售量报告期比基期平均增长了9%，由于销售量增加而增加的销售额为0.9万元。

由上例可知，当已知商品销量个体指数 K_q 和特定权数 $P_0 q_0$ 时，可用加权算术平均法计

算总指数，其结果的实际意义与综合指数相同。数量指标综合指数变形为加权算术平均指数形式时，一般以综合指数分母 $\sum P_0 q_0$ 作权数。

在实际工作中，平均指数的计算既可用全面资料，也可用非全面资料，用后者计算的结果与综合指数会有一定差别。

2. 加权调和平均指数

一般来说，质量指标综合指数大都可以变形为加权调和平均指数。现以某地区农产品收购资料为例来计算其调和平均指数。

【例 10-4】某地区全部农产品收购价格资料如表 10-4 所示。请计算全部农产品收购价总指数。

表 10-4　某地区全部农产品收购价总指数计算

产品名称	计量单位	收购价/元		报告期收购额 $P_1 q_1$ /万元	个体价格指数 $K_P = \dfrac{P_1}{P_0}$ /%	$\dfrac{1}{K_P} P_1 q_1$
		基期 P_0	报告期 P_1			
甲	千克	20.0	26.0	2 000.0	1.30	1 538
乙	千克	30.0	42.0	200.0	1.40	143
丙	千克	22.4	28.0	8 000.0	1.25	6 400
合计	—	—	—	10 200.0	—	8 081

设 K_P 为个体价格指数，则 $K_P = \dfrac{P_1}{P_0}$，$P_0 = \dfrac{1}{K_P} P_1$，将 P_0 代入综合指数计算公式，得

$$\overline{K_P} = \frac{\sum P_1 q_1}{\sum P_0 q_1} = \frac{\sum P_1 q_1}{\sum \dfrac{1}{K_P} P_1 q_1}$$

此公式与加权调和平均数的形式相似，可看作以个体价格指数 K_P 为变量值，以 $P_1 q_1$ 为权数计算的加权调和平均数，故这种指数被称为加权调和平均指数。

根据表 10-4 的资料，该地区全部农产品收购价格指数计算方法为

$$\overline{K_P} = \frac{\sum P_1 q_1}{\sum \dfrac{1}{K_P} P_1 q_1} = \frac{10\ 200.0}{8\ 081.0} = 126.2\%$$

$$\sum P_1 q_1 - \sum \frac{1}{K_P} P_1 q_1 = 10\ 200.0 - 8\ 081.0 = 2\ 119.0(万元)$$

计算结果表明，该地区全部农产品收购价总指数为 126.2%，即报告期收购价比基期平均上涨 26.2%，由于价格上涨而增加的收购额为 2 119 万元。

质量指标指数变形为加权调和平均指数的形式时，一般以综合指数的分子 $\sum P_1 q_1$ 作权数。

在实际工作中，由于收购量资料不易取得，因此我国目前农产品收购价格总指数是以报

告期各类农产品收购额为权数，以各类农产品的收购价格的个体（或类）指数作为变量值，通过加权调和平均指数计算得出。

（二）根据固定权数计算加权平均指数

固定权数加权平均指数的具体方法有固定权数的加权算术平均法和固定权数的加权调和平均法，实际工作中极少采用固定权数加权调和平均法。下面仅介绍固定权数的加权算术平均指数的具体计算方法。

固定权数的加权算术平均指数形式在国内外的指数实践中有着广泛的应用。例如，我国的零售价格指数、农副产品收购价格指数、职工生活费指数（居民消费指数），以及西方国家的工业生产指数、消费品价格指数等，都是用固定权数的加权算术平均指数形式编制的。该指数应用起来比较方便，权数资料一经取得，便可以在较长时间（1年、5年甚至10年）内使用，大大减少了工作量。而且，在不同时期采用的是同样的权数，可比性强，有利于指数数列的分析。其权数可根据有关普查、抽样调查或全面统计报表资料调整计算来确定。下面以我国商品零售价格指数的编制方法为例，说明固定权数的加权算术平均指数的应用。

我国商品零售价格指数是在商品分类的基础上编制的，先将全部零售商品分为若干个大类，在每个大类下分若干个中类，在每个中类下分若干小类，再在小类中选择部分有代表性的商品；然后根据调查的资料计算出各类商品零售额占全部商品零售总额的比重 W，以此作为权数固定下来，若干年不变；再根据调查得出的代表性商品的价格资料，计算出不同层次的价格个体（类）指数；最后经过加权逐级计算出来。实践证明，它能正确地反映零售商品的价格总动态。我国商品零售价格指数的计算公式为

$$\bar{K}_P = \frac{\sum K_p W}{\sum W}$$

其中，K_p 为商品价格个体指数；W 为权数，即各类商品零售额所占比重。

【例10-5】某地区某年各类零售商品的价格个体指数及固定权数资料如表10-5所示。表中各类零售商品为简单分类，最后一栏为计算栏，请编制该地区商品零售物价总指数。

表10-5　零售商品的价格个体指数及固定权数资料

商品类型	个体指数 K_p/%	固定权数 W	$K_p W$
食品类	104.56	60	62.74
衣着类	100.42	12	12.05
日用品类	99.11	11	10.90
文化娱乐用品类	99.02	4	3.96
书报杂志类	99.01	2	1.98
药品及医疗用品类	106.70	3	3.20
建筑材料类	100.25	6	6.02
燃料类	125.48	2	2.51
合　计	—	100	103.36

该地区商品零售物价总指数计算为

$$\bar{K}_P = \frac{103.36}{100} = 103.36\%$$

（三）平均指数法的应用

平均指数法一般应用在工业生产指数和股票价格指数的计算中。

1. 工业生产指数

工业生产指数是用来综合反映工业产量增减变化的指数，能够表明一个国家的经济发展状况。按加权算术平均指数的形式计算，其计算公式为

$$\bar{K}_p = \frac{\sum \frac{q_1}{q_0} P_0 q_0}{\sum P_0 q_0} = \frac{\sum K_q \cdot P_0 q_0}{\sum P_0 q_0}$$

式中，$K_q = \frac{q_1}{q_0}$ 为某一具体代表产品的个体产量指数；$P_0 q_0$ 为相应的代表产品的基期增加值。

在实际应用中，也有采用各个工业部门增加值在全部工业增加值中所占的比重 W 作为权数的办法，美国和日本就是采用此方法，我国也编制了此类工业生产指数，以便国际对比。其计算公式为

$$\bar{K}_q = \frac{\sum K_q W}{\sum W}$$

2. 股票价格指数

股票价格指数简称股价指数，是用来反映股票市场上多种股票价格变动的一种专用经济指标。股价指数的上升或下跌，是表明证券市场股价趋于上扬或回荡的象征。

因为股市每日涨跌变化迅速，所以一般编制当日指数，以某年某月某日的股价作为基期股价，称为基日（1990年12月19日）。基日指数（上证）常定为100点，以后各日的股价通过基日股价计算出百分数，即得出各日股价指数。

股价指数通常运用综合指数形式，一般以发行量为权数，也有以可流通股为权数的。计算公式为

$$股价指数 = \frac{\sum P_1 q}{\sum P_0 q}$$

式中，P_1 表示计算日股价；P_0 表示基日股价；q 表示股票发行量；则 $\sum P_1 q$ 为当日总市值；$\sum P_0 q$ 为基日总市值。

国内外所见的股价指数大多是运用此种方法计算的。例如，我国上海证券交易指数就是以1990年12月9日为基日，以发行量为权数，对全部股票进行计算的。计算公式为

$$当日指数 = \frac{本日股票总市值}{基期股票总市值} \times 100$$

此外，股价指数还可应用以下公式推算。

$$当日指数 = \frac{当日发行股票总市值}{上日发行股票总市值} \times 上日指数$$

例如，深圳证券交易所编制的深证综指是以 1991 年 4 月 3 日为基日，上日收市指数定为 100，计算公式为

$$当日即时指数 = 上日收市指数 \times \frac{当日总市值}{上日总市值}$$

另外，股票指数也可选择具有代表性的股票编制股价指数，而不需要对所有上市股票进行计算，如我国上证 180 指数和中国香港地区的恒生指数等。

第四节　指数体系与因素分析

一、指数体系的概念

前面我们研究了一个指数的编制问题，下面我们研究由几个性质不同的指数构成的指数体系的问题。

（一）指数体系的定义及特点

社会经济现象之间客观上存在着复杂的相互联系、相互影响的关系，其中某些关系可以用经济方程式表达，例如

工业总产值 = 产品产量 × 出厂价格

总成本 = 产品产量 × 单位成本

商品销售额 = 商品销售量 × 商品销售价格

应纳税额 = 课税数量 × 课税价格 × 税率

按照经济现象之间的这些关系，在统计指数分析中，可以编制 3 个或 3 个以上的总指数，并使它们之间保持相乘的数量关系，这样形成的整体就是指数体系。例如

工业总产值指数 = 产品产量指数 × 出厂价格指数

总成本指数 = 产品产量指数 × 单位成本指数

商品销售额指数 = 销售量指数 × 销售价格指数

税额指数 = 课税数量指数 × 课税价格指数 × 税率指数

按照综合指数的一般编制原理，上述指数体系可用公式表示出来，如"工业总产值指数 = 产品产量指数 × 出厂价格指数"指数体系可表示为

$$\frac{\sum q_1 P_1}{\sum q_0 P_0} = \frac{\sum q_1 P_0}{\sum q_0 P_0} \times \frac{\sum q_1 P_1}{\sum q_1 P_0}$$

指数体系具有如下三个特点：

（1）具备 3 个或 3 个以上的总指数。

（2）单个指数在数量上能相互推算，例如

$$\frac{\sum q_1 P_0}{\sum q_0 P_0} = \frac{\sum q_1 P_1}{\sum q_0 P_0} \div \frac{\sum q_1 P_1}{\sum q_1 P_0}$$

（3）现象总变动差额等于各个因素的变动差额之和，例如

$$\left(\sum q_1 P_1 - \sum q_0 P_0\right) = \left(\sum q_1 P_0 - \sum q_0 P_0\right) + \left(\sum q_1 P_1 - \sum q_1 P_0\right)$$

（二）指数体系的作用

指数体系具有以下两方面的作用：

（1）通过指数体系，可以分析社会经济现象总动态中各个构成因素对其作用的方向和程度，从而探求现象变化的具体原因。指数体系是进行因素分析的依据，利用综合指数体系可以分析数量指标指数和质量指标指数变动对总体总量的影响。

（2）利用指数体系中各指数之间的联系可以进行指数间的相互推算。例如，我国商品出口总量指数就是商品出口总额指数除以商品出口价格指数。

（三）指数体系的类别

社会经济现象总体的变动，有的表现为总量指标的对比，有的表现为平均指标的对比。因此，指数体系可分为总量指标的指数体系和平均指标的指数体系两种。

二、总量指标的因素分析

（一）因素分析的意义

利用指数体系中的关系分析各个构成因素变动情况的统计分析方法称为因素分析法。因素分析的意义体现如下两个方面：

（1）运用因素分析法可以分析社会经济现象总体总量指标的变动受各种因素变动影响的程度。例如，在分析销售额的总变动时，通过编制多种商品的销售量总指数和销售价格总指数，可以分别分析销售量的增减和物价的涨跌对销售额的影响程度。

（2）运用因素分析法可以分析社会经济现象总体平均指标的变动受各组水平和总体结构的影响程度。例如，在分析总平均工资的变动时，利用指数体系可以分别分析其受各组工人工资水平和工人结构的影响程度。

（二）因素分析的内容

因素分析的具体内容包括相对数（程度）分析和绝对数（规模）分析两种。

相对数分析是在掌握综合指数的基础上，利用指数体系，对现象总体变动的相对水平进行因素分析，分析其分别受各因素总指数影响的相对量，即从指数计算结果本身指出现象总体总量指标或平均指标的变动是受哪些因素变动影响的结果。

绝对数分析是对指数体系中各个总指数的分子指标与分母指标之差的绝对值进行因素分析，分析总动态变动的绝对额分别受各个因素变动绝对额的影响程度。

下面分别说明总量指标变动的因素分析方法和平均指标变动的因素分析方法，其中，总

量指标变动的因素分析方法又有总量指标变动的两因素分析和总量指标变动的多因素分析两种。

三、总量指标变动的因素分析

(一) 总量指标变动的两因素分析

在指数体系中，若总变动指数等于两个因素指数的乘积，则采用总量指标变动的两因素分别分析两个因素各自的变动对总变动的影响程度和影响规模。下面结合商品销售额的变动来说明两因素分析的具体方法。

商品销售额指数、商品销售量指数及商品销售价格指数之间的指数体系关系为

商品销售额指数＝商品销售量指数×商品销售价格指数

首先，分析总体现象（商品销售额）的变动程度和变动规模。

商品销售额变动的程度可以用商品销售额指数来反映。

$$\overline{K_{Pq}} = \frac{\sum P_1 q_1}{\sum P_0 q_0}$$

商品销售额变动的规模可以用商品销售额指数中的分子与分母之差来反映。

商品销售额变动的规模 $= \sum P_1 q_1 - \sum P_0 q_0$

其次，分析各个因素的变动对总变动的影响程度及其绝对额。

商品销售量变动对商品销售额变动影响的程度及影响的绝对额为

影响的程度 $\overline{K_q} = \dfrac{\sum P_0 q_1}{\sum P_0 q_0}$

影响的绝对额 $= \sum P_0 q_1 - \sum P_0 q_0$

商品销售价格变动对商品销售额变动影响的程度和影响的绝对额为

影响的程度 $\overline{K_P} = \dfrac{\sum P_1 q_1}{\sum P_0 q_1}$

影响的绝对额 $= \sum P_1 q_1 - \sum P_0 q_1$

最后，综合分析两个因素的变动对总体变动的影响。

商品销售额的变动是商品销售量和商品销售价格两个因素共同变动的结果，可用如下指数体系表示。

$$\overline{K_{Pq}} = \overline{K_P} \times \overline{K_q}$$

即

$$\frac{\sum P_1 q_1}{\sum P_0 q_0} = \frac{\sum P_0 q_1}{\sum P_0 q_0} \times \frac{\sum P_1 q_1}{\sum P_0 q_1}$$

$$\sum P_1 q_1 - \sum P_0 q_0 = \left(\sum P_0 q_1 - \sum P_0 q_0 \right) + \left(\sum P_1 q_1 - \sum P_0 q_1 \right)$$

【例10-6】某企业三种商品的销售资料如表10-6所示。销售额的变动受销售量和价格两个因素的影响，指数体系关系如下：

$$\frac{\sum P_1 q_1}{\sum P_0 q_0} = \frac{\sum P_0 q_1}{\sum P_0 q_0} \times \frac{\sum P_1 q_1}{\sum P_0 q_1}$$

要求对该企业三种商品的销售额变动进行两因素分析。

表10-6 某企业三种商品的销售资料

商品名称	计量单位	销售量		价格/元		销售额/元		
		基期 q_0	报告期 q_1	基期 P_0	报告期 P_1	基期 $P_0 q_0$	报告期 $P_1 q_1$	假定 $P_0 q_1$
甲	米	400	600	25	20	10 000	12 000	15 000
乙	件	500	600	40	35	20 000	21 000	24 000
丙	千克	300	200	50	65	15 000	13 000	10 000
合计	—	—	—	—	—	45 000	46 000	49 000

首先，分析商品销售额的变动程度与变动规模。

$$\overline{K}_{Pq} = \frac{\sum P_1 q_1}{\sum P_0 q_0} = \frac{46\,000}{45\,000} = 102.22\%$$

$$\sum P_1 q_1 - \sum P_0 q_0 = 46\,000 - 45\,000 = 1\,000(\text{元})$$

其次，分别分析商品销售量和商品销售价格变动对商品销售额变动影响的程度与规模。商品销售量变动对商品销售额变动影响的程度及规模为

$$\overline{K}_q = \frac{\sum P_0 q_1}{\sum P_0 q_0} = \frac{49\,000}{45\,000} = 108.89\%$$

$$\sum P_0 q_1 - \sum P_0 q_0 = 49\,000 - 45\,000 = 4\,000(\text{元})$$

商品销售价格变动对商品销售额变动影响的程度及规模为

$$\overline{K}_P = \frac{\sum P_1 q_1}{\sum P_0 q_1} = \frac{46\,000}{49\,000} = 93.88\%$$

$$\sum P_1 q_1 - \sum P_0 q_1 = 46\,000 - 49\,000 = -3\,000(\text{元})$$

最后，从相对数和绝对数两方面综合分析商品销售量和商品销售价格两个因素对商品销售额变动的总体影响。

相对数分析为

$$\frac{\sum P_1 q_1}{\sum P_0 q_0} = \frac{\sum P_0 q_1}{\sum P_0 q_0} \times \frac{\sum P_1 q_1}{\sum P_0 q_1}$$

$$102.22\% = 108.89\% \times 93.88\%$$

绝对数分析为

$$\sum P_1 q_1 - \sum P_0 q_0 = \left(\sum P_0 q_1 - \sum P_0 q_0 \right) + \left(\sum P_1 q_1 - \sum P_0 q_1 \right)$$

$$1\,000 \,(\text{元}) = 4\,000 + (-3\,000)$$

从上述分析可知，由于商品销售量上升了8.89%，使销售额增加了4 000元；由于商品价格下降6.12%，使销售额减少了3 000元。二者共同作用，使三种商品报告期的销售额比基期上升了2.22%，绝对额增加了1 000元。

（二）总量指标变动的多因素分析

在对总量指标两因素分析的基础上，可以对影响因素进一步细分，扩展为多因素分析。例如，总产值的变动可分解为职工人数、工人占职工总人数的比重和工人劳动生产率三个因素的影响；产品成本中原材料的费用可分解为产品产量、单位产品原材料消耗量和原材料价格三个因素；应纳税额可分解为课税数量、计税价格和税率三个因素等。

在对总量指标进行多因素分析时，需注意以下两点：

第一，必须固定两个或两个以上的因素，来测定第三个或第四个因素变动的影响。具体来说，分析数量指标因素变动时，将其同度量因素质量指标固定在基期；分析质量指标因素变动时，将其同度量因素数量指标固定在报告期。

第二，根据现象总体的经济内容确定各个因素的排列顺序，力求使之符合客观事物的内在联系或逻辑关系。一般来说，先分析数量指标因素，再分析质量指标因素。

以产品成本中原材料费用额的分析为例，其构成如下：

$$\text{原材料费用总额} = \text{产品产量} \times \text{单位产品消耗量} \times \text{原材料单价}$$

$$\text{原材料费用总额指数} = \text{产品产量指数} \times \text{单位产品消耗量指数} \times \text{原材料价格指数}$$

用 q 表示产品产量，m 表示单位产品消耗量，P 表示原材料价格，则指数体系可写成

$$\frac{\sum q_1 m_1 P_1}{\sum q_0 m_0 P_0} = \frac{\sum q_1 m_0 P_0}{\sum q_0 m_0 P_0} \times \frac{\sum q_1 m_1 P_0}{\sum q_1 m_0 P_0} \times \frac{\sum q_1 m_1 P_1}{\sum q_1 m_1 P_0}$$

【例10-7】某工厂生产两种产品，其产量、单位产品消耗及原材料价格资料如表10-7所示。

表10-7 某工厂两种产品的产量、单位产品消耗及原材料价格

产品	单位	产量		原料	每件（套）产品原材料消耗量/千克		每千克原料价格/元	
		基期 q_0	报告期 q_1		基期 m_0	报告期 m_1	基期 P_0	报告期 P_1
甲	万件	15	20	A	10	9	100	110
乙	万套	50	60	B	3	2	20	22

根据指数体系的分析要求，计算有关原材料费用总额，如表10-8所示。

表 10-8 有关原材料费用总额

产品	原材料费用总额/万元			
	$q_1 m_1 P_1$	$q_0 m_0 P_0$	$q_1 m_0 P_0$	$q_1 m_1 P_0$
甲	1.980	1.500	2.000	1.800
乙	0.264	0.300	0.360	0.240
合计	2.244	1.800	2.360	2.040

首先，分析原材料费用总额的变动程度与规模。

$$原材料费用总额指数 = \frac{\sum q_1 m_1 P_1}{\sum q_0 m_0 P_0} = \frac{2.244}{1.800} = 124.67\% ;$$

$$增加的原材料费用额 = \sum q_1 m_1 P_1 - \sum q_0 m_0 P_0 = 2.244 - 1.800 = 0.444 (万元)。$$

其次，分析各因素变动影响的程度及规模。

产品产量变动的影响分析如下：

$$产品产量指数 = \frac{\sum q_1 m_0 P_0}{\sum q_0 m_0 P_0} = \frac{2.360}{1.800} = 131.11\% ;$$

因产量变动而增加的原材料费用 $= \sum q_1 m_0 P_0 - \sum q_0 m_0 P_0 = 2.360 - 1.800 = 0.560$（万元）。

单位产品原材料消耗量变动的影响分析如下：

$$单耗指数 = \frac{\sum q_1 m_1 P_0}{\sum q_1 m_0 P_0} = \frac{2.040}{2.360} = 86.44\% ;$$

因单耗变动而增加的原材料费用 $= \sum q_1 m_1 P_0 - \sum q_1 m_0 P_0 = 2.040 - 2.360 = -0.320$（万元）。

原材料价格变动的影响分析如下：

$$原材料价格指数 = \frac{\sum q_1 m_1 P_1}{\sum q_1 m_1 P_0} = \frac{2.244}{2.040} = 110\% ;$$

因价格变动而增加的原材料费用 $= \sum q_1 m_1 P_1 - \sum q_1 m_1 P_0 = 2.244 - 2.040 = 0.204$（万元）。

最后，分析总体影响。

相对数分析为 124.67% = 131.11% × 86.44% × 110%。

绝对数分析为 0.444（万元）= 0.56 + (-0.32) + 0.204。

根据上述计算可知，由于产量增长 31.11%，使原材料费用增加 0.560 万元；由于原材料单耗降低 13.56%，节约原材料费用 0.320 万元；由于原材料价格增长 10%，使原材料费用增加 0.204 万元；总的原材料费用上升了 24.67%，费用支出增加 0.444 万元。

四、平均指标的因素分析

平均指标是反映社会经济现象一般水平的指标。社会经济现象总体平均水平的变动受两个因素的影响：一是总体内各部分的水平；二是总体的结构，即各部分在总体中所占的比重。平均指标的因素分析就是利用因素分析的方法，从数量上分析总体中各部分水平与总体结构这两个因素的变动对总体平均指标变动的影响。例如，某单位职工总平均工资的变动，取决于各组职工工资水平和各组职工人数在职工总人数中所占比重这两个因素的影响。再如，某公司某项产品总平均单位成本的变动，取决于所属各单位产品成本和成本水平不同的各单位产品产量在总产量中所占比重的影响。

在统计分析中，常常将经济内容相同的不同时期的平均指标数值进行对比，用以反映该经济现象一般水平的变动程度。这种由两个平均指标对比而形成的相对数指标，称为平均指标指数。它的计算公式是

$$K_{\bar{x}} = \frac{\bar{x}_1}{\bar{x}_0}$$

式中，$K_{\bar{x}}$ 表示平均指标指数；$\bar{x}_1$ 表示报告期平均指标；$\bar{x}_0$ 表示基期平均指标。

在对总体分组的条件下，总体平均指标可用加权算术平均式计算，即

$$\bar{x} = \frac{\sum xf}{\sum f} = \sum x \cdot \frac{f}{\sum f}$$

因此

$$K_{\bar{x}} = \frac{\bar{x}_1}{\bar{x}_0} = \frac{\sum x_1 \cdot \dfrac{f_1}{\sum f_1}}{\sum x_0 \cdot \dfrac{f_0}{\sum f_0}}$$

可以看出，总平均指标发生动态变化 $\dfrac{\bar{x}_1}{\bar{x}_0}$，是各组水平 x 和各组的总体结构 $\dfrac{f}{\sum f}$ 两个因素变动的结果。因此，可利用指数体系分析 x 与 $\dfrac{f}{\sum f}$ 的变动对总平均数变动的影响。与编制综合指数的原理相似，需引入同度量因素并将其固定在某一期，编制关于 x 与 $\dfrac{f}{\sum f}$ 的指数，从而形成平均指标指数体系。

一般来说，在编制平均指标指数体系时应遵循两个原则：一是编制关于 x 的指数，把同度量因素 $\dfrac{f}{\sum f}$ 固定在报告期；二是编制关于 $\dfrac{f}{\sum f}$ 的指数，则把同度量因素 x 固定在基期。

按照这个原则，平均指标两因素分析的指数体系为

$$\frac{\sum x_1 \cdot \dfrac{f_1}{\sum f_1}}{\sum x_0 \cdot \dfrac{f_0}{\sum f_0}} = \frac{\sum x_1 \cdot \dfrac{f_1}{\sum f_1}}{\sum x_0 \cdot \dfrac{f_1}{\sum f_1}} \times \frac{\sum x_0 \cdot \dfrac{f_1}{\sum f_1}}{\sum x_0 \cdot \dfrac{f_0}{\sum f_0}}$$

上述公式的指数体系里包括了三个指数，依次称为可变构成指数、固定构成指数和结构影响指数。这三个指数的关系为

$$可变构成指数 = 固定构成指数 \times 结构影响指数$$

1. 可变构成指数

可变构成指数简称可变指数，反映了总平均指标的变动方向和程度，包含了各组水平 x 和总体结构 $\dfrac{f}{\sum f}$ 两个因素变动的综合影响。可变构成指数用 $\overline{K}_{可变}$ 表示，其表达式为

$$\overline{K}_{可变} = \frac{\overline{x}_1}{\overline{x}_0} = \frac{\dfrac{\sum x_1 f_1}{\sum f_1}}{\dfrac{\sum x_0 f_0}{\sum f_0}}$$

或

$$\overline{K}_{可变} = \frac{\sum x_1 \cdot \dfrac{f_1}{\sum f_1}}{\sum x_0 \cdot \dfrac{f_0}{\sum f_0}}$$

其分子与分母的差额是平均指标的增减变动绝对量，表示为 $\overline{x}_1 - \overline{x}_0$，或 $\sum x_1 \cdot \dfrac{f_1}{\sum f_1} - \sum x_0 \cdot \dfrac{f_0}{\sum f_0}$，或 $\dfrac{\sum x_1 f_1}{\sum f_1} - \dfrac{\sum x_0 f_0}{\sum f_0}$。

2. 固定构成指数

固定构成指数是将总体结构 $\dfrac{f}{\sum f}$ 固定在报告期而计算的总平均指标指数，消除了总体结构变动的影响，专门反映各组水平 x 的变动对总平均指标变动的影响，用 $\overline{K}_{固定}$ 表示。

$$\overline{K}_{固定} = \frac{\sum x_1 \cdot \dfrac{f_1}{\sum f_1}}{\sum x_0 \cdot \dfrac{f_1}{\sum f_1}}$$

或

$$\overline{K}_{固定} = \frac{\dfrac{\sum x_1 f_1}{\sum f_1}}{\dfrac{\sum x_0 \cdot f_1}{\sum f_1}} = \frac{\overline{x}_1}{\overline{x}_n}$$

式中，$\bar{x}_n$ 表示假定的平均指标。

分子与分母的差额表示 x 的变动对总平均指标影响的绝对量，表示为 $\bar{x}_1 - \bar{x}_n$ 或 $\sum x_1 \cdot$

$$\frac{f_1}{\sum f_1} - \sum x_0 \cdot \frac{f_1}{\sum f_1}。$$

3. 结构影响指数

结构影响指数是将各组水平 x 固定在基期而计算的总平均指标指数，用以反映总体结构 $\dfrac{f}{\sum f}$ 的变动对总平均指标变动的影响，用 $\bar{K}_{结构}$ 表示。

$$\bar{K}_{结构} = \frac{\sum x_0 \cdot \dfrac{f_1}{\sum f_1}}{\sum x_0 \cdot \dfrac{f_0}{\sum f_0}}$$

或

$$\bar{K}_{结构} = \frac{\dfrac{\sum x_0 f_1}{\sum f_1}}{\dfrac{\sum x_0 \cdot f_0}{\sum f_0}} = \frac{\bar{x}_n}{\bar{x}_0}$$

分子与分母的差额表示 $\dfrac{f}{\sum f}$ 的变动对总平均指标影响的绝对量，表示为 $\bar{x}_n - \bar{x}_0$ 或 $\sum x_0 \cdot$

$$\frac{f_1}{\sum f_1} - \sum x_0 \cdot \frac{f_0}{\sum f_0}。$$

可变构成指数、固定构成指数和结构影响指数在相对数和绝对量上分别构成下列等式：

$$\bar{K}_{可变} = \bar{K}_{固定} \times \bar{K}_{结构}$$

$$\bar{x}_1 - \bar{x}_0 = (\bar{x}_1 - \bar{x}_n) + (\bar{x}_n - \bar{x}_0)$$

【例10-8】某企业职工工资如表10-9所示。请分析总平均工资的变动受职工工资水平和工人结构的变动影响的程度和规模。

表10-9 某企业职工工资

类　别	工人人数/人		月平均工资/元		工资总额/元		
	基期 f_0	报告期 f_1	基期 x_0	报告期 x_1	基期 $x_0 f_0$	报告期 $x_1 f_1$	假定 $x_0 f_1$
技术工	300	400	600	620	180 000	248 000	240 000
辅助工	200	600	400	420	80 000	252 000	240 000
合　计	500	1 000	—	—	260 000	500 000	480 000

（1）总平均工资的变动分析为

$$\bar{K}_{可变} = \frac{\bar{x}_1}{\bar{x}_0} = \frac{\dfrac{\sum x_1 f_1}{\sum f_1}}{\dfrac{\sum x_0 f_0}{\sum f_0}} = \frac{\dfrac{500\ 000}{1\ 000}}{\dfrac{260\ 000}{500}} = \frac{500}{520} = 96.15\%$$

$$\bar{x}_1 - \bar{x}_0 = 500 - 520 = -20（元）$$

（2）总平均工资受职工工资水平变动影响的分析为

$$\bar{K}_{固定} = \frac{\bar{x}_1}{\bar{x}_n} = \frac{\dfrac{\sum x_1 f_1}{\sum f_1}}{\dfrac{\sum x_0 f_1}{\sum f_1}} = \frac{500}{\dfrac{480\ 000}{1\ 000}} = \frac{500}{480} = 104.17\%$$

$$\bar{x}_1 - \bar{x}_n = 500 - 480 = 20（元）$$

（3）总平均工资受工人结构变动影响的分析为

$$\bar{K}_{结构} = \frac{\bar{x}_n}{\bar{x}_0} = \frac{\dfrac{\sum x_0 f_1}{\sum f_1}}{\dfrac{\sum x_0 f_0}{\sum f_0}} = \frac{480}{520} = 92.31\%$$

$$\bar{x}_n - \bar{x}_0 = 480 - 520 = -40（元）$$

（4）综合影响分析如下。

相对数分析为

$$96.15\% = 104.17\% \times 92.31\%$$

绝对量分析为

$$-20（元）= 20 + （-40）$$

以上计算结果表明，工资水平上升4.17%，使得总平均工资增加了20元，但工人结构的变动使总平均工资减少了40元，两者共同影响的结果是总平均工资下降了3.85%，绝对量减少了20元。

本章小结

统计指数是分析社会经济现象复杂总体在数量和质量方面变化状况的常用统计方法之一，其包括总指数的编制方法和指数体系的因素分析。

综合指数是计算总指数的基本公式。拉氏指数以基期的有关指标为同度量因素；帕氏指数以报告期的有关指标为同度量因素。实际应用时，计算数量综合指数常采用拉氏指数公式；计算质量综合指数常采用帕氏指数公式。

平均数指数是计算总指数的另一种形式，适合于数据资料不全时。它与综合指数在计算内容上相同，计算结果也相等。实际应用时，数量总指数常采用基期价值总量指标加权的算术平均数指数公式；质量总指数常采用报告期价值总量指标加权的调和平均数指数公式。综合指数与平均数指数有变形关系。

指数体系用来描述社会经济现象之间的联系。如果某种经济指标等于其他有关指标的连乘积，那么这些指标之间就组成指数体系。指数体系可以进行因素分析，包括总量指标的因素分析和平均指标的因素分析，还可以对未知指数进行推算。

工业生产指数、股票价格指数等与我们的日常生活密切相关，必须了解这些指数的含义和计算方法。

关键术语

指数、数量指标综合指数、质量指标综合指数、同度量因素、加权算术平均指数、加权调和平均指数、可变构成指数、固定构成指数、结构影响指数、指数体系、工业生产指数、股票价格指数和因素分析。

拓展案例

宁波港务局船舶港务费收入变动的因素分析

一、背景调查

宁波港是中国大陆重点开发建设的四大国际深水中转港之一，在区位、航道水深、岸线资源、陆域依托、发展潜力等方面均具有较大的优势。改革开放以来，宁波港已建成了功能齐全、配套完善的深水泊位群，港口设施先进，装卸高效，集疏运便捷，口岸通畅，服务完善，已成为中国最繁忙的港口之一。

2004 年 4 月 8 日，按照有关港口体制改革的文件精神，宁波港务局实行政企分开，成立了宁波港集团有限公司。2008 年 3 月 31 日，宁波港集团有限公司作为主发起人联合 7 家单位发起创立了宁波港股份有限公司，标志着宁波港在建立现代企业制度方面迈出了重要的一步，同时也为港口发展注入了新的生机和活力。2008 年，宁波港提前两年全面实现了"二次创业"的目标，全港货物吞吐量完成 3.62 亿吨，继续保持大陆港口第 2 位；集装箱吞吐量突破 1 000 万 TEU（标准箱），完成 1 084.6 万 TEU，位居世界港口第 8 位。在此基础上，宁波港全面启动"强港工程"建设，未来 7 年努力向"强港"目标奋进，力争在 2015 年建成国际一流的深水枢纽港，打造我国重要的现代港口物流中心。

二、统计指数体系的数据搜集

在宁波港务局的港航事业交通规费收入中，进出港船舶港务费收入占有极其重要的地位。对进出港船舶港务费收入进行经济活动分析，分析影响其变动的各因素，指数体系中的因素分析法在经济活动分析中的应用不可忽视。

船舶港务费是指船舶进出港口和在港停泊期间，因使用港口的水域、航道和停泊地点，按规定向港口管理机关交付的费用。船舶港务费属于港口财政收入，用于维持港口航道畅通，以及船舶安全进出港口和停泊所需设备的有效状态。在我国，由港口管理机关对船舶进港和出港各征收一次，按船舶净吨计收。对于遇难船舶、非载运旅客或货物的船舶，免征此项费用。此外，进港船舶没有卸货或下客时，免征进口港务费；出港船舶没有装货或上客时，免征出口港务费。但对进出港口的旅游船舶，仍征收港务费。

对于进出港船舶港务费的变动，在其他因素相对稳定的前提下，主要受国际航线与国内航线船舶吨位的变动影响和吨位征收率的变动影响。通过指数体系可以对复杂的社会经济现象进行全面的分析，说明其中各因素的变动情况和影响程度。

为此，搜集了宁波港 2010 年和 2011 年的相关数据，包括船舶总吨数、征收率等相关数据，并计算了船舶港务费，如表 10-10 所示。

表 10-10　2010 年和 2011 年宁波港船舶港务费收入

类别	船舶总吨/万吨		船舶港务费/万元			征收率/%	
	2010 年	2011 年	2010 年	2011 年	$q_1 f_0$	2010 年	2011 年
	q_0	q_1	$s_0 = q_0 \cdot f_0$	$s_1 = q_1 \cdot f_1$		f_0	f_1
国际航线	1 735	1 700	450.93	496.91	441.83	0.259 9	0.292 3
国内航线	565	474	74.02	70.01	62.09	0.131 0	0.147 7
总计	2 300	2 174	524.95	566.92	503.92	0.390 9	0.440 0

根据以上数据，请对宁波港务局的港航事业交通规费收入进行合理化分析，以探讨船舶总吨位和征收率分别对收入变化的影响。

案例讨论

1. 如何构建宁波港船舶港务费收入的指数体系？
2. 如何计算宁波港船舶港务费收入的发展变化？
3. 如何分别对船舶总吨和征收率对宁波港船舶港务费收入的影响进行因素分析？

统计实训 ⸺⸺⸺⸺⸺⸺⸺⸺⸺⸺⸺⸺⸺⸺⸺⸺⸺⸺⸺⸺⸺⸺○

课后练习 ⸺⸺⸺⸺⸺⸺⸺⸺⸺⸺⸺⸺⸺⸺⸺⸺⸺⸺⸺⸺⸺⸺○

附表 1 标准正态分布表

$$P\{z > z_a\} = \alpha$$

z	0	0.01	0.02	0.03	0.04	0.05	0.06	0.07	0.08	0.09
0.0	0.500 00	0.496 01	0.492 02	0.488 03	0.484 05	0.480 06	0.476 08	0.472 10	0.468 12	0.464 14
0.1	0.460 17	0.456 20	0.452 24	0.448 28	0.444 33	0.440 38	0.436 44	0.432 51	0.428 58	0.424 65
0.2	0.420 74	0.416 83	0.412 94	0.409 05	0.405 17	0.401 29	0.397 43	0.393 58	0.389 74	0.385 91
0.3	0.382 09	0.378 28	0.374 48	0.370 70	0.366 93	0.363 17	0.359 42	0.355 69	0.351 97	0.348 27
0.4	0.344 58	0.340 90	0.337 24	0.333 60	0.329 97	0.326 36	0.322 76	0.319 18	0.315 61	0.312 07
0.5	0.308 54	0.305 03	0.301 53	0.298 06	0.294 60	0.291 16	0.287 74	0.284 34	0.280 96	0.277 60
0.6	0.274 25	0.270 93	0.267 63	0.264 35	0.261 09	0.257 85	0.254 63	0.251 43	0.248 25	0.245 10
0.7	0.241 96	0.238 85	0.235 76	0.232 70	0.229 65	0.226 63	0.223 63	0.220 65	0.217 70	0.214 76
0.8	0.211 86	0.208 97	0.206 11	0.203 27	0.200 45	0.197 66	0.194 89	0.192 15	0.189 43	0.186 73
0.9	0.184 06	0.181 41	0.178 79	0.176 19	0.173 61	0.171 06	0.168 53	0.166 02	0.163 54	0.161 09
1.0	0.158 66	0.156 25	0.153 86	0.151 51	0.149 17	0.146 86	0.144 57	0.142 31	0.140 07	0.137 86
1.1	0.135 67	0.133 50	0.131 36	0.129 24	0.127 14	0.125 07	0.123 02	0.121 00	0.119 00	0.117 02
1.2	0.115 07	0.113 14	0.111 23	0.109 35	0.107 49	0.105 65	0.103 83	0.102 04	0.100 27	0.098 53
1.3	0.096 80	0.095 10	0.093 42	0.091 76	0.090 12	0.088 51	0.086 91	0.085 34	0.083 79	0.082 26
1.4	0.080 76	0.079 27	0.077 80	0.076 36	0.074 93	0.073 53	0.072 15	0.070 78	0.069 44	0.068 11
1.5	0.066 81	0.065 52	0.064 26	0.063 01	0.061 78	0.060 57	0.059 38	0.058 21	0.057 05	0.055 92
1.6	0.054 80	0.053 70	0.052 62	0.051 55	0.050 50	0.049 47	0.048 46	0.047 46	0.046 48	0.045 51
1.7	0.044 57	0.043 63	0.042 72	0.041 82	0.040 93	0.040 06	0.039 20	0.038 36	0.037 54	0.036 73
1.8	0.035 93	0.035 15	0.034 38	0.033 62	0.032 88	0.032 16	0.031 44	0.030 74	0.030 05	0.029 38
1.9	0.028 72	0.028 07	0.027 43	0.026 80	0.026 19	0.025 59	0.025 00	0.024 42	0.023 85	0.023 30
2.0	0.022 75	0.022 22	0.021 69	0.021 18	0.020 68	0.020 18	0.019 70	0.019 23	0.018 76	0.018 31
2.1	0.017 86	0.017 43	0.017 00	0.016 59	0.016 18	0.015 78	0.015 39	0.015 00	0.014 63	0.014 26
2.2	0.013 90	0.013 55	0.013 21	0.012 87	0.012 55	0.012 22	0.011 91	0.011 60	0.011 30	0.011 01
2.3	0.010 72	0.010 44	0.010 17	0.009 90	0.009 64	0.009 39	0.009 14	0.008 89	0.008 66	0.008 42
2.4	0.008 20	0.007 98	0.007 76	0.007 55	0.007 34	0.007 14	0.006 95	0.006 76	0.006 57	0.006 39
2.5	0.006 21	0.006 04	0.005 87	0.005 70	0.005 54	0.005 39	0.005 23	0.005 08	0.004 94	0.004 80

z	0	0.01	0.02	0.03	0.04	0.05	0.06	0.07	0.08	0.09
2.6	0.004 66	0.004 53	0.004 40	0.004 27	0.004 15	0.004 02	0.003 91	0.003 79	0.003 68	0.003 57
2.7	0.003 47	0.003 36	0.003 26	0.003 17	0.003 07	0.002 98	0.002 89	0.002 80	0.002 72	0.002 64
2.8	0.002 56	0.002 48	0.002 40	0.002 33	0.002 26	0.002 19	0.002 12	0.002 05	0.001 99	0.001 93
2.9	0.001 87	0.001 81	0.001 75	0.001 69	0.001 64	0.001 59	0.001 54	0.001 49	0.001 44	0.001 39
3.0	0.001 35	0.001 31	0.001 26	0.001 22	0.001 18	0.001 14	0.001 11	0.001 07	0.001 04	0.001 00
3.1	0.000 97	0.000 94	0.000 90	0.000 87	0.000 84	0.000 82	0.000 79	0.000 76	0.000 74	0.000 71
3.2	0.000 69	0.000 66	0.000 64	0.000 62	0.000 60	0.000 58	0.000 56	0.000 54	0.000 52	0.000 50
3.3	0.000 48	0.000 47	0.000 45	0.000 43	0.000 42	0.000 40	0.000 39	0.000 38	0.000 36	0.000 35
3.4	0.000 34	0.000 32	0.000 31	0.000 30	0.000 29	0.000 28	0.000 27	0.000 26	0.000 25	0.000 24
3.5	0.000 23	0.000 22	0.000 22	0.000 21	0.000 20	0.000 19	0.000 19	0.000 18	0.000 17	0.000 17
3.6	0.000 16	0.000 15	0.000 15	0.000 14	0.000 14	0.000 13	0.000 13	0.000 12	0.000 12	0.000 11
3.7	0.000 11	0.000 10	0.000 10	0.000 10	0.000 09	0.000 09	0.000 08	0.000 08	0.000 08	0.000 08
3.8	0.000 07	0.000 07	0.000 07	0.000 06	0.000 06	0.000 06	0.000 06	0.000 05	0.000 05	0.000 05
3.9	0.000 05	0.000 05	0.000 04	0.000 04	0.000 04	0.000 04	0.000 04	0.000 04	0.000 03	0.000 03
4.0	0.000 03	0.000 03	0.000 03	0.000 03	0.000 03	0.000 03	0.000 02	0.000 02	0.000 02	0.000 02
4.1	0.000 02	0.000 02	0.000 02	0.000 02	0.000 02	0.000 02	0.000 02	0.000 02	0.000 01	0.000 01
4.2	0.000 01	0.000 01	0.000 01	0.000 01	0.000 01	0.000 01	0.000 01	0.000 01	0.000 01	0.000 01
4.3	0.000 01	0.000 01	0.000 01	0.000 01	0.000 01	0.000 01	0.000 01	0.000 01	0.000 01	0.000 01
4.4	0.000 01	0.000 01	0.000 00	0.000 00	0.000 00	0.000 00	0.000 00	0.000 00	0.000 00	0.000 00

附表 2　t 分布表

$$P\{t(n) > t_\alpha(n)\} = \alpha$$

自由度	$\alpha=0.25$	$\alpha=0.1$	$\alpha=0.05$	$\alpha=0.025$	$\alpha=0.01$	$\alpha=0.005$
1	1.000 00	3.077 68	6.313 75	12.706 20	31.820 52	63.656 74
2	0.816 50	1.885 62	2.919 99	4.302 65	6.964 56	9.924 84
3	0.764 89	1.637 74	2.353 36	3.182 45	4.540 70	5.840 91
4	0.740 70	1.533 21	2.131 85	2.776 45	3.746 95	4.604 09
5	0.726 69	1.475 88	2.015 05	2.570 58	3.364 93	4.032 14
6	0.717 56	1.439 76	1.943 18	2.446 91	3.142 67	3.707 43
7	0.711 14	1.414 92	1.894 58	2.364 62	2.997 95	3.499 48
8	0.706 39	1.396 82	1.859 55	2.306 00	2.896 46	3.355 39
9	0.702 72	1.383 03	1.833 11	2.262 16	2.821 44	3.249 84
10	0.699 81	1.372 18	1.812 46	2.228 14	2.763 77	3.169 27
11	0.697 45	1.363 43	1.795 88	2.200 99	2.718 08	3.105 81
12	0.695 48	1.356 22	1.782 29	2.178 81	2.681 00	3.054 54
13	0.693 83	1.350 17	1.770 93	2.160 37	2.650 31	3.012 28
14	0.692 42	1.345 03	1.761 31	2.144 79	2.624 49	2.976 84
15	0.691 20	1.340 61	1.753 05	2.131 45	2.602 48	2.946 71
16	0.690 13	1.336 76	1.745 88	2.119 91	2.583 49	2.920 78
17	0.689 20	1.333 38	1.739 61	2.109 82	2.566 93	2.898 23
18	0.688 36	1.330 39	1.734 06	2.100 92	2.552 38	2.878 44
19	0.687 62	1.327 73	1.729 13	2.093 02	2.539 48	2.860 93
20	0.686 95	1.325 34	1.724 72	2.085 96	2.527 98	2.845 34
21	0.686 35	1.323 19	1.720 74	2.079 61	2.517 65	2.831 36
22	0.685 81	1.321 24	1.717 14	2.073 87	2.508 32	2.818 76
23	0.685 31	1.319 46	1.713 87	2.068 66	2.499 87	2.807 34
24	0.684 85	1.317 84	1.710 88	2.063 90	2.492 16	2.796 94
25	0.684 43	1.316 35	1.708 14	2.059 54	2.485 11	2.787 44
26	0.684 04	1.314 97	1.705 62	2.055 53	2.478 63	2.778 71
27	0.683 68	1.313 70	1.703 29	2.051 83	2.472 66	2.770 68
28	0.683 35	1.312 53	1.701 13	2.048 41	2.467 14	2.763 26

参 考 文 献

[1] 曾五一，肖红叶. 统计学导论 [M]. 2 版. 北京：科学出版社，2018.

[2] 袁卫，庞皓，贾俊平，等. 统计学 [M]. 4 版. 北京：高等教育出版社，2014.

[3] 黄良文. 统计学原理 [M]. 北京：中国统计出版社，2000.

[4] 刘桂荣. 统计学原理 [M]. 上海：华东理工大学出版社，2010.

[5] 贾俊平，何晓群，金勇进. 统计学 [M]. 7 版. 北京：中国人民大学出版社，2018.

[6] 安德森，斯威尼，威廉斯，等. 商务与经济统计 [M]. 12 版. 张建华，王健，冯燕奇，等译. 北京：机械工业出版社，2015.

[7] 肖智明，段雪妍，罗红，等. 经济统计学 [M]. 3 版. 北京：清华大学出版社，2018.

[8] 唐金华，姚世斌，蒋海燕，等. 社会经济统计学——原理与 Excel 应用案例分析 [M]. 成都：西南财经大学出版社，2017.

[9] 吴喜之，刘超. 统计学：从概念到数据分析 [M]. 北京：高教教育出版社，2016.

[10] 章文波，冒小栋. 统计学原理 [M]. 上海：立信会计出版社，2011.